职业教育市场营销专业精品教材系列

市场营销策划实务
（第2版）

主　编：杨毅玲

副主编：张　帆　罗金凤

参　编：凌健珍　何义勇　李佩玲

电子工业出版社·

Publishing House of Electronics Industry

北京·BEIJING

内容简介

本书是用于市场营销一体化教学的教材，课程教学方案设计坚持"任务导向"原则，根据市场营销专业岗位群的岗位职责与能力素质要求，以企业市场营销系列活动为蓝本，将整个策划任务分为市场调查、目标市场与定位分析、产品、价格、渠道、促销以及撰写策划书等项目，利用"思维导图"将项目下各知识点关系用相互隶属与相关的层级图表现出来，把主题关键词用层级隶属建立记忆链接；通过18个任务，分别设置"导入案例"和"案例思考"提出任务，引起思考并引出相关知识；通过"知识链接"、"练一练"细化、实施任务；利用"实战演练"提高学生的技能掌握水平。本书案例丰富、通俗易懂，具有可操作性强的特点。通过学习使学生逐步掌握市场营销工作岗位的策划技能，有利于学生就业并较快地胜任岗位工作。本次改版大量选取近年来的真实营销事件改编成案例，紧跟现代营销发展形势。

本书可作为职业院校市场营销专业教材，也非常适合作为企业在职人员的培训教材和营销人员的自学用书。

本书还配有电子教学参考资料包（包括电子教案及部分习题答案），可登录华信教育资源网（www.hxedu.com.cn）下载，详见前言。

图书在版编目（CIP）数据

市场营销策划实务 / 杨毅玲主编．—2版．—北京：电子工业出版社，2018.1

ISBN 978-7-121-33337-8

Ⅰ.①市… Ⅱ.①杨… Ⅲ.①市场营销—营销策划—职业教育—教材 Ⅳ.①F713.50

中国版本图书馆 CIP 数据核字（2017）第 318056 号

策划编辑：陈　虹
责任编辑：陈　虹
印　　刷：北京盛通数码印刷有限公司
装　　订：北京盛通数码印刷有限公司
出版发行：电子工业出版社
　　　　　北京市海淀区万寿路173信箱　邮编　100036
开　　本：787×1 092　1/16　印张：13.25　字数：340 千字
版　　次：2013 年 6 月第 1 版
　　　　　2018 年 1 月第 2 版
印　　次：2025 年 8 月第 13 次印刷
定　　价：32.00 元

前　　言

　　课程教学方案设计坚持"任务导向"原则，根据市场营销专业岗位群的岗位职责与能力素质要求，按照"导图引领→任务技能、任务呈现→样本分析→任务细化→任务实施→实战演练"的体例，将知识点融入项目中，结合任务引出知识技能，实战性强。这样的设计融入先进的教学理念，符合职校学生的心理特点、学习规律，体现出职业特点。

　　全书以企业的市场营销系列活动为蓝本，将营销策划细分为8个项目、18个任务。利用"思维导图"将各项目涵盖的知识点之间的关系用相互隶属与相关的层级图表现出来，把主题关键词用层级隶属建立记忆链接。18个任务是根据营销策划的典型工作任务经分析整合、提炼整理后得出的，涵盖了市场营销策划的主要理论知识和所需技能，也是符合企业营销策划的工作流程和任务分配的。通过"导入案例"和"案例思考"提出任务，引起思考，引出相关知识；通过"知识链接"、"练一练"细化、实施任务；"实战演练"则通过任务深化来检验学生的技能掌握情况。

　　使用本教材，教师既可以采用"任务驱动法"，也可以采用"案例教学法"，还可以采用传统的理论教学方法。每种方法所需资料、案例及内容均包含其中，任课教师可以根据自身和学生的实际情况，灵活地选用教学方法。如若条件具备，建议采用任务驱动教学法，以获得更好的效果。

　　本次改版大量选取近两年的真实营销事件，紧跟当前社会的市场营销热点事件，选取有代表性的营销事件结合教材知识点进行针对性的提炼和编写，挖掘其中的知识点和技能点改编为案例，为任务驱动教学法设置引导性问题和任务。本教材根据企业提供的建议设置了"练一练"、"实战演练"栏目，模拟企业实际工作任务，在具体任务中充分调动学生的学习积极性，带动学生参与到学习中来，发挥学生学习的主观能动性。引导学生在完成任务的过程中锻炼学生的综合能力，如语言沟通、信息查找、归纳分析、计算机应用、演讲答辩、团队合作等，使学生在学习中，不仅学习了营销策划的知识、掌握了策划技能，还提高了自身的综合素质，有利于今后的职业提升。

　　本书由杨毅玲担任主编，张帆、罗金凤担任副主编，凌健珍、李佩玲、何义勇参与编写。为了方便教学，本书还配有电子教案及部分习题答案。请有此需要的教师登录华信教育资源网（www.hxedu.com.cn）下载。

本书在编写过程中，参考了大量资料，并从公开发表的书籍、报刊和网站上选用了一些案例和资料，特向有关单位和个人表示诚挚的谢意。

由于编者水平有限，编写时间仓促，书中疏漏与不妥之处在所难免，敬请读者批评指正。

编　者

目　录

项目一

认识市场营销策划实务

项目导读

知 识 点

市场营销策划；
营销策划的方法；
营销策划的程序。

技 能 点

对本课程有基本的认识；
掌握营销策划的基本程序和要求。

思 维 导 图

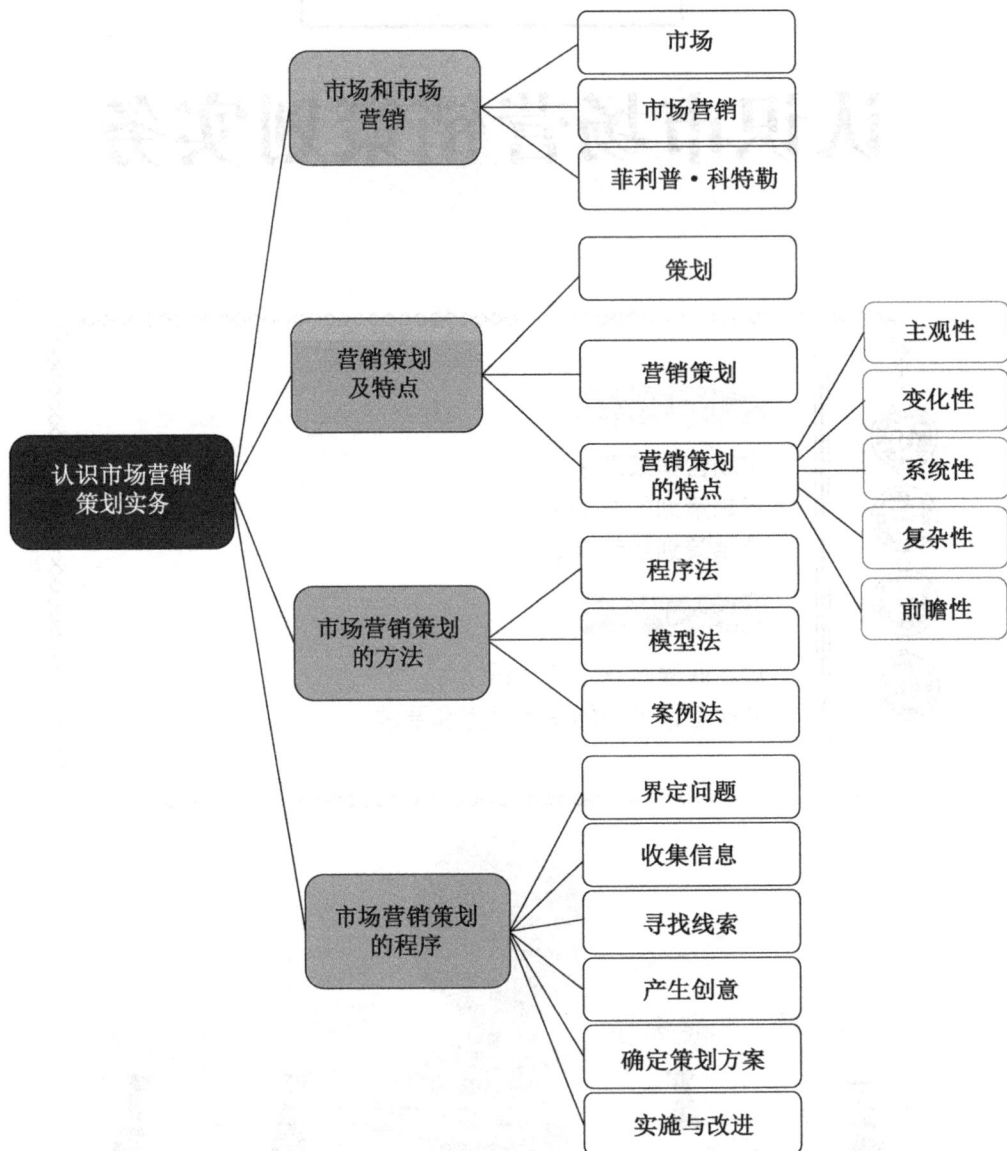

导入案例

2016 年 4 月，通过一则名为"她最后去了相亲角"的视频，让很多人第一次知道了宝洁（简称 P&G）旗下护肤品牌 SK-II 的营销新口号——change destiny，改写命运。这则短片被视频网站划为"广告"类，却没有出现任何一个品牌产品。相反，短片透过普通人之口诉说了大量"剩女"、"结婚"、"压力"等社会热词，并在片尾旗帜鲜明地号召"分享影片，支持全世界的独立女性"。

2016 年下半年，宝洁旗下小家电品牌博朗针对其定位职场新人的"博朗 3"系列剃须刀在问答平台"知乎"上开启了一次内容营销：一方面，在知乎日报人气栏目"这里是广告"中，围绕"男生如何变帅"以风趣鬼马的虚拟访谈节目形式，道出真人经历改编的屌丝变男神的故事，并在访谈内容、真人图片、配件图片中不经意地露出博朗品牌和新品；另一方面，博朗在知乎上提问"如何用一百个字说一个'不凡背后的故事'？"并承诺优秀的故事将出现在知乎日报中。很快，以"上日报"为荣的知乎用户在此次营销活动中贡献了 600 多篇故事，该话题最终也得到近 4000 个赞。

"阳光的味道是什么？""怎样洗净央视'大裤衩'？""什么可以吸干黄浦江？"这是宝洁海外旗舰店联合天猫国际于 2017 年 4 月发起的"宝洁全球寻奇记"的营销项目。

曾经无数次验证有效的"功能性产品定位 + 大创意主导下的广告 + 专家证言"的传播套路已日趋陈旧，今天的消费者成长于电视时代，立业于互联网时代，宝洁曾经的传播"三宝"可能已让他们审美疲劳。被称为"营销巨人"的宝洁正在探索新型营销策略，吸引新一代消费群体。

案例思考

（1）案例中"宝洁"在哪些方面做出了改变？为什么？

_____

_____

_____

_____

（2）和同学们分享一下你身边的改变营销策略的其他例子。

_____

_____

_____

_____

一、市场和市场营销

市场是商品经济特有的经济范畴，是一种以商品交换为内容的经济联系形式。从营销的角度看市场，应该有三个主要因素：有某种需要的人、有满足这种需要的购买能力、购买欲望。

> 市场 ＝ 人 ＋ 购买力 ＋ 购买欲望

以上三个因素结合起来才能构成现实的市场，并且决定了市场的规模和容量。如果一个地区人口众多，但收入很低，人均购买力有限，或者人均购买力很强，但人口很少，都不能成为很大的市场；只有人口多，人均购买力强，才能成为一个有潜力的大市场。但如果产品不适合需要，不能引起人们的购买欲望，也很难说这就是一个市场。

菲利普·科特勒认为市场营销是个人和集体通过创造，提供出售，并同别人自由交换产品和价值，以获得其所需所欲之物的一种社会和管理过程。

> **练 一 练**
>
> 市场营销就是推销吗？为什么？说说二者之间的区别和联系。

二、市场营销策划及特点

> **练 一 练**
>
> 查阅资料，说说什么是"凡事预则立，不预则废"。

策划，是21世纪出现频率很高的一个词语，"策"指的就是"计谋"和"方法"，"划"则是筹划、谋划的意思。策划一般是指为实现特定的目标，收集目标所需的条件，通过创新的思想与创意，按照实现该目标的规则，运用科学的方法和程序制订出具体的可行的系统计划和执行方案。

市场营销策划就是策划人员围绕企业目标，根据企业现有的资源状况，在充分调查、分析市场营销环境的基础上，激发创意，制定企业具体市场营销目标和确定可能实现的解决问题的一套策略规划的活动过程。

市场营销策划的特点详如表1-1所示。

表1-1　市场营销策划的特点

主观性	即使相同的策划环境，不同的策划人员从不同的角度，在不同的背景下，也不会策划出一模一样的方案
变化性	多种因素都会对营销策划产生影响，而且这些因素还会不断发生变化，营销策划方案不是一成不变的
系统性	营销策划包括多个方面的内容，并且包括实施、检查、评价、改正等多方面，是个整体、系统的工程
复杂性	营销策划涉及多个领域、多个学科的知识，还需要依靠策划人员的经验和创造性思维
前瞻性	市场营销策划是对未来的安排，作为对未来市场营销活动的纲领性文件，对未知的因素要进行预估和判断

三、市场营销策划的方法

1. 程序法

按照一定的程序进行营销策划，这是市场营销策划及其他任何策划的重要方法。

2. 模型法

在市场营销策划中，有时也可以利用现有的模型进行策划。因为模型本身已经经过检验、判断和逻辑分析，并通过实践证明在某些情况下是成功的，利用模型进行策划更为简便。因此模型法是企业市场营销策划的重要工具。在市场营销策划中，常用的模型有预测模型、新产品开发模型、定价模型、物流决策模型、广告决策模型、推销员管理模型、促销组合决策模型以及购买者行为研究模型等。

3. 案例法

案例法是指根据过去的成功案例，吸取其经验进行策划的一种方法。在市场营销策划过程中，有些情况和决策与过去发生的问题极为相似，甚至可以说是过去问题的复制或者再现，在这种情况下，可以利用过去案例的操作方法，这如同法律上的判例一样，同时，也可以作为研究新问题的依据。案例法的好处是可以节省决策成本，提高决策效率，增强决策的可行程度。在实际中，利用案例法进行市场营销策划已被许多企业所采用。

案 例 1-1

　　北京地铁有家"每日商场"，每逢节假日都要举办"一元拍卖活动"，所有拍卖商品均以一元起价，报价每次增加五元，直至最后拍出。这种由"每日商场"举办的拍卖活动由于基价定得过低，最后的成交价仍比市场价低得多，因此会给人们产生一种"卖得越多，赔得越多"的感觉。岂不知，该商场用的是招徕定价术，它以低廉的拍卖品活跃商场气氛，增大客流量，从而带动了整个商场的销售额上升。

课堂随笔

案例思考

　　营销策划者可以从这个案例中的商场处吸取哪些经验？这种方法是否普遍适用？

四、市场营销策划的程序

策划是一个综合性的系统工程，策划在本质上是创新、灵活和多变的，它没有完全固定的步骤和程序，也没有不变的框架。营销策划活动的程序一般包括6个步骤，如图1-1所示。

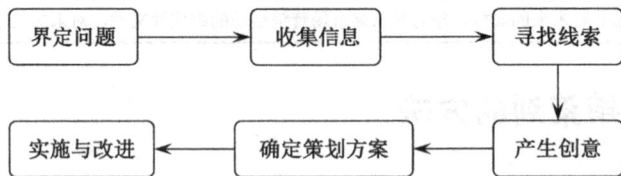

```
界定问题 → 收集信息 → 寻找线索
                          ↓
实施与改进 ← 确定策划方案 ← 产生创意
```

图1-1　市场营销策划的程序

1. 界定问题

界定问题是为了把问题简单化、明确化，分清重要性，以便明确目标。界定问题可以从重要问题开始，将所有问题按重要程度进行排序，找出其中最重要的一个，其他问题的解决都应该围绕这个问题来进行。

2. 收集信息

信息、材料和能源被认为是现代经济发展必不可少的三大要素。策划是通过计算机和人脑合作开发信息的过程。在互联网高度普及的今天，信息的传播非常迅速，网络带给人们便捷的同时，也使创新的难度越来越高。信息依据来源可分为二手资料和一手资料。二手资料主要通过有偿购买、交换、查找等方式获得，一手资料则通过市场调查的方式获得。收集信息的过程就是一个去粗取精、去伪存真的过程。

知识链接

收集的信息可来源于以下几个方面。

（1）统计部门以及各级、各类政府主管部门公布的有关资料。国家统计局和各地方统计局都定期发布统计公报等信息，并定期出版各类统计年鉴，内容包括人口数量、国民收入、居民购买力水平等，这些均是很有权威和价值的信息。此外，计委、财政、工商、税务、银行等各主管部门和职能部门，也都设有各种调查机构，定期或不定期地公布有关政策、法规、价格和市场供求等信息。这些信息都具有综合性强、辐射面广的特点。

（2）各种经济信息中心、专业信息咨询机构、各行业协会和联合会提供的信息和有关行业情报。这些机构的信息系统资料齐全，信息灵敏度高，为了满足各类用户的需要，它们通常还提供资料的代购、咨询、检索和定向服务，是获取资料的重要来源。

（3）国内外有关的书籍、报刊、杂志所提供的文献资料，包括各种统计资料、广告资料、市场行情和各种预测资料等。

（4）有关生产和经营机构提供的商品目录、广告说明书、专利资料及商品价目表等。各地电台、电视台提供的有关信息。近年来全国各地的电台和电视台为适应形势发展的需要，都相继开设了各种专题节目。

（5）各种国际组织、学会团体、外国使馆、商会所提供的国际信息。

（6）国内外各种博览会、展销会、交易会、订货会等促销会议以及专业性、学术性经验交流会议上所发放的文件和材料。

练一练

利用互联网收集"广州服装批发市场"相关信息，记录下来并进行口头汇报。

3. 寻找线索

将收集到的各类资料进行加工处理与归纳，整理为重要情报。资料信息要通过整理、打磨才能成为真正有用的情报，经过整理、分析、提炼的信息能成为制定策划方案的重要参考依据。通过对信息、环境、企业自身要素的整理和结合，依据目标才能产生创意。

4. 产生创意

创意可以通过组合法、改良法、逆反法、联想法、移植法、模仿法或者头脑风暴等方法产生。

知识链接

头脑风暴法又可分为直接头脑风暴法（通常简称头脑风暴法）和质疑头脑风暴法（也称反头脑风暴法）。前者是在专家群体决策时尽可能激发其创造性，产生尽可能多的设想的方法，后者则是对前者提出的设想、方案逐一质疑，分析其现实可行性的方法。

采用头脑风暴法组织群体决策时，要集中有关专家召开专题会议，主持者以明确的方式向所有参与者阐明问题，说明会议的规则，尽力创造融洽、轻松的会议气氛，一般不发表意见。由专家们自由提出尽可能多的方案。

5. 确定策划方案

经过创意可以形成多种概要性的方案框架,在此框架的基础上编制策划方案的概要和重点,确定策划方案的可行性。在形成策划方案的过程中要特别注意是否有足够的资源支持,例如人力、财力、时间、政策许可等。有些策划人挖空心思,好不容易想出一个很好的创意,却因忽略了企业有限的资源而使方案进行到一半就不得不搁置。策划方案的最终形成还需要获得高级主管的支持和其他部门的配合。策划方案能否顺利推行、能否执行到底与主管的信任和支持有很大关系,其他部门的配合也很重要。在策划方案最终形成之前与各部门进行充分的沟通、协调,经过大家相互配合形成的方案执行起来会获得事半功倍的效果。

6. 实施与改进

策划方案制定出来后,不仅要把各部门的任务进行详细分配、组织落实,还要将预算和进度表进行严格的控制,对于出现的问题及时改进,确保实现策划方案的既定目标。

实战演练

任务实践1

(1) 找出尽可能多的成双成对出现的事物。

（2）在苹果丰收的季节,农贸市场上苹果 5 元一斤,你是否有办法卖到 10 元一个?

任务实践2

在校运会来临之际,营销班的几位同学计划做点什么,既能在校运会的时候为同学们提供服务,又能丰富自己的课余生活,还能顺便赚点零花钱。你能按照营销策划的程序帮助他们策划一下吗?

项目小·结

市场由有购买力和购买欲望的人组成。

市场营销策划就是策划人员围绕企业目标，根据企业现有的资源状况，在充分调查、分析市场营销环境的基础上，激发创意，制定企业具体市场营销目标和确定可能实现的解决问题的一套策略规划的活动过程。

市场营销策划的特点是有主观性、变化性、系统性、复杂性和前瞻性。

市场营销策划的方法有程序法、模型法和案例法。

市场营销策划的程序为界定问题、收集信息、寻找线索、产生创意、确定策划方案、实施与改进。

实践与练习

1. 选择题

（1）市场营销策划的特点主要有（　　　）。

    A. 主观性　　B. 变化性　　C. 系统性　　D. 复杂性　　E. 前瞻性

（2）市场营销策划的方法有（　　　）。

    A. 程序法　　B. 模型法　　C. 案例法　　D. 随意法

2. 思考题

市场营销策划的程序有哪几个步骤？

项目实训

1. 课堂训练

一个企业进行注册的时候都将面对品牌策划的问题，命名可以采用哪些方法，又将会遇到怎样的问题？哪些需要避免？

根据以上问题，对同学们进行分组和分工，模拟成立一个公司，并使用案例法，为公司命名策划。

各个小组对其他小组的方案进行评价。

根据同学们提出的意见对自己小组的方案进行修订。

2. 实战练习

分组找出3个有关产品定价的案例，分析案例，说说应该如何定价。

实战目的：培养学生的动手和动脑能力，在实践中掌握案例法进行营销策划。

项目二

市场调查

知识点

市场调查问卷的设计、编写、发放；
整理市场调查获得的数据，撰写市场调查报告。

技能点

学会设计市场调查问卷、进行市场调查；
掌握如何对市场调查的数据进行收集、整理，并在此基础上撰写市场调查报告。

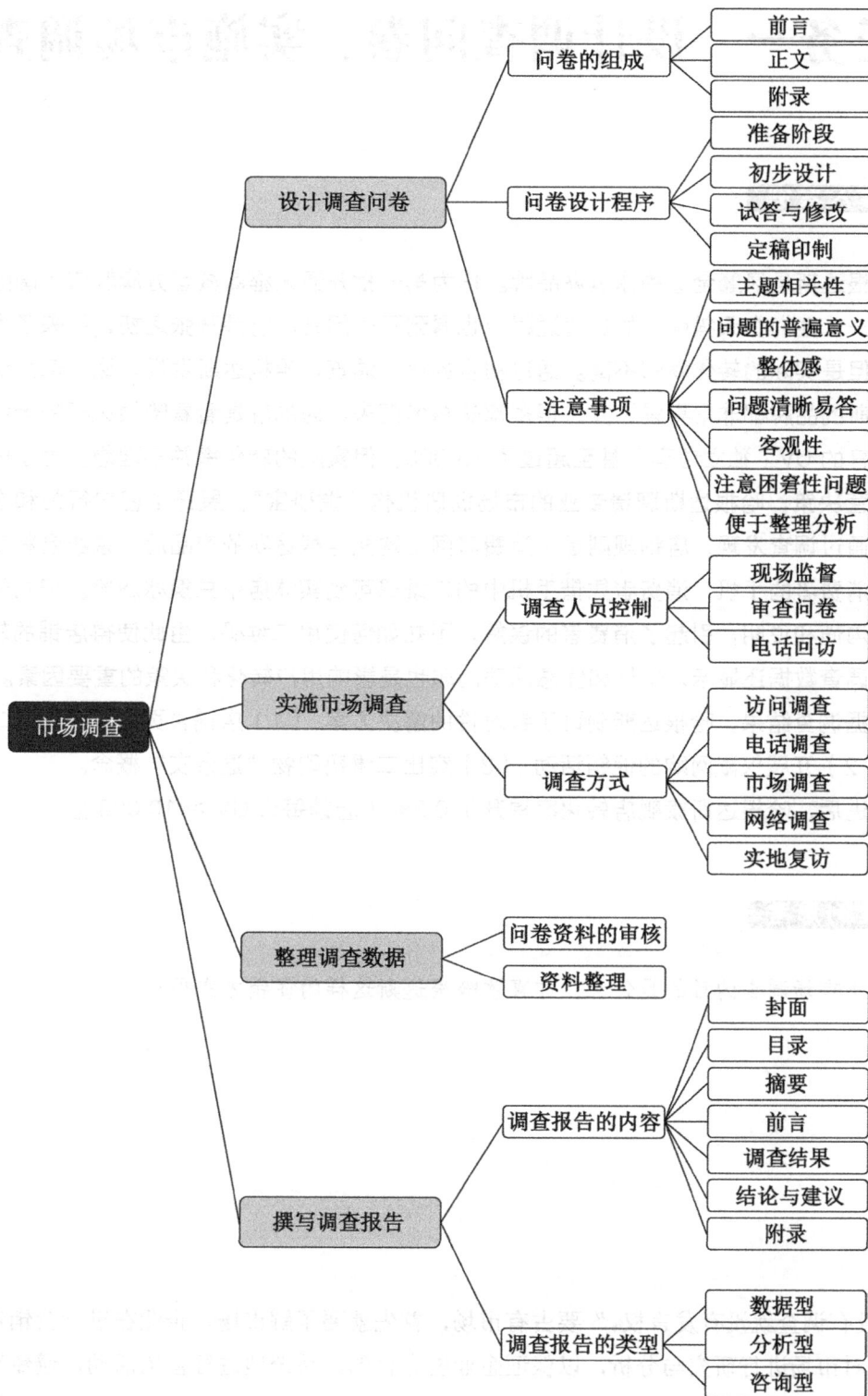

思 维 导 图

市场调查

- 设计调查问卷
  - 问卷的组成
    - 前言
    - 正文
    - 附录
  - 问卷设计程序
    - 准备阶段
    - 初步设计
    - 试答与修改
    - 定稿印制
  - 注意事项
    - 主题相关性
    - 问题的普遍意义
    - 整体感
    - 问题清晰易答
    - 客观性
    - 注意困窘性问题
    - 便于整理分析
- 实施市场调查
  - 调查人员控制
    - 现场监督
    - 审查问卷
    - 电话回访
  - 调查方式
    - 访问调查
    - 电话调查
    - 市场调查
    - 网络调查
    - 实地复访
- 整理调查数据
  - 问卷资料的审核
  - 资料整理
- 撰写调查报告
  - 调查报告的内容
    - 封面
    - 目录
    - 摘要
    - 前言
    - 调查结果
    - 结论与建议
    - 附录
  - 调查报告的类型
    - 数据型
    - 分析型
    - 咨询型

任务一　设计调查问卷、实施市场调查

导入案例

　　哈根达斯是风靡全球的冰淇淋品牌。作为第一批开通天猫商城官方旗舰店的国际知名企业之一，他们在天猫商城的运营过程中也遇到不少问题。店铺开张之初，引来了大批的流量，但是实际的转化率却不高。通过初步的用户调查，哈根达斯发现，绝大部分访客对哈根达斯的品牌都非常喜爱，并且很多都是慕名而来，为的就是看看哈根达斯的天猫旗舰店，每日的 UV（独立访客）甚至超过了 10 000，但实际的转化率并不理想。为了做好公司的运营决策，哈根达斯聘请专业的市场调研机构"调研宝"，展开了客户行为和态度的研究。通过调查发现，店铺规则是：消费者网上购买哈根达斯的产品后，系统会将二维码发送至消费者的手机，消费者凭借手机中的二维码可到实体店中兑换冰激凌。但由于缺乏充分的沟通和说明，引起了消费者的误解，不知如何使用二维码，由此使得店铺的转化率低下。调查数据还显示，价格和优惠活动问题也是影响用户转化和决策的重要因素。

　　根据调查结果，哈根达斯制订了针对性的解决方案：（1）店铺首页增加详细的二维码说明；（2）开展仅限网购的促销活动；（3）突出二维码购物"送亲友"概念。

　　改进后，哈根达斯旗舰店转化率提升了 0.3%（店铺每天 UV ≥ 10 000）。

案例思考

本次市场调查的目的是什么？你喜欢哈根达斯这样的促销方式吗？

....

....

....

....

　　"没有调查就没有发言权。"要占有市场，首先就要了解市场。企业在进行营销策划的时候要对市场进行研究与分析，以保证企业能有目的、系统地进行营销活动，避免浪费企业资源，减少错误决策，把握市场提供的机会，这就要求企业必须进行市场调研。问卷调查法是市场调研最常用的调查方法之一。

一、撰写市场调查问卷

调查问卷又称调查表或询问表，是以问题的形式系统地记载调查内容。问卷可以是表格式、卡片式或簿记式。设计问卷是问卷调查的关键。完美的问卷必须具备两个功能，即能将问题传达给被问的人和使被问者乐于回答。要完成这两个功能，问卷设计时应当遵循一定的原则和程序，运用一定的技巧。要得到对你有益的信息，需要在问卷中提出确切的问题。设计问卷，应先做一些访问，拟订一个初稿，经过事前实验性调查，再修改成正式问卷。

1. 调查问卷的组成部分

一份正式的调查问卷一般包括三个组成部分：前言、正文和附录。

第一部分：前言。

前言主要说明调查的主题、调查的目的、调查的意义，以及向被调查者表示感谢。

案 例 2-1

《2017 年网络购物行为研究市场调查问卷》前言

尊敬的先生、女士：

您好！为了了解消费者的网络购物行为，我们调研小组设计了此次调查问卷。请大家认真填写问卷内容，真实地记录下自己的实际情况、发表个人的想法和意见，我们将以客观公正的态度对待此次调查结果。我们承诺对您的个人基本信息、问卷回答内容进行保密，仅用做市场调查使用。感谢你的配合和参与！

案例思考

阅读上述文字，说说此次调查的主题、目的和意义分别是什么？

课堂随笔

第二部分：正文。

正文是调查问卷的主体部分，一般设计若干问题要求被调查者回答。一般情况下，问卷中的问题可以采用封闭式问题、开放式问题、半开放/半封闭式问题。

（1）封闭式问题。封闭式问题是指设计各种可能答案供被调查者从中选择的问题。封闭式问题的形式主要有以下几种。

①是非题。被调查者对所提问题用"是"或"否"，"有"或"无"，"大"或"小"，"喜欢"或"不喜欢"，"同意"或"不同意"来回答。如：

您服用过康泰克吗？○是　○否

这种提问方式简单明了，便于统计，但不能反映被调查者意见的程度差别，使中立者的意见偏向一方，影响调研的真实性。

② 多项选择题。一个问题可以选择两个或两个以上的答案，特别适合用于购买动机的调查。如：

您服用蜂王浆的主要原因：

①增加食欲　　　②延缓衰老　　　③增加抵抗力

④改善睡眠　　　⑤朋友推荐　　　⑥其他

多项选择题要注意列出所有可能的答案，但又要抓住被调查者最感兴趣的几点。

③ 顺序题。由被调查者根据自己的观点和看法，对所列出的事项定出先后顺序。如：

您选择感冒药时，对下列因素重视程度作出评价，从高到低，在○中填上1, 2, 3, …

○治疗效果好　○价格合理　○使用或服用方便　○厂家信誉好　○包装好

④ 评判题。要求被调查者表明对某个问题的态度，一般应用于对同质问题的程度研究。如：

您认为联想一体化计算机的价格如何？

○偏高　　○略高　　○适中　○偏低　○太低

（2）开放式问题。开放式问题是指不设计答案，而是让被访者自由回答的问题。在一份调查表中，开放式命题不宜过多。因为开放式问题回答的难度大，也不易统计。开放式提问可使被调查者不受任何限制地回答问题，因而易于获得有价值的信息。如：

您认为药品价格居高不下的原因是什么？

您认为大多数保健品生命周期短的主要原因是什么？

（3）半开放/半封闭式问题。半开放/半封闭式问题是指将封闭式问题的最后一个答案设计成开放式的问题。如：

您认为影响消费者网上购物的因素有哪些？

□质量不保证　　　　□付款麻烦　　　　□送货不及时

□价格高　　　　　　□其他（请注明）_____

第三部分：附录。

附录部分可以将被调查者的有关情况加以登记，为进一步的统计分析收集资料。一般写在调查问卷的尾部。如：

调查地区：_____省（直辖市、自治区）_____市（州）_____区/县_____街道/乡/镇

调查日期：__年__月__日__点__分开始至__点__分结束

调查地点：_____　调查人员（签名）：_____

2. 调查问卷设计的程序

案例 2-2

美乐电冰箱市场调查方案

一、调查目的：为了更好地扩大美乐电冰箱的销路，进一步提高其市场占有率和扩大其声誉，特做此次调查

二、调查地点：北京、上海、天津、南京、广州、武汉、青岛、合肥

三、调查对象：以各地消费者、经销商为主

四、调查人数：每地选消费者 1000 人（户）、经销商 100 家

五、调查时间：×年×月×日—×日

六、调查内容：

1. 当地主要经济指标：如人口数量、国民生产总值、人均收入、居民储蓄情况和消费支出情况等。

2. 当地电冰箱销售的基本情况：如每百户家庭电冰箱拥有量、市场潜量、相对市场占有率等。

3. 当地消费者的基本情况：如消费者的家庭状况、消费者的职业、教育程度、收入水平等。

4. 当地消费者对电冰箱的基本态度：如购买电冰箱的主要目的、有何要求和爱好等。

5. 当地消费者对美乐产品的态度：如是否愿意购买美乐电冰箱，对该产品的名称、标志、质量、价格、广告等方面有何看法等。

6. 当地经销商的经销情况和经销态度：如当地经销商销售电冰箱的数量是多少、当地经销商的规模与类型、哪些经销商对经销美乐产品持积极态度等。

7. 当地市场主要竞争产品的基本情况：如当地市场销量较大的主要有哪些产品，这些产品的不足之处何在等。

8. 在当地市场中本产品与主要竞争产品的比较情况：如与主要竞争产品比较，本产品有何优势和不足等。

七、调查方式：问卷式

八、调查结果：写出书面调查报告

案例思考

依据美乐电冰箱的市场调查方案，接下来应如何为公司设计调查问卷？

课堂随笔

问卷设计是由一系列相关工作过程构成的，为使问卷具有科学性和可行性，需要按照以下程序进行。

（1）准备阶段。准备阶段是根据研究的需要，确定调查主题的范围和调查项目，将所需问卷资料一一列出，分析哪些是主要资料，哪些是次要资料，哪些是调查的必备资料，哪些是可要可不要的资料，并分析哪些资料需要通过问卷来取得，需要向谁调查等，对必

要资料加以收集。同时要分析调查对象的各种特征，即分析了解各被调查对象的社会阶层、行为规范、社会环境等社会特征；文化程度、知识水平、理解能力等文化特征；需求动机、行为等心理特征；以此作为拟定问卷的基础。在此阶段，应充分征求有关各类人员意见，以了解问卷中应该包括的问题，力求使问卷切合实际，能够充分满足各方面分析的研究需要。

（2）初步设计。在准备工作基础上，设计者就可以按照设计原则设计问卷初稿。主要是确定问卷结构，拟定并编排问题，在初步设计中，首先要标明每项资料需要采用何种方式提问，并尽量详尽地列出各种问题，然后对问题进行检查、筛选、编排，设计每个项目。对提出的每个问题，都要充分考虑是否有必要，能否得到合理的答案。同时，要考虑问卷是否需要编码，或需要向被调查者说明调查目的、要求、基本注意问题等。这些都是设计调查问卷时十分重要的工作，必须精心研究，反复推敲。

（3）试答与修改。初步设计出来的问卷通常存在一些问题，故需在小范围内进行试验性调查，以便弄清问卷在初稿中存在的问题，了解被调查者是否乐意回答和能够回答所有的问题，哪些语句不清，选择项是否有重复或遗漏，问题的顺序是否符合逻辑，回答的时间是否过长等。如果发现问题，应做必要的修改，使问卷更加完善。

（4）定稿印制。定稿印制就是将最后定稿的问卷，按照调查工作的需要打印复制，制成正式问卷。

练一练

某网络公司打算推广一款社交软件，现要对大中专学生进行上网情况调查。请你帮该公司设计一份简单的上网情况调查问卷。

3. 问卷调查设计的注意事项

（1）问卷与调查主题的相关性。问卷必须与调查主题紧密相关，脱离主题的问题要毫不犹豫地舍弃。而所谓问卷体现调查主题其实质是在问卷设计之初要找出与"调查主题相关的要素"。

例如：设计"调查某化妆品的用户消费感受"的问卷，从问题出发，结合一定的行业经验与商业知识，可以找出与调查主题相关的要素，主要有以下几点，如表2-1所示。

表2-1 化妆品消费主题要素

使用者（通常为购买者）	基本情况（如性别、年龄、肤质等）
	使用化妆品的情况（如是否使用过该化妆品、使用周期、使用化妆品的日常习惯等）
购买力和购买欲	社会状况（如收入水平、受教育程度、职业等）
	化妆品消费特点（如品牌、包装、价位、产品外观等）
	使用该化妆品的评价（如价格、使用效果、心理满足等）
产品本身	对包装与商标的评价
	广告等促销手段的影响力
	与市场上同类产品的横向比较

以上要素的列出对于调查主题的结果是有直接帮助的。被访问者也相对容易了解调查员的意图，从而予以配合。

（2）问题设置的普遍意义。问题的设置应该具有普遍意义，否则在统计阶段不利于数据的整理，从而影响到数据分析，最终影响到能否顺利得出结论。

如关于"消费者广告接受状况"的调查：

你通常选择哪一种广告媒体：

a.报纸　b.电视　c.杂志　d.广播　e.其他

而如果答案是另一种形式：

a.报纸　b.车票　c.电视　d.墙幕广告　e.气球　f.大巴士　g.广告衫　……

如统计指标没有要求如此细化，以上调查问题的设置就犯了一个"是否具有普遍意义"的错误，某些极少出现的情况在备选答案中列出，不仅不能帮助问卷调查的实施，反而会为数据统计带来麻烦。

（3）问卷设计的整体感。

问卷设计的整体感是指问题与问题之间要具有逻辑性，使问卷成为一个相对完整的小系统。

案例 2-3

1. 你通常每天读几份报纸？

　　a. 不读报　　　　b. 1份　　　　　c. 2份　　　　　d. 3份以上

2. 你通常用多长时间读报？

　　a. 10分钟以内　b. 10～30分钟　c. 31～60分钟　d. 61分钟及以上

3. 你经常读的是下面哪类（或几类）报纸？

　　a.《×市晚报》　b.《×省日报》　　　　c.《人民日报》

　　d.《参考消息》　e.《中央广播电视报》　f.《足球》　　　g. 其他

案例点评

在以上几个问题中，由于问题设置紧密相关，因而能够获得比较完整的信息。调查对象也会感到问题集中、提问有章法。因此，逻辑性的要求是与问卷的条理性、程序性分不开的。在一个综合性的问卷中，调查者将差异较大的问卷分块设置，从而保证每部分的问题都密切相关。

（4）问题清晰明确、便于回答。

如前面例子中问题选项"10分钟"、"半小时""1小时"等的设计是十分清晰明确的。统计后能得出准确的数据：用时极短（浏览）的概率为多少；用时一般（粗阅）的概率为多少；用时较长（详阅）的概率为多少。答案若设置为"10～60分钟"或"1小时以内"等，则令被访问者很难作答。

问卷中选项设置考虑不周全也会使问题不便于回答。如：

您的婚姻状况：

   A. 已婚   B. 未婚

显而易见，此题还有其他可能的答案（离婚／丧偶／分居）。如按照以上方式设置则不可避免地会发生选择上的困难，从而使数据失真。

（5）问题设计的客观性。问题要设置在中性位置、不参与提示或主观臆断，完全将被访问者的独立性与客观性摆在问卷操作的限制条件的位置上。如：

你认为这种化妆品的吸引力在哪里？

   a. 色泽   b. 气味   c. 使用效果   d. 包装   e. 价格 ……

这种设置是客观的。若换一种答案设置：

   a. 迷人的色泽   b. 芳香的气味   c. 满意的效果   d. 精美的包装 ……

后一种设置则具有了诱导和提示性，从而在不自觉中掩盖了事物的真实性。

（6）注意困窘性问题。困窘性问题是指应答者不愿在调查员面前作答的某些问题，比如关于私人的问题，或不为一般社会道德所接纳的行为、态度，或有碍声誉的问题。如：

平均来说，每个月你打几次麻将？

如果你的汽车是分期购买的，一共分多少期？

你是否向银行抵押借款购股票？

除了你工作收入外，尚有其他收入吗？

（7）便于整理、分析。成功的问卷设计除了考虑到紧密结合调查主题与方便信息收集外，还要考虑到调查结果是否容易得出和调查结果的说服力。这就需要在调查后对问卷进行整理与分析。

练一练

请根据刚才所学的内容，对前面设计的上网情况调查问卷进行改进。

_____

_____

_____

_____

_____

_____

二、实施市场调查

任何市场调查都要借助一定的调查方法。市场调查的方法分为市场普查、重点调查、典型调查和抽样调查几种类型。每种调查方法都有其特定的应用条件和应用范围，在市场调查实际工作中，应根据市场调查的目的、要求和调查对象特点不同而加以选用，以便及时取得真实可靠的信息资料。选用的方法是否得当，对调研结果的影响极大。抽样调查在现代调查中应用范围最广，应用频率最高。

问卷调查主要是以询问的方式了解情况，搜集资料，并将所要调查的问题，以面谈、电话、会议、书面等形式向被调查者提出问题，从而获得所需要的各种情况和资料。通过调查不仅可以收集到所期望的资料，而且可以在调查过程中给调查对象留下良好的印象，树立公司形象。目前，常用的市场问卷调查方式，主要有访问调查、电话调查、邮寄调查、网络调查等。

案例 2-4

××大学苹果手机市场占有率调查具体实施方法

1. 把调查问卷平均分发给各调查人员，统一选择中餐或晚餐后这段时间开始进行调查（因为此时学生们多待在宿舍里，便于集中调查，能够给本次调查节约时间和成本）。调查员在进入各宿舍时说明来意，并特别声明在调查结束后将赠送被调查者精美礼物一份，以吸引被调查者的积极参与，得到正确有效的调查结果。在调查过程中，调查员应耐心等待，切不可督促。一定要求被调查者在调查问卷上写明姓名、所在班级、寝室、电话号码，以便问卷复核。调查员可以在当时收回问卷，也可以在第二天收回（这有利于被调查者充分考虑，得出更真实、有效的结果）。

2. 调查员对经销商进行深度访谈之前要预约好时间并承诺付予一定报酬，调查员要做好充分的准备、列出调查所要了解的所有问题。调查员在访谈过程中应占据主导地位，把握整个谈话的方向，能够准确筛选谈话并快速做好内容笔记，以得到真实、有效的调查结果。

3. 通过网上查询或资料查询该大学的人口统计资料。调查员查找资料时应注意其权威性、时效性，以尽量减少误差。因为其较简易，该工作可直接由复核员完成。

课堂随笔

案例思考

××大学苹果手机市场占有率的调查是采用了哪些方法实施的？

1. 访问调查

问卷调查人员可以与被调查者在家中或办公室里，在大街上或购物中心等场所进行问卷调查。这样的调查很灵活，进行问卷调查工作的人员要能长时间地吸引被访问者的注意并解释复杂的问题，引导询问方向、寻找话题并在必要的时候进行深究。在问卷进行中还可以向谈话对象展示实际的产品、广告或包装，并观察他们的反应与行为。

访问调查的优点是可以直接听取被调查者的意见。调查人员可及时、灵活地改变问题的角度和方法，引导被调查者全面、真实地发表自己的意见。缺点是成本较高，而且所选择的对象不一定具有足够的代表性，调查结果受调查人员的素质、业务水平影响较大。

2. 电话调查

电话调查是由调查人员根据问卷设计目的，在一定范围内，用电话向被调查者提出询问，收集资料，听取意见。电话调查的优点体现在以下方面：一是迅速性；二是即时性和费用低；三是不受地域限制；四是被调查者不受调查者在场的心理压力，回答率高；五是对于那些不易见到的知名权威人士等被调查者，此法成功率较高；六是易于对调查人员进行管理。

3. 邮寄调查

由调查人员将设计好的调查表等通过邮寄的方式寄给被调查者，请其填写后寄回。邮寄调查的优点是调查面广泛，调查对象有充足时间进行回答，避免了调查人员偏见的影响；缺点是回收率较低，调查花费时间较长，了解的情况不易完整和准确，一般局限于调查较简单的问题。

邮寄调查的效果，取决于回收率的高低。影响回收率的因素包括：调查机构的声誉，调查机构与被调查者间的关系，调查表所附说明能够引起被调查者的合作，被调查者对问卷是否感兴趣，询问问题是否涉及被调查者隐私以及完成答卷所需要的时间等。

4. 网络调查

新兴的网络技术也为市场调查提供了现代化的技术工具，为企业快速充分获得市场信息提供了巨大帮助。互联网给市场调查人员提供了一个全新的、具有很多先天优势的问卷调查工具。网络调查具有费用低廉、简单高效、不受时空和地域限制等优点，一般可以通过网站调研、电子邮件、软件下载等方式进行。但网络调查和邮件调查一样具有回收率低的缺点。随着 IT 技术的发展，网络调查会越来越得到市场调查人员的重视，在市场调查中发挥更重要的作用。

三、市场调查人员控制

市场调查人员所收集的被访者的问卷是研究者重要的信息来源。但是，在实际工作中，由于各种原因，调查人员的问卷来源不一定真实可靠，这就要求对调查人员进行适当的监控，以保证调查问卷的质量。

对调查人员的监控一般利用下列四种手段来判断调查人员访问的真实性，然后再根据每个调查人员的任务完成质量，从经济上给予相应的奖励或惩罚。

1. 现场监督

在调查人员进行现场调查时，有督导跟随，以便随时进行监督，并对不符合规定的行为进行指正。这种方法对于电话访谈、拦截访问、整群抽样调查比较适合。

2. 审查问卷

对调查人员收集来的问卷进行检查，看问卷是否有质量问题，是否有遗漏，答案之间是否前后矛盾，笔迹是否一样等。

3. 电话回访

根据调查人员提供的电话号码，由督导或专职访问员进行电话回访。

4. 实地复访

如果电话回访找不到有关的被访问者，根据调查人员提供的真实地址，由督导或专职访问员进行实地复访。这种方法比电话回访真实可靠，但需要花很多的时间和精力。

案 例 2-5

某公司进行《××市居民住宅消费需求调查问卷》时不仅组织有经验的调查员进行培训，包括解说问卷内容，分配调查对象，掌握访问技巧，明确工作进程及质量要求等，还对调查人员在正式调查中做出如下要求：为提高效率、保证调查质量，调查采取多渠道、多方式的灵活调查方法。除按常规的入户调查及当街访问外，还选择一些重点调查点，如三资企业、演艺团体、出租车停车点、高级公寓、冷饮店、邮局、银行等地点进行调查，以提高调查的针对性。此外，在不影响结果发生偏差的前提下，亦可选择部分熟识的对象进行访问，以提高调查结果的真实度。为确保调查质量，要求调查员现场指导填表，

课堂随笔

杜绝散发回收式调查。对所填问卷应及时回收、仔细审查，对不合格问卷（包括填写方式不对或逻辑关系不正确等）应予以剔除。同时，设置问卷审核员，做到每天回收问卷，并详细询问调查员的工作，发现问题及时解决。该阶段的工作量较大，是决定调查质量的关键，务必妥善组织，加强监督。经审查合格的问卷，要及时编码，为下一步的录入、计算、分析工作做准备。

案例思考

该公司为什么要对调查员做出这些要求？

在电话回访和实地复访过程中，通常要根据以下几个方面来判断调查人员访问的真实性：一是电话能否打通或地址能否找到；二是家中是否有人接受访问；三是接受调查的问题是否跟该调查吻合；四是调查时间是否跟问卷记录时间相符；五是受访者所描述的访问员形象是否与该访问员相符；六是访问过程是否按规定的程序和要求执行。

实战演练

任务实践1

国内某化妆品有限责任公司新开发出适合东方女性需求特点的具有独特功效的系列化妆品，并在多个国家获得了专利保护。营销部经理初步分析了亚洲各国和地区的情况，首选日本作为主攻市场。为迅速掌握日本市场的情况，公司派人员直赴日本，主要运用调查法收集一手资料。调查显示，日本市场需求潜量大，购买力强，且没有同类产品竞争者，使公司人员兴奋不已。在调查基础上又按年龄层次将日本女性化妆品市场划分为15～18岁、18～25岁（婚前）、25～35岁及35岁以上四个子市场，并选择了其中最大的一个子市场进行重点开发。营销经理对前期工作感到相当满意，为确保成功，他正在思考再进行一次市场试验。另外，公司经理还等着与他讨论是否采取体积定价策略。

你能帮该公司设计市场调查问卷吗？

任务实践2

要求学生根据调查主题"洋快餐消费状况"设计一份市场调查问卷。

（1）在教师的指导下确定调查的目的和内容。

（2）根据调查目的和内容设计问题和答案。

（3）做小范围的试调研，确定问卷中询问的问题。

（4）对问卷设置的问题进行排序、修改和审核。

（5）实施访问，即发放问卷和收回问卷。

任务实践3

（1）要求学生走出课堂，走向市场，以小组为单位开展小米手机市场占有率实地走访调查，获取第一手资料。学生组织一次街头拦截（或入户访问）问卷调查，调查对象为问卷中所涉及的消费者。

（2）要求每个学生做好问卷调查的准备工作，掌握好走访调查的方法与技巧，在1小时内完成10～15份问卷调查任务。

任务二　整理调查数据、撰写调查报告

导入案例

在近年来如火如荼的汽车消费热潮中，数以万计的杭州百姓人家圆了汽车梦。那么是哪些人推动了杭州私家车消费的狂潮？杭州车市又有哪些明显的特征？这些问题无疑是很多业内人士和有车族关注的焦点。某调查机构在一些酒店、写字楼、停车场、生活小区等地通过当面访问、电话采访、网上调查等方式，对杭州私家车情况做了一次抽样调查。此次调查共发放300份问卷，回收有效问卷253份。

调查结果显示，中年车主仍然是私家车主的主流群体，占了调查人数的63.3%。年轻车主占总人数的26.5%。这部分车主的年龄为20～30岁，大多拥有大学本科学历以及较好的职业，年收入为10万元以上，而且50%以上由自己独立出资购车。

在调查中，个体私营者仍是私家车主的主流，占总数的26.5%，公务员、教师、普通职员成为发展最快的购车队伍。

关于付款的问题居然得出了两个截然相反的答案：网上调查显示，购车方式选择银行按揭的高达71%；而在当面访问和电话采访中，选择一次性现金交付的占了80%以上。仔细分析发现，选择银行按揭的车主大多已有2年以上的有车生活，而选择全额购车的车主，基本都是在近两年内新购的车。

调查发现：经济型家庭轿车市场份额遥遥领先，86%的人购买的第一辆车价格低于15万元；另外，44.9%的车主表示平均5年会换一辆新车。

案例思考

本次调查主要收集了哪些数据，采用了哪些方法？本次调查有47份无效问卷，你认为产生无效问卷的原因是什么？

由于调查过程中不可避免的各种人为或非人为的因素使得资料存在非调查误差，因此对回收的问卷还要进行整理工作，根据调查目的，运用科学方法，对调查所得的各种原始资料进行审查、检验和分类汇总，使之系统化和条理化，有时还要将问卷和答案数据化并输入计算机，这个过程就是资料处理过程。对处理过的资料，用各种统计方法进行分析，就可以为整个营销分析和调查报告提供量化的依据，从而为决策服务。

一、整理调查数据

市场调查中通过各种渠道收集的资料是分散、杂乱无章、表面的，资料所隐含的本质意义还需要经过分析整理才能表现出来。这是一个去粗取精，去伪存真，由此及彼，由表及里的研究过程。

1. 对问卷资料的审核

对问卷资料的审核一方面审核问卷的真实性，另一方面审核问卷的准确性和完整性。问卷的审核分为两个阶段，实地审核和集中审核。实地审核主要审核问卷的真实性，集中审核主要审核问卷的准确性。

（1）实地审核。实地审核包括两个方面：一是调查者自己对问卷真实性、准确性和完整性的审核，这一工作在调查者尚未离开调查点之前进行，另一方面的实地审核指调查者离开以后由复核员进行的审核，该项工作最后归到复查和追访工作。其目的是核实调查是否按要求正确无误地进行，尽可能确保每份调查问卷都是有效问卷。核实的内容包括以下几点：

① 被调查者是否真正接受了调查？
② 被调查者是否符合条件？
③ 调查是否按预定的方式进行？
④ 调查是否完整？
⑤ 其他问题。如调查员是否彬彬有礼，被调查者对访问员或调查过程有什么意见。

（2）集中审核。集中审核的第一步是检查问卷填写的完整性和资料质量，目的是确定哪些问卷可以接受，哪些问卷要作废。在问卷检查之前，应规定若干规则，使检查人员明确问卷完整到什么程度才可以被接受。

出现以下情况的问卷是不能被接受的：

① 所回收的问卷是不完整的，如缺页或多页；大面积无回答、相当多问题无回答、几个部分无回答、只有开头部分回答等应视为无效问卷；但个别问题无回答或同一个问题相当多问卷无回答则可以作为有效问卷。
② 明显错误的回答；前后不一致的回答；答非所问；不必回答的问题回答了。
③ 问卷是在事先规定的截止日期以后回收的。

如有检查人员难以判断的问卷，检查人员应先将这些问卷放在一边，由研究人员决定取舍。因此，通常建议检查人员将原始问卷分成三类：可以接受的、明显要作废的、对是否可以接受有疑问的。

（3）当出现缺失数据时，少量的缺失是可以容忍的，但如果缺失值的比例超过了10%，就可能出现严重的问题，因此对缺失值要做适当处理。缺失数据的处理方法主要有以下三种：

① 用一个样本统计量的值去代替缺失值。最典型的做法是使用变量的平均值。例如对一个没有回答其收入的被访者，用该被访者所在的子样本的平均收入去替代。

② 将有缺失值的个案保留，仅在相应的分析中做必要的排除。这是常用的处理方法。

③ 将有缺失值的个案整个删除。

2. 资料整理

将经过整理的原始资料进行分组汇总。所谓分组，就是根据调查研究的需要，将调查总体按照一定的标志区分为若干个组成部分。如：

将调查总体按收入水平分为高收入、中等收入、低收入三类，按专业分组可以分为市场营销专业、会计专业、国际贸易专业等，前者为数量分组标志，后者为质量分组标志。

分组的关键是选择和确定分类标志。要根据调研目的、事物本质、事物所处的具体历史条件和现实条件来分组。如：

当研究目的是分析大中小企业的生产情况时，应选择数量标志（如产品数量或生产能力）来分组，而要知道各类企业的比例时，应选择部门类别这一质量标志进行分类；又如，反映企业生产规模的标志有很多，如生产能力、职工人数、固定资产价值等；在技术发达条件下，使用固定资产的价值进行分类要合理些，而在技术不发达条件下，用职工人数作为分类标志比较恰当。

二、撰写市场调查报告

撰写市场调查报告是市场调查的最后一步，也是十分重要的一步。调查数据经过统计分析之后，只是为得出有关结论提供了基本依据和素材，要将整个调查研究的成果用文字形式表现出来，使调查真正起到解决社会问题、服务于社会的作用，则需要撰写调查报告。

1. 调查报告的类型

（1）数据型调查报告——最简单的报告形式。数据型调查报告在报告中只提供调查所获得的数据，前提是客户有自己的分析人员。

（2）分析型调查报告——专门的商业调查机构向客户提供报告的主要形式。分析型调查报告是在数据型报告基础上对数据所反映的情况做进一步的分析。这种报告除了本次调查所获得的第一手调查资料外，还可以在需要时引用第二手资料，增强报告的感染力和说服力。

（3）咨询型调查报告。咨询型报告是在分析型调查报告基础上的进一步扩展和延伸，其内容除了对结果进行分析外，还包括对市场的分析，并在此基础上提出进行决策、采取行动的咨询方案。为了做好咨询报告，研究人员除了需要本次调查项目的数据外，还要进行广泛的二手资料的检索，组织专家座谈会，并对必要的专项调查予以补充。

2．调查报告的内容

（1）封面。

① 调查报告的题目或标题。一般来说，题目只有一句话，有时可以加上一个副标题。标题的形式有三种。

a．直叙式。如"关于××的调查报告"。

b．表明观点式。如"电视机削价竞争不可取"。

c．提问式。如"××牌电视机为何如此畅销"。

② 调查研究机构名称。如果是单一的机构执行调查，写上该机构名称即可；如果是多个机构合作进行的调查，则应将所有机构的名称都写上，也可以同时附上调查机构的联络办法。

③ 调查项目负责人的姓名及所属机构。

④ 日期。报告完成的日期。

（2）目录。关于报告中各项内容的完整一览表，目录的篇幅以不超过一页为宜。

（3）摘要。摘要是对调查活动所获得的主要结果作概括性的说明。摘要应简短，一般不超过报告内容的1/10。

（4）前言。前言部分用简明扼要的文字写出调查报告撰写的依据，报告的研究目的或主旨，调查的范围、时间、地点及所采用的调查方法、方式。

除此之外，有的调查报告为了使读者迅速、明确地了解调查报告的全貌，还在前言里极简要地列出报告摘要。

案例 2-6

中国海南房地产市场调研与发展趋势预测报告（2017年）（前言）

目前，房地产业仍是国民经济支柱产业，将在推动经济增长与转型升级中继续发挥重要作用。从房地产行业对GDP贡献角度来看，房地产开发投资占GDP比重近15%，对国民经济直接贡献较大。从行业相关度来看，房地产行业深度影响建筑、建材、装修等上下游产业发展，间接对整体经济发展带来更大带动。"十三五"规划建议指出，到2020年国内生产总值和城乡居民人均收入比2011年翻一番，在此目标下，房地产行业将继续发挥规模优势、联动优势，为未来五年经济发展提供重要动力。

2016年以来，海南房地产开发投资增速逐步呈现回落态势。2016年1-9月，海南省房地产开发共完成投资126828亿元，增长34%，增速分别比上年同期、2016年1-3月、1-6月回落225、121、67个百分点。从构成看，建安工程、安装工程及其他投资增速全部回落。从用途看，住宅、办公楼和其他投资增速回落显著。从区域看，三大地区增速同步回落。

海南省房地产市场正在承压当中。尽管 2016 年前三季度房地产运行总体平稳，但增速回落非常明显，投资开发、销售面积、销售金额及新开工面积等均在趋缓，尤其房地产开发投资、销售面积和销售额增速已经连续 5 个月回落，投资需谨慎。

课堂随笔

（5）调查结果。

调查结果是构成报告的主体，它们提供调研人员收集到的所有相关事实和观点，但不做任何建议，因为建议是结论部分的任务。

调查结果部分是将调查所得资料报告出来，包括数据图表资料以及相关的文字说明。在一份调查报告中，常常要用若干统计表和统计图来呈现数据资料，但仅用图表将调查所得的数据资料呈现出来是不够的，研究人员还必须对图表中的数据资料所隐含的趋势、关系或规律加以客观地描述和分析，即要对调查结果做出解释。对研究结果的解释包括三个层次：说明、推论、讨论。

① 说明。说明是根据调查所得统计结果来叙述事物的状况、现象的情形、事物发展的趋势、变量之间的关系等。说明不是数据结果的简单描述，而是利用已有的资料或逻辑关系做较为深入的分析。

例如：假设经过调查，得到各种收入家庭的彩色电视机拥有情况，如表 2-2 所示。

表2-2　不同收入家庭拥有彩色电视机的比例（%）

彩色电视机拥有比例	家庭月平均收入			
	1000元以下	1000～1500元	1500元以上	总　计
有	30	50	80	53
无	70	50	20	47
总　计	100	100	100	100

根据表 2-2，可做如下几点说明。

第一，调查对象中大约有一半的家庭拥有彩色电视机（事实的叙述）。

第二，随着家庭收入的增加，彩色电视机的拥有率也随之提高（趋势描述）。

第三，家庭收入的高低对彩色电视机的购买有一定的影响（因果关系说明）。

在第三点说明中，数据资料并没有直接揭示这种因果关系，它是研究者依据收入和拥有彩色电视机的先后逻辑关系做出的推断。

模仿《中国海南房地产市场调研与发展趋势预测报告（2017年）》，为扫地机器人消费状况调查撰写一篇调查报告。

_____

_____

_____

_____

_____

② 推论。根据调查的数据估计总体的情况得出推论。

大多数市场调查所得的数据结果都是关于部分调查对象的资料，但研究的目的往往是要了解总体的情形，因此研究者必须根据调查的数据估计总体的情况，这就是推论。

推论不是简单地用样本的调查结果来代替总体，还必须考虑样本的代表性。如果对抽样误差做了估计，则可以根据抽样误差对总体做出估计；如果调查中无法估计抽样误差，推论时就必须十分谨慎。

③ 讨论。讨论主要是对调查结果产生的原因进行分析。

例如：

通过对三种不同包装A、B、C的市场实验显示，在上海地区A包装比B包装和C包装更有利于销售，讨论的问题是：为什么A包装比B包装和C包装更有利于销售？

讨论可以根据理论原理或事实材料对所得的结论进行解释，也可以引用其他研究资料作解释，还可以根据研究者的经验或主观设想作解释。

例如对上例的原因解释：

第一，A包装的商标图案比较简洁（事实）。

第二，A包装商标图案比较具体，B包装和C包装商标图案比较抽象（事实）。

第三，A包装商标色彩符合上海地区某年的流行趋势（事实或假设）。

在调查报告中，由于调查结果部分内容较多，通常要将所有内容分成若干小部分依次呈现出来，每一个小部分分别给一个标题，并与调查的目的一一对应，分别回答通过调查所要解决的问题。

（6）结论与建议。这一部分研究人员要说明调查获得哪些重要结论，根据调查结论应该采取什么措施。结论的提出方式可用简洁而明晰的语言对调查前所提出的问题做出明确的答复，同时简要地引用有关背景资料和调查结果加以解释、论证。

结论有时可与调查结果合并在一起，但要视调查课题的大小而定。一般而言，如果调查课题小，可以直接与调查结果合并起来写；如果课题比较大、内容多，则应分开写为宜。

为了得出结论，一种适用和检验过的范例是：考虑使市场机会与威胁达到平衡的委托公司的优势与劣势。通常把这归入 SWOT 分析，包括如下事项。

① 优势（Strengths）：委托公司在产品的管理结构、产品质量、顾客基础、分销、价格、服务等方面的长处是什么？

② 弱势（Weaknesses）：在上述相同项目上欠缺什么？

③ 机会（Opportunities）：是否存在有利于委托公司和它的产品的事件？如市场增长较快、竞争对手出事、是否有对委托公司有利的法律通过等，以及是否存在提供机会的有利汇率等。

④ 威胁（Threats）：是否存在一定限度内的威胁，如果有的话，是什么样的威胁以及来自什么地方。

某些报告可能要求调研人员进一步对委托公司提供建议。这时作为一种适宜的结构包括以下几个内容。

① 产品：产品设计、质量和范围怎样变化才能适应市场要求？包装从哪些方面改变？与产品相配合的服务事项（交货、技术咨询、回答咨询的速度等）的改进。

② 价格：产品及相关服务的定价怎样变化才能保证获得最大的收益，对诸如折扣策略或付款事项等定价结构能做怎样的改进？

③ 渠道：公司怎样才能改善其顾客基础？如何改进其分销网络？

④ 促销：应该传播什么信息？运用哪种媒体？多大规模的促销等。

（7）附录：附录包括问卷、信息来源、统计方法、详细表、描述和定义以及任何相关的支持文献。

案例 2-7

×× 商场市场营销环境调查报告（提纲）

一、调查说明

受 ×× 单位委托，×× 学院 ×× 系于 ×× 年对 ×× 商场经营环境进行了调查。通过调查，了解该地区自然及社会经济发展情况、商业竞争对手状况及居民消费水平及需求情况，为正确决定商场的市场定位、经营方针提供依据。

调查采用抽样调查、重点调查和典型调查相结合的方法，主要有以下四个方面的内容。（略）

二、商场营销环境状况分析（略）

三、消费者情况分析

1.消费者基本情况（略）

2.消费者购买力及消费水平（略）

本地区每百户居民拥有耐用消费品的情况表（略）

3.消费者购物行为情况（略）

4.对当地购物状况的评价及对商场经营的建议（略）

四、竞争对手情况分析（略）

五、经营有利条件及风险因素分析

1.××商场经营的有利条件（略）

2.经营的主要风险（略）

六、对商场经营的几点建议（略）

案例思考

《××商场市场营销环境调查报告》调查报告格式是否完整？

实战演练

任务实践1

案例分析：某汽车企业要对三种广告设计进行试验，以判定哪一种广告对提高汽车的销售量最有效。在不同时间里分别在不同的4个城市进行了市场试验，结果如表2-3所示。

表2-3 广告与销售量之间的关系表

广　　告	跟广告有关的销售量
A	2431
B	2064
C	1976

根据表2-3的数据分析，A、B、C三个广告中哪个是最有效的？

如果从另一个角度看，把参加试验的4个城市分别列出来，如表2-4所示。

表2-4 不同城市广告与销售量之间的关系表

城　市 广　告	1	2	3	4	总计
A	508	976	489	458	2431
B	481	613	528	442	2064
C	516	560	464	436	1976

1.通过对表2-4的分析可以看出广告A的销售量增加主要是由于什么引起的？

2. 在其他城市，各广告与销量之间的关系又是怎样的？

任务实践2

案例分析：联合利华公司的 Surf 超浓缩洗衣粉在进入日本市场前，做了大量的市场调研。Surf 的包装经过预测试，设计成日本人装茶叶的香袋模样，很受欢迎；调研发现消费者使用 Surf 时，方便性是很重要的选择指标，产品又据此进行了改进。同时，消费者认为 Surf 的气味也很吸引人，联合利华就把"气味清新"作为 Surf 的主要诉求点。可是，当产品在日本全国投入市场后，发现市场份额仅能占到 2.8%，远远低于原来的期望值，这使得联合利华陷入窘境。问题出在哪里呢？首先，日本当时正在流行使用慢速搅动的洗衣机，而 Surf 在洗涤时难以溶解；其次，大多数日本人是露天晾衣服的，"气味清新"对他们来说基本上没有什么吸引力。

Surf 进入市场时实施的调研设计存在严重缺陷。调研人员没有注意到日本人对洗衣粉的需求点是_____；他们通过调查提供了并不重要的产品属性_____，最终导致了销售的失败。

任务实践3

某连锁药店对某药品月销售情况进行调查，共收集顾客资料 162 份，市场调查人员对其进行了资料整理，获得了下列顾客属性特征。

（1）年龄特征：老年人 149 人，年轻人 12 人，中年人 1 人。

（2）单位属性：有医保卡用户 90 人，无医保卡用户 72 人。

（3）地区属性：地段内 16 人；地段外 146 人（临近地段）。

（4）了解到该药的渠道：报纸占 7.5%；电视占 41.6%；网络占 0.5%；宣传单占 40%；其他占 10%。

（5）有无人员回访：有回访 30 人；其中地段内 27 人，地段外 6 人。

请根据以上资料，写出一份简要的市场调查报告。

项目·小结

问卷调查是用户研究或市场研究中最常用的一种方法。问卷调查的基本形式是设计问题，提供选项供用户选择，其具有投放成本低、参与成本低的特点。一份正式的调查问卷一般包括三个组成部分：前言、正文、附录。问卷设计一般按照准备阶段、初步设计、试答与修改、定稿印制四个步骤进行。

目前，常用的市场问卷调查方式，主要有访问调查、电话调查、邮寄访问、网络调查等。

市场调查中通过各种渠道收集的资料还需要经过分析整理写出市场调查报告。市场调查报告包括：封面、目录、摘要、前言、调查结果、结论与建议、附录。

实践与练习

1. 选择题

（1）一个正式的调查问卷一般包括（　　　　）。

    A．前言　　　　　　　B．正文　　　　　　　C．后记　　　　　　　D．附录

（2）问卷设计的程序是（　　　　）。

    A．准备阶段　　　　B．初步设计　　　　C．试答与修改　　　　D．定稿印制

（3）常见的市场调查问卷方式主要有（　　　　）。

    A．访问调查　　　　B．电话调查　　　　C．邮寄访问　　　　D．网络调查

2. 思考题

（1）问卷设计的原则有哪些？

（2）调查报告应包括哪些组成部分？

（3）简述市场调查报告的作用。

3. 案例分析题

上海柴远森先生出差去北京，在西单图书大厦买了一本市场调查的书。3 个月以后，他为这本书付出了 30 多万元的代价。更可怕的是，这种损失还在继续，除非柴先生的宠物食品公司关门，否则那本书会如同魔咒般伴随着他的商业生涯。

事情是这样的：为了能够了解更多的消费信息，柴先生按书中的方法设计了精细的问卷，并在上海选择了 1000 个样本，保证所有的抽样在超级市场的宠物组购物人群中产生，内容涉及：价格、包装、食量、周期、口味、配料 6 大方面，覆盖了所能想到的全部因素。沉甸甸的问卷让柴氏企业的高层着实振奋了一段时间，谁也没有想到市场调查正将他们拖向溃败。

2005 年年初，上海柴氏的新配方、新包装狗粮产品上市了，短暂的旺销持续了一星期，随后就是全面萧条，后来产品在一些渠道甚至遭到了抵制。过低的销量让企业高层不知所措，当时远在美国的柴先生更是惊讶："科学的调研为什么还不如以前我们凭感觉定位来的准确？"到 2005 年 2 月初，新产品被迫从终端撤回，产品革新宣布失败。

请根据案例分析上海柴氏新配方、新包装狗粮产品失败的原因是什么？

项目实训

设计市场调查问卷

1. 实训目的、要求

通过本实训，使学生了解市场调查问卷的设计要求和步骤，并学会针对特定产品或主题制作一份市场调查问卷。

2. 实训主要内容

（1）了解市场调查问卷的设计要求和步骤。

（2）为特定产品或主题制作一份市场调查问卷。

3. 实训准备

先由指导教师准备一份较典型的市场调查问卷，该问卷包括问卷题目、导语及问题，而问题则应包括封闭式问题和开放式问题。

4. 实训资料

指导教师准备的一份典型调查问卷以供学生参考。

5. 实训操作步骤

第一步：学生分组（5～8人）。

第二步：学生小组讨论确定调查的产品或主题。

第三步：指导老师发放调查问卷样本。

第四步：根据典型问卷格式，设计一份调查问卷。

（注意问卷的格式和注意事项，请参照本任务模块内的相应内容）

6. 实训成果

为自己选定产品或主题调查设计市场调查问卷。

7. 实施市场调查

每小组按照所设计的市场调查问卷进行实地市场调查。

8. 撰写调查报告

第一步：学生对收集的资料进行整理。

第二步：撰写初步调查报告。

第三步：对报告进行修改。

第四步：上交给指导教师进行审阅。

9. 实训项目讲评

教师对各小组在本次实训中的整体表现、调查问卷的设计及调查报告的撰写进行点评。

项目三

STP 策划

项目导读

知识点

市场细分的标准；
目标市场选择的技巧；
市场定位策略。

技能点

能按标准细分市场；
对企业和产品进行市场定位。

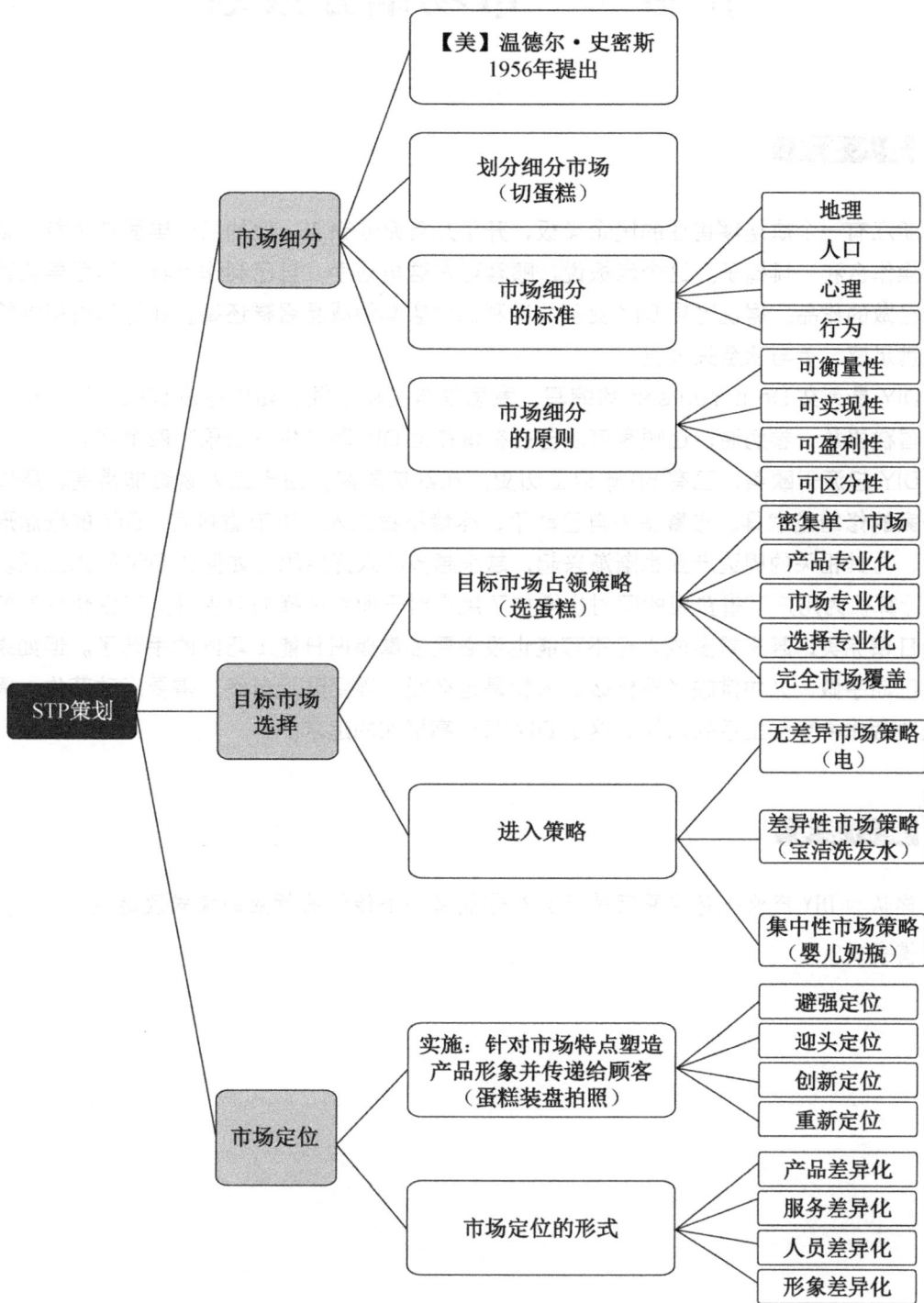

思 维 导 图

```
                              ┌─────────────────┐
                              │【美】温德尔·史密斯 │
                              │   1956年提出      │
                              └─────────────────┘

                              ┌─────────────────┐
                              │  划分细分市场     │
                              │   （切蛋糕）      │
                              └─────────────────┘
                                                    ┌──────┐
                  ┌────────┐                        │ 地理 │
                  │ 市场细分 │   ┌─────────────┐     ├──────┤
                  └────────┘   │  市场细分     │     │ 人口 │
                               │  的标准       │─────├──────┤
                               └─────────────┘     │ 心理 │
                                                    ├──────┤
                                                    │ 行为 │
                                                    └──────┘
                                                    ┌────────┐
                               ┌─────────────┐     │ 可衡量性 │
                               │  市场细分     │     ├────────┤
                               │  的原则       │─────│ 可实现性 │
                               └─────────────┘     ├────────┤
                                                    │ 可盈利性 │
                                                    ├────────┤
                                                    │ 可区分性 │
                                                    └────────┘
                                                    ┌──────────┐
                                                    │密集单一市场│
                               ┌─────────────┐     ├──────────┤
                               │目标市场占领策略│     │ 产品专业化 │
                               │   （选蛋糕）   │─────├──────────┤
                               └─────────────┘     │ 市场专业化 │
                                                    ├──────────┤
                                                    │ 选择专业化 │
                                                    ├──────────┤
 ┌────────┐     ┌────────┐                         │ 完全市场覆盖│
 │ STP策划 │─────│ 目标市场 │                         └──────────┘
 └────────┘     │  选择   │                         ┌──────────┐
                └────────┘                         │无差异市场策略│
                                                    │   （电）   │
                                                    └──────────┘
                               ┌─────────────┐     ┌──────────────┐
                               │  进入策略     │─────│差异性市场策略  │
                               └─────────────┘     │ （宝洁洗发水） │
                                                    └──────────────┘

                                                    ┌──────────────┐
                                                    │集中性市场策略  │
                                                    │ （婴儿奶瓶）   │
                                                    └──────────────┘
                                                    ┌────────┐
                               ┌───────────────┐   │ 避强定位 │
                               │实施：针对市场特点塑造│ ├────────┤
                  ┌────────┐   │产品形象并传递给顾客 │─│ 迎头定位 │
                  │ 市场定位 │   │ （蛋糕装盘拍照）   │ ├────────┤
                  └────────┘   └───────────────┘   │ 创新定位 │
                                                    ├────────┤
                                                    │ 重新定位 │
                                                    └────────┘
                                                    ┌────────┐
                               ┌─────────────┐     │ 产品差异化│
                               │ 市场定位的形式 │     ├────────┤
                               └─────────────┘─────│ 服务差异化│
                                                    ├────────┤
                                                    │ 人员差异化│
                                                    ├────────┤
                                                    │ 形象差异化│
                                                    └────────┘
```

任务三　市场细分策划

浙江有一个烘焙零售业的民企老板，开了几百家连锁店。他的门店里面都有着一张巨大的操作台和一排椅子。这个老板说，顾客可在这里动手，自己制作蛋糕，然后再花钱买走自己做的作品。据说这项 DIY 业务的毛利比门店卖的成品蛋糕还高。在操作过程中给予人的满足感、参与感至关重要。

DIY 是英文 Do It Yourself 的缩写，意思是自己动手做。如果你没有操作间，也可以仅在蛋糕里放一卷奶油，让顾客可以自己在蛋糕上 DIY 写"生日快乐"四个字。

DIY 起源于欧美，已有 50 年以上历史。在欧美国家，由于工人薪资非常高，所以一般居家的修缮或家具、布置多为自己动手，尽量不找工人，以节省费用。DIY 的概念形成之后，与其相关的周边产业也渐渐兴起，越来越多的人开始思考如何让 DIY 融入生活。如 DIY 计算机为用户节省费用的同时也增加了用户对于配置选择的自由性。工业化生产的确已经日臻完美，越来越多的人已不可能也没必要去掌握旧日能工巧匠的手艺了。但如果不是自己动手做，又仿佛缺了些什么。人就是这么怪，需要贴近自然，需要运动劳作，需要在运动劳作中享受生活的乐趣。这是 DIY 又一高层次的追求。

案例思考

你认为 DIY 产业兴起的原因是什么？你能将一个传统的行业的模式改造成 DIY 半成品经营模式吗？

从福特汽车生产单一的 T 型车到汽车款式应有尽有的今天，也是产品从大规模营销走向细分市场营销的过程。为了更好地服务顾客，满足顾客的不同需求，企业把整体市场划分为若干个子市场，并选择某个子市场作为企业的目标市场。STP 策划中的 S、T、P 分别是 Segmenting、Targeting、Positioning 三个英文单词的缩写，即市场细分、目标市场和市场定位。

一、市场细分的含义

市场细分（Market Segmentation）是企业根据消费者需求的不同，把整个市场划分成不同的消费者群的过程。其客观基础是消费者需求的异质性。进行市场细分的主要依据是异质市场中需求一致的顾客群，实质就是在异质市场中求同质。

二、市场细分的标准

1. 消费者市场细分的标准

消费者市场上的需求千差万别，影响因素错综复杂，各企业可根据自己的特点和需要，采用适宜的标准进行细分，以获得最佳的营销机会。标准主要包括地理环境因素、人口因素、心理因素和行为因素。这些因素有些是相对稳定的，但多数处于动态变化中，如表 3-1 所示。

表3-1　市场细分的标准

分　类	标　准	例　子
地理环境因素	按照消费者所处的地理位置、自然环境来细分市场。具体变量包括国家、地区、城市规模、不同地区的气候及人口密度等	防暑降温、御寒保暖之类的消费品按照不同气候带细分市场是很有意义的
人口因素	依据的人口统计变量包括年龄、婚姻、职业、性别、收入、受教育程度、家庭生命周期、国籍、民族、宗教、社会阶层等。显然，这些人口变量因素与需求差异性之间存在着密切的关系	不同年龄、受教育程度不同的消费者在价值观念、生活情趣、审美观念和生活方式等方面会有很大的差异
心理因素	心理因素十分复杂，包括个性、购买动机、价值观念、生活格调、追求的利益等。现在越来越多的企业，尤其是在服装、化妆品、家具、餐饮、旅游等行业的企业越来越重视按照人们的生活格调和品位来细分市场	生活格调是指人们对消费、娱乐等特定习惯和方式的倾向性。追求不同生活格调和品位的消费者对商品的爱好和需求有很大差异
行为因素	按照消费者的购买行为细分市场，包括消费者进入市场的程度、使用产品频率、偏好程度等变量。按消费者进入市场程度，通常可以划分为常规消费者、初次消费者和潜在消费者，依此可划分若干不同的细分市场	根据美国某啤酒公司的调查，68%的人为非饮用者，32%的人消费啤酒。其中，大量消费者与少量消费者各为16%，但前者购买了该公司啤酒销售总量的88%。因此企业自然把大量购买者作为自己的销售对象，分析研究心理特征、消费习惯，制定恰当的营销组合

按给出的细分市场，在表3-2中写出各公司细分的标准。举例如下：

A．地理细分：公司按客户的居住或办公的位置对其进行分类，然后针对每个地区的客户制定不同的营销组合。

B．人口细分：用年龄、性别、家庭人口、收入、教育程度、宗教信仰或种族等信息对客户细分。

C．心理细分：用社会阶层、个性或生活方式等变量对客户细分。

D．行为细分：消费者进入市场的程度、使用产品频率、偏好程度。

请分析表3-2所列企业市场细分的标准，和同学展开讨论，每个细分标准是否得当？如果有不合适的，请修改。

表3-2　企业市场细分的标准

公司名	产品名称	选择细分市场	细分标准
美国通用食品公司	咖啡	美国东部市场：当地消费者要求咖啡味道要清淡——A口味 美国西部市场：当地消费者喜欢咖啡味道浓郁一些——B口味	
卡尔拉格服装店	男士正装、休闲装	我国北方高纬度服装市场：四季分明，夏季炎热，冬季寒冷，需要丰富多样的各季服装，是御寒服装的主要市场。 我国南方低纬度服装市场：夏季炎热漫长，冬季短暂，春秋季不明显，是夏季服装的主要市场，为物尽其用，希望热时的外衣在冷时可内穿	
联邦家私	家具市场	单身期市场（年轻，单身）——家具要小型、简单、价格便宜，旧家具的买货主顾，小桌子、小柜子、书架、折叠床等； 新婚期市场（年轻夫妻，无子女）——对家具的购买欲望强烈，家具要时髦、美观、配套，不十分讲究价格； 满巢期Ⅰ市场（年轻夫妻，有6岁以下子女）——添置新婚时没有能力、没来得及置办的必需家具； 满巢期Ⅱ市场（年轻夫妻，有6岁以上未成年未工作子女）——这期间如换新房，会更换旧家具，添置新家具，否则可能很少添置家具； 满巢期Ⅲ市场（年长夫妻，与已工作但尚未独立的成年子女同住）——子女长大工作，旧家具不够用，经济状况较好，可能添置一些新家具； 空巢期市场（年长夫妻，子女离家自立）——有些讲究生活质量、会享受的年长夫妻因为经济条件许可，会追赶流行，更换家具。而有些节俭保守的年长夫妻可能会把多余的旧家具卖掉； 孤独期市场（单身老人独居）——很少更换添置家具	
日本资生堂公司	化妆品	第一类：15~17岁女性市场——开始讲究打扮，追求时髦，化妆意识较强烈，但往往只购买单一品种的化妆品； 第二类：18~24岁女性市场——化妆意识强烈，不惜高价购买中意的化妆品，并且讲究化妆品的系列化、配套化，往往购买整套化妆品； 第三类：25~34岁女性市场——大多已结婚，对化妆品需求有了新的特点，往往根据自己的身份、地位、职业及家庭收入，理智地选购合适的化妆品； 第四类：35岁以上女性市场——倾向于购买单一品种的化妆品	

续表

公 司 名	产品名称	选择细分市场	细分标准
电子工业 出版社	图书	学生学习参考书市场； 教师教学参考书市场； 农民农业科技类图书市场； 学者学术著作刊物市场； 企业家经营管理类图书市场； 专业技术人员职称资格考试图书市场； 公务员考试图书市场； 家庭主妇休闲娱乐图书市场	

2. 产业市场细分的标准

细分产业市场的标准，有许多与细分消费品市场的标准相同，如用户所追求的利益、用户情况、对品牌的忠实程度等。但是，由于产业市场有不同的特点，因此，企业的管理当局还要用一些其他标准来细分产业市场。具体表现如下。

（1）最终使用者。在西方国家，企业的管理当局通常用最终用户这个标准来细分产业市场。在产业市场上，不同的最终用户对同一种产业用品的市场营销组合往往有不同的要求。例如，计算机制造商采购产品时最重视的是产品质量和可用性，服务、价格也许并不是要考虑的最主要因素；飞机制造商所需要的轮胎必须达到的全部标准比农用拖拉机制造商所需轮胎必须达到的标准高得多，豪华汽车制造商比一般汽车制造商需要更优质的轮胎。因此，企业管理当局对不同的用户要相应地运用不同的市场营销组合，采取不同的市场营销措施，以投其所好，促进销售。

（2）用户规模。用户规模是细分产业市场的一个重要标准。在西方国家，许多公司建立适当的制度来分别与大顾客和小顾客打交道。

例如，美国一家办公室用具制造商按照用户规模，将顾客分为两类顾客群。

• 大客户。如国际商用机器公司、标准石油公司等，这类顾客群由该公司的全国客户经理负责联系。

• 小客户。由外勤推销人员负责联系。

（3）用户的地理位置。用户的地理位置对于企业合理组织销售力量，选择适当的分销渠道以及有效地安排货物运输关系很大，而且不同地区用户对生产资料的要求往往各有特色。因此，用户的地理位置也是细分市场的依据之一。

案例 3-1

铝制品公司的市场细分

铝制品公司对市场进行细分。按不同的标准将其分为三个类别：①公司按照最终用户这个标准把铝制品市场细分为汽车制造业、住宅建筑业和饮料容器制造业这三个子市场，然后决定选择其中一个本公司能服务得最好的目标市场；②按照这家公司的产品应用标准进一步细分为半成品、建筑部件和铝制活动房屋三个子市场，然后选择其中一个为目标市场；③按顾客规模这个标准把建筑部件市场进一步细分为大顾客、中顾客和小顾客三个子市场。公司还可在大顾客建筑部件市场的范围内进一步细分，如按大顾客的不同要求（如质量、价格、服务等）来细分市场。

课堂随笔

案例思考

1. 市场细分的标准如何选定？
2. 按不同的标准细分有何作用？
3. 你有更好的细分方法吗？

三、市场细分的原则

从企业市场营销的角度看，无论消费者市场还是产业市场，并非所有的细分市场都有意义。在细分市场时，必须认真分析、测定是否具备从事有效经营的条件。所选择的细分市场必须具备下述条件。

（1）可衡量性。说明该细分市场购买者的资料必须能够加以衡量和推算，否则，将不能作为细分市场的依据。比如我国的电冰箱市场，在重视产品质量的情况下，有多少人更注重价格，有多少人更重视耗电量，有多少人更注重外观，或兼顾几种特性。当然，将这些资料予以数量化是比较复杂的过程，必须运用科学的市场调研方法。

案例 3-2

smart 是德国梅赛德斯 - 奔驰与手表巨头瑞士 Swatch 公司合作的产物。名称中的 S 代表了 Swatch，M 代表了梅赛德斯 - 奔驰，art 意为艺术，代表了双方合作的艺术性。

smart 本身就有聪明伶俐的含义，也与其品牌理念相契合。现代都市中车辆越来越多，为应对这个问题，许多汽车制造商陆续提出微型都市代步用车的概念。由 Swatch 开发的 smart 也不例外，加上奔驰的技术支持，让 smart 得以保留概念车的创意，同时兼具了流行及实用等优点。小巧的造型，配合智能化及人性化的操控设计，令 smart 的车型如同一部聪明的大玩具。

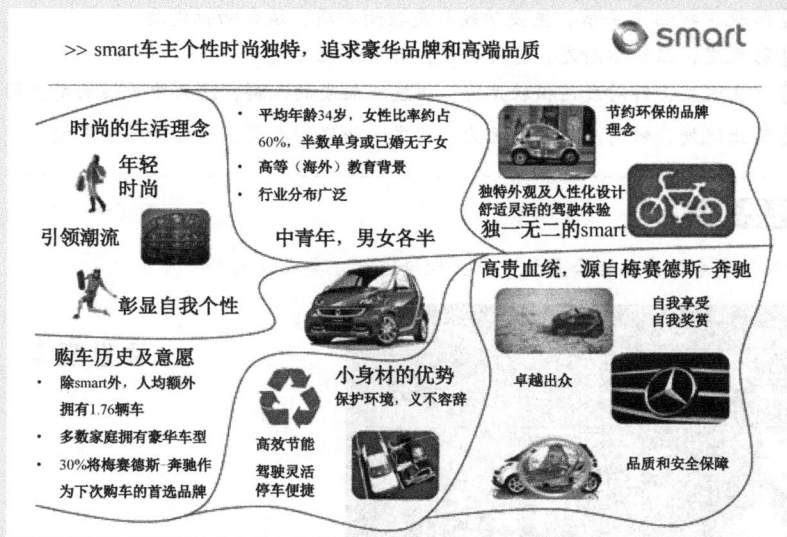

>> smart车主个性时尚独特，追求豪华品牌和高端品质

时尚的生活理念

年轻 时尚

- 平均年龄34岁，女性比率约占60%，半数单身或已婚无子女
- 高等（海外）教育背景
- 行业分布广泛

节约环保的品牌理念

引领潮流

中青年，男女各半

独特外观及人性化设计
舒适灵活的驾驶体验
独一无二的smart

彰显自我个性

高贵血统，源自梅赛德斯-奔驰

自我享受
自我奖赏

购车历史及意愿

- 除smart外，人均额外拥有1.76辆车
- 多数家庭拥有豪华车型
- 30%将梅赛德斯·奔驰作为下次购车的首选品牌

小身材的优势
保护环境，义不容辞

高效节能
驾驶灵活
停车便捷

卓越出众

品质和安全保障

案例思考

参照上图，选择一个你熟悉的产品进行市场分析。

课堂随笔

（2）可实现性。企业所选择的目标市场是否易于进入，企业营销工作有可行性，企业的营销组合通过适当的营销途径必须能达到目标市场等。例如，通过适当的营销渠道，产品可以进入所选中的目标市场；通过适当的媒体可以将产品信息传达到目标市场，并使有兴趣的消费者通过适当的方式购买到产品等。

（3）可赢利性。所选择的细分市场有足够的需求量且有一定的发展潜力，以使企业赢得长期稳定的利润。应当注意的是，需求量是指对本企业的产品而言，并不是泛指一般的人口和购买力。

（4）可区分性。在不同的细分市场之间，在概念上可清楚地加以区分。例如，女性化妆品市场可依据年龄层次和肌肤的类型等标准加以区分。

案例 3-3

韩国护发品牌"吕"在韩国市场占有率为43%，是独一无二的第1位。近年来，开始进入中国市场，销量不断上升。该系列洗发水富含粮食营养成份，不伤头发！根据消费者的不同需求，推出了系列产品：

【黄吕】强防脱＋固发＋防掉发，主要是防脱发，不分发质。

【红吕】防脱＋滋润强韧修复，适合染。头皮中等，头发丝细软干燥，修复损伤及烫后修复。

【绿吕】适合断发，掉发，受损头发，中干性及头屑多的人群。

【蓝吕】防脱＋控油＋去屑，主要功效就是控油去屑，适合油性发质。

【紫吕】防脱发，强韧防断发，舒缓头皮，针对油性发质。

【黑吕】防止脱发，针对发质松软无力、脱发、短发的人群，适合中干性头发使用。

【白吕】防止脱发，针对发质松软无力、脱发、短发的人群，适合油性头发使用。

案例思考

请分析吕洗发水的产品组合是依靠什么理论进行分类设计的？

课堂随笔

四、市场细分的步骤

（1）确定企业所在领域的市场类型，目标顾客是终端消费者还是组织购买者。

（2）选择企业能够差异化的参数，用最能够差异化的参数作为切分该市场的第一刀标准，用次差异化的参数作为切分该市场的第二刀，以此类推。

（3）用市场细分的原则评估细分市场。

案例 3-4

旅游市场的开发

A公司准备进入旅游市场，便开始了市场细分的工作。旅游不是一个快速爆发的行业，途牛、穷游、蚂蜂窝等有竞争力的项目差不多都做了十年。从提供旅行服务来看，团队游是最佳的：成本低、服务保障也相对更合理。团队游和散拼团不是一个概念，它更多是基于一个共同诉求的用户群组成的团队。例如，亲子、摄影，还有携程曾做过的高尔夫旅游。这种基于主题团队出行的创业项目，更容易使用户满意。

A公司准备把旅行产品聚焦在一类人、一个特定场景，以便更好地整合资源，做出壁垒，让用户在第一个平台留存。抓住核心，用尽量低的成本，找到需求相同的一群人，设计出一个适合的场景。如游学团、亲子游等。

课堂随笔

案例思考

请你按照市场细分的步骤，为A公司找到一个细分市场。

实战演练

任务实践1

导入练习：请根据你对饮料市场的了解，对饮料市场进行市场细分。

请同学们到超市或小卖部进行走访调查，把饮料的分类填入图 3-1 中。

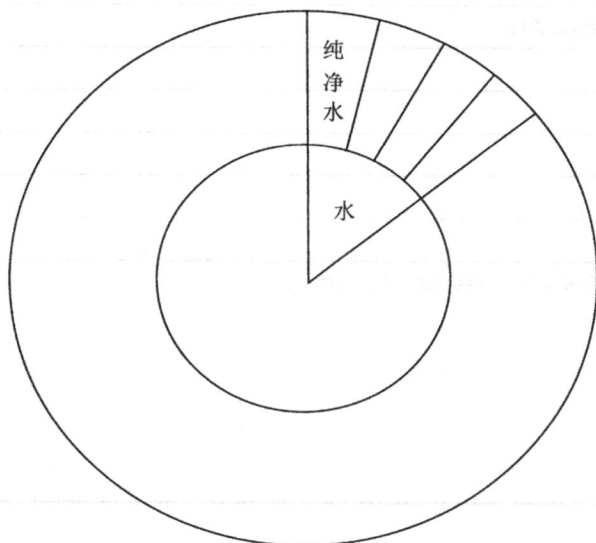

图3-1　饮料的分类

完成后将细分市场中的产品列出来。

（1）水：纯净水、矿泉水、山泉水。

（2）碳酸饮料：

（3）　　　　　：

（4）　　　　　：

（5）　　　　　：

（6）　　　　　：

（7）　　　　　：

任务实践2

对表 3-3～表 3-5 中所列市场进行细分，并评价市场细分的可衡量性、可赢利性、可进入性。

提示：

A．可衡量性。可衡量性指各个细分市场的购买力和规模能被衡量的程度。如果细分变数很难衡量的话，就无法界定市场。

B．可赢利性。可赢利性指企业新选定的细分市场容量足以使企业获利。

C．可进入性。可进入性指所选定的细分市场必须与企业自身状况相匹配，企业有优势占领这一市场。可进入性具体表现在信息进入、产品进入和竞争进入。考虑市场的可进入性，实际上是研究其营销活动的可行性。

表3-3　方便面市场细分

细 分 标 准	细 分 结 果
按包装分	桶装、袋装
按收入分	
按口味分	
按年龄分	
按　　分	
按　　分	
讨论各种市场细分的可衡量性、可赢利性、可进入性：	

表3-4　空调市场细分

细 分 标 准	细 分 结 果
按功能分	单冷、冷暖
按　　分	
按　　分	
按　　分	
讨论各种市场细分的可衡量性、可赢利性、可进入性：	

表3-5　皮鞋市场细分

细 分 标 准	细 分 结 果
按年龄分	幼儿、青年、中年、老年
按　　分	
按　　分	
按　　分	
讨论各种市场细分的可衡量性、可赢利性、可进入性：	

任务实践3

一家航空公司对从未乘过飞机的人很感兴趣（细分标准是顾客的体验）。而从未乘过飞机的人又可以细分为害怕飞机的人，对乘飞机无所谓的人以及对乘飞机持肯定态度的人（细分标准是态度）。在持肯定态度的人中，又包括高收入有能力乘飞机的人（细分标准是收入能力）。于是这家航空公司就把力量集中在开拓那些对乘飞机持肯定态度，只是还没有乘过飞机的高收入群体。

请判断以下具体工作属于哪个阶段需要完成的，并填入表 3-6 中。

① 公司应明确自己在某行业中的产品市场范围，并以此作为制定市场开拓战略的依据。

② 公司应对不同的潜在顾客进行抽样调查，并对所列出的各种需求因素进行评价，了解顾客的共同需求。

③ 可从地理、人口、心理等方面列出影响产品市场需求和顾客购买行为的各种因素。

④ 调查、分析、评估各细分市场，最终确定可进入的细分市场，并制定相应的营销策略。

表3-6　各阶段任务与具体工作

阶　　段	任　　务	具 体 工 作
1	选定产品市场范围	
2	列举潜在顾客的需求	
3	分析潜在顾客的不同需求	
4	制定相应的营销策略	

任务四　选择目标市场

导入案例

以中国台湾诚品敦南店为样本，"24小时不打烊书店"近年来在全国各地流行起来。但是，由于半夜缺乏读者，相当一部分书店已面临亏损的困境。实体书店发展到今天，只靠传统卖书比较难行，大多改走多元化经营的复合路线，以"书+咖啡+文化活动"为核心经营模式。

由此，广州的1200bookshop书店提出了"知识无价，情怀有价"的理念。现如今，很多人开始步入了生命的高压期：上有老下有小、还房贷、供车子、工作、升职、相互比较……现代社会青年人群间日益淡漠的人际关系纠结成一张无形的高压网，将人们压得透不过气。而在1200bookshop里，人们能抛开眼前的郁闷，"回到过去"。这是情怀经济大行其道的原因。店里图书种类和数量不多，椅子是从建筑材料垃圾堆里捡回来的，书桌是旧木门变身而来，吊灯装饰是由破椅子拼接而成……但是，它们却触动了每个人的情怀，勾起大家的记忆，带着旧时的影子，懵懂而又单纯、温情四溢而又满是梦想。书香、木头香、咖啡香交融，弥漫在空气中，让情怀变得像传染病般，一发不可收拾。

除了卖书外，1200bookshop还提供100多种餐饮。老板刘二囍称："只靠卖书盈利很难。""很多人愿意喝咖啡，不愿意买书。"现在，大头的收入在咖啡，书每天卖1500元左右，餐饮就4000元左右。而为了吸引晚上的客流，凌晨2点到6点，图书一律6.8折亏本促销。他坦言，这是1200bookshop生存下去的方式。1200bookshop欢迎读者在这里通宵阅读。吧台隔壁还专门为沙发客准备了一个小房间，里面有沙发、枕头、桌子和书，甚至还有淋浴间，免费提供给沙发客过夜。

案例思考

"24小时不打烊书店"主要针对的是哪些顾客？你能给1200bookshop提些好建议吗？

所谓目标市场选择，就是指企业在市场细分之后的若干"子市场"中，所运用的企业营销活动之"矢"而瞄准的市场方向之"的"的优选过程。例如，通过调查发现我国城乡居民对照相机的需求，可分为高档、中档和普通三种。调查表明，33％的消费者需要物美价廉的普通相机，51％的消费者需要使用质量可靠、价格适中的中档相机，16％的消费者需要美观、轻巧、耐用、高档的全自动或多镜头相机。国内各照相机生产厂家，大都以中档、普通相机为生产营销的目标，因而市场供过于求，而各大中型商场的高档相机，多为高价进口货。如果某一照相机厂家选定16％的消费者目标，优先推出质优、价格合理的新型高级相机，就会受到这部分消费者的欢迎，从而迅速提高市场占有率。

案例 3-5

2017年暑期的文娱圈出现了一匹黑马，网络综艺节目《中国有嘻哈》，上线4小时点播量突破1亿次，总播放量超过24亿次，微博话题稳居网综榜第一名，衡量互联网关注度的百度指数超越了《中国新歌声》排名综艺第一，重现了当年《超级女声》《中国好声音》和《爸爸去哪儿》的火爆情景。

生于互联网的《中国有嘻哈》在快手、微博、秒拍、抖音、微信等互联网平台进行大量话题、明星和内容营销，对节目走红起到推波助澜的作用，微博、百度等互联网平台指数亮眼更是证明，其将互联网营销这个工具用到极致。中国用户对于精神消费的个性化追求日益明显，不再众人都听天王天后、流行歌曲，嘻哈歌手们也能有自己的忠实听众，"二次元 IDOL"也有一票"铁粉"。换句话说，中国音乐正在从大众明星市场进入长尾创作者市场。这是美国、日本等音乐发达市场走过的路，许多小众音乐类型在这些市场生存得很好，这是市场成熟的标志。而且，年轻人消费群壮大，"90后"什么都追求个性化，《中国有嘻哈》最受欢迎的歌手基本上都是"90后"，个性化也是"90后"的娱乐倾向。

课堂随笔

案例思考

一个小众音乐类型成为一个大众热门综艺，从互联网视角来看，深层次原因是什么？对行业又有什么启发？

一、目标市场策略

1. 目标市场占领策略

企业在细分出来的若干个子市场中，根据自身的资源和技术情况、管理水平和竞争状况，选择出对自己最有利而决定要进入的市场，如图3-2所示。

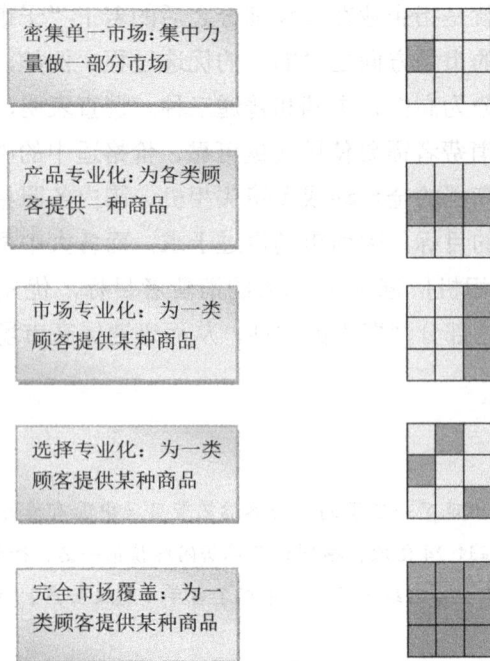

图3-2　目标市场占领策略

（1）密集单一市场。企业只生产一种产品供应某一顾客群，以取得某一特定市场上的优势，但同时隐含较大的经营风险，这一策略通常被较小的企业采用。如某林业机械厂只生产供应林用拖拉机的配件。

大众汽车公司集中经营小汽车市场；理查德·D. 伊尔文化公司集中经营经济商业教科书市场；高教书店只出售高教图书等。

（2）产品专业化。以一类产品供应不同的顾客群，这种策略有利于企业降低成本，提高产品质量，分散经营风险。如常州林机厂生产的装载机用来满足建筑、修路、林业工程等行业的要求。

如饮水器厂只生产一个品种，同时向家庭、机关、学校、银行、餐厅等各类用户销售。

（3）市场专业化。以不同产品满足同一类顾客群的需要，企业专门为某一顾客群提供系列产品，容易和这类顾客保持良好的关系而获得良好的声誉。但如有替代品出现或偏好转移，企业将受到威胁。

（4）选择专业化。企业同时进入几个不同子市场，以不同产品满足不同顾客群的需求，企业专门为各个顾客群服务，能建立良好的声誉。但由于各个细分市场之间很少有联系，一旦顾客群的需求潜量和特点发生变化，企业就要承担较大风险。

（5）完全市场覆盖。以不同产品供应整个市场，即企业全方位进入市场，为顾客提供他们需要的不同类型产品。一般来说，实力较强的大企业通常采用这种策略。

2. 目标市场进入策略

选择目标市场，明确企业应为哪一类用户服务，满足他们的哪一种需求，是企业在营销活动中的一项重要策略。选择目标市场进入时一般运用下列三种策略。

（1）无差异性市场策略。无差异性市场策略就是企业把整个市场作为自己的目标市场，只考虑市场需求的共性，而不考虑其差异，运用一种产品、一种价格、一种推销方法，吸引尽可能多的消费者。美国可口可乐公司从1886年问世以来，一直采用无差异性市场策略，生产一种口味、一种配方、一种包装的产品满足世界156个国家和地区的需要，称作"世界性的清凉饮料"，资产达74亿美元。由于百事可乐等饮料的竞争，1985年4月，可口可乐公司宣布要改变配方的决定，不料在美国市场掀起轩然大波，许多电话打到公司，对公司改变可口可乐的配方表示不满和反对，不得不继续大批量生产传统配方的可口可乐。可见，采用无差异性市场策略，产品在内在质量和外在形体上必须有独特风格，才能得到多数消费者的认可，从而保持相对的稳定性。

这种策略的优点是产品单一，容易保证质量，能大批量生产，降低生产和销售成本。但如果同类企业也采用这种策略时，必然要形成激烈竞争。

闻名世界的肯德基，在全世界有800多个分公司，都是同样的烹饪方法、同样的制作程序、同样的质量指标、同样的服务水平，采取无差异性策略，生产很红火。1992年，肯德基在上海开业不久，上海荣华鸡快餐店开业，且把分店开到肯德基对面，形成"斗鸡"场面。因荣华鸡快餐把外国人用面包作主食改为以蛋炒饭为主食，西式沙拉土豆改成酸辣菜、西葫芦条，更取悦于中国消费者。所以，肯德基面对竞争强手时，无差异性策略也体现出其局限性。

（2）差异性市场策略。差异性市场策略就是把整个市场细分为若干子市场，针对不同的子市场，设计不同的产品，制定不同的营销策略，满足不同的消费需求。

案例 3-6

诞生于美国硅谷的特斯拉与诞生于底特律的传统汽车有着强烈的不同。特斯拉更像是汽车界的苹果，自从其横空出世以来，就引起了业界和粉丝们的追捧。特斯拉基本不做广告，但人们在心智上却不约而同地认为这是一款非常酷的互联网豪华车。在特斯拉身上，有着与其他产品太多的不同。在很多车主眼中，特斯拉并不仅仅是辆车，而是迎合时代的一款时尚的炫酷产品。就像当今的智能手机一样，打电话、发短信的功能渐渐被弱化，但拍照、音乐、视频、娱乐功能成了标配，"舍本逐末"恰恰是当前智能产品的一大主流趋势。

特斯拉最成功的因素之一是其产品理念，它颠覆了传统的汽车行业。

2016年，特斯拉新款车载操作系统 Version 8.0 在两方面进行了改进：一是多媒体交互系统的优化，界面更简洁，引入4G网络，新增实时路况显示功能，导航路径规划有效避开拥堵；二是自动辅助驾驶系统的升级，改变了数据计算逻辑，由原先以图像数据分析为主改为以毫米波雷达监测的数据为核心，图像分析为辅的计算逻辑。

课堂随笔

案例思考

1. 特斯拉的产品如何定位？

2. 它如何借助口碑传播树立其前卫炫酷的豪华车形象？为什么特斯拉的门店不在4S店云集的汽车一条街，却喜欢跟日默瓦、苹果、梵克雅宝做邻居？

这种策略的优点是能满足不同消费者的不同要求，有利于扩大销售、占领市场、提高企业声誉。其缺点是由于产品差异化、促销方式差异化，增加了管理难度，提高了生产和销售费用。目前只有力量雄厚的大公司采用这种策略。如青岛双星集团公司，生产多品种、多款式、多型号的鞋，满足国内外市场的多种需求。

案例 3-7

"喜茶"的市场选择

以"喜茶"为代表的奶茶新品牌的最大特点在于对传统茶饮的品质进行了升级，摒弃了多数奶茶店选用的"调味饮"，而改用原泡茶或类似咖啡的"风味煮"。据了解，如此创新的原因在于目前年轻人对纯茶的接受度并不高，只占饮品的10%左右。为了吸引年轻人，创新的普遍做法是在茶的基底上，添加奶盖、果汁或者牛奶，变成新式饮品。无论是Logo还是包装，"喜茶"比很多传统的奶茶品牌的设计更为出色。例如，在杯子的设计上，"喜茶"采用了小清新、简约的"性冷淡风格"，分为白色纸杯以及透明的塑料杯两种，配上简单的Logo。在包装上，为了加强用户体验，喜茶奶盖类产品的纸杯上通常可看到这样的提示：先不要用吸管，打开杯盖倾斜45°，大口喝上下两层。一位喜欢"喜茶"的年轻消费者表示，"喜茶在杯盖的设计、密封性上比较用心，杯子可带回家二次利用；外卖纸袋和卡套比较结实，这点是优于星巴克的。"

课堂随笔

为了取悦消费者，"喜茶"还对茶进行了定制处理。"喜茶"不使用品类固定的茶叶，而是根据自己的需求与想法，交由第三方工厂专门生产定制茶。"金凤茶王"是"喜茶"第一次尝试开发的定制茶，其中的"金凤茶"实际在茶叶市场中并不存在，只是喜茶为了压低茶入口的苦涩感，提高回香，用几款茶进行拼配，并通过烘焙等工艺改良形成的新品。

案例思考

1. "喜茶"如何对奶茶重新定位？
2. "喜茶"的目标客户是哪些人？

（3）集中性市场策略。集中性市场策略就是在细分后的市场上，选择两个或少数几个细分市场作为目标市场，实行专业化生产和销售。在个别少数市场上发挥优势，提高市场占有率。采用这种策略的企业对目标市场有较深的了解，这是大部分中小型企业应当采用的策略。

案例 3-8

国外有苹果、三星，国内有小米、华为，竞争已经白热化的智能手机市场，突然杀出来一匹黑马：OPPO。它的迅速蹿红，有很多原因，比如在三四线城市的渠道策略，但也离不开它那句几乎人人都知道的广告"充电 5 分钟，通话 2 小时"。待机时间长，是 OPPO 的独特销售主张，是它"有巨大说服力的，竞争对手不具备的，对消费者的好处"。

课堂随笔

案例思考

1. OPPO 选择的是哪类市场？
2. 喜欢"充电 5 分钟，通话 2 小时"广告的顾客需求是什么？

二、影响目标市场选择的因素

企业在进行决策时要具体分析产品和市场状况以及企业本身的特点。影响企业目标市场策略的因素主要有企业资源、产品特点、市场特点和竞争者的策略四类。

（1）企业资源。资源雄厚的企业，如拥有大规模的生产能力、广泛的分销渠道、程度很高的产品标准化、好的内在质量和品牌信誉等，可以考虑实行无差异市场营销策略；如果企业拥有极强的设计能力和优秀的管理素质，则可以考虑施行差异市场营销策略；而对实力较弱的中小企业来说，适于集中力量进行集中营销策略。企业初次进入市场时，往往采用集中市场营销策略，在积累了一定的成功经验后再采用差异市场营销策略或无差异市场营销策略，扩大市场份额。

（2）产品特点。产品的同质性表明了产品在性能、特点等方面的差异性的大小，是企业选择目标市场时不可不考虑的因素之一。一般对于同质性高的产品如食盐等，宜施行无差异市场营销；对于同质性低或异质性产品，差异市场营销或集中市场营销是恰当的选择。

苹果公司 iPhone 5 采用了全新的双色设计，搭载了全新的 4 英寸的 IPS 屏幕，分辨率为 1136×640，宽屏幕的设计更加适合观看电影。内置了苹果 A6 处理器和 1GB 内存，配合全新 iOS 6 智能系统，拥有众多全新功能，中文 siri 也非常出色。依旧采用了 800 万像素摄像头，拥有蓝宝石镜头，可以有效地保护镜头。支持全景拍摄和 1080P 高清摄像，拍摄速度飞快。

此外，产品因所处的生命周期的阶段不同，而表现出的不同特点也不容忽视。产品处于导入期和成长初期，消费者刚刚接触新产品，对它的了解还停留在较粗浅的层次，竞争尚不激烈，企业这时的营销重点是挖掘市场对产品的基本需求，往往采用无差异市场营销策略。等产品进入成长后期和成熟期时，消费者已经熟悉产品的特性，需求向深层次发展，表现出多样性和不同的个性来，竞争空前激烈，企业应适时地转变策略为差异市场营销或集中市场营销。

（3）市场特点。供与求是市场中两大基本力量，它们的变化趋势往往是决定市场发展方向的根本原因。供不应求时，企业重在扩大供给，无暇考虑需求差异，所以采用无差异市场营销策略；供过于求时，企业为刺激需求、扩大市场份额殚精竭虑，多采用差异市场营销或集中市场营销策略。

从市场需求的角度来看，如果消费者对某产品的需求偏好、购买行为相似，则称之为同质市场，可采用无差异市场营销策略；反之，为异质市场，差异市场营销和集中市场营销策略更合适。

（4）竞争者的策略。企业可与竞争对手选择不同的目标市场覆盖策略。例如，竞争者采用无差异市场营销策略时，企业选用差异市场营销策略或集中市场营销策略更容易发挥优势。

企业的目标市场策略应慎重选择，一旦确定，应该相对稳定，不能朝令夕改。但灵活性也不容忽视，没有永恒正确的策略，一定要密切注意市场需求的变化和竞争动态。

三、合适目标市场的特点

1. 有一定的规模和发展潜力

企业进入某一市场是期望能够有利可图，如果市场规模狭小或者趋于萎缩状态，企业进入后难以获得发展，此时，应审慎考虑，不宜轻易进入。当然，企业也不宜以市场吸引力作为唯一取舍，特别应力求避免"多数谬误"，即与竞争企业遵循同一思维逻辑，将规模最大、吸引力最大的市场作为目标市场。大家共同争夺同一个顾客群的结果是，造成过度竞争和社会资源的无端浪费，同时使消费者本应得到满足的一些需求遭受冷落和忽视。

2. 细分市场结构的吸引力

细分市场可能具备理想的规模和发展特征，然而从赢利的观点来看，它未必有吸引力。波特认为有 5 个因素决定整个市场或其中任何一个细分市场的长期的内在吸引力。这 5 个因素是同行业竞争者、潜在的新参加的竞争者、替代产品、购买者和供应商。它们具有如下 5 种威胁性。

（1）细分市场内激烈竞争的威胁：如果某个细分市场已经有了众多的、强大的或者竞争意识强烈的竞争者，那么该细分市场就会失去吸引力。当该细分市场处于稳定或者衰退，而生产能力不断大幅度扩大，固定成本变高，使得撤出市场的壁垒过高，竞争者投资很大，那么情况就会更糟。这些情况常常会导致价格战、广告争夺战，新产品的推出，导致公司要参与竞争就必须付出高昂的代价。

（2）新竞争者的威胁：某个细分市场容易吸引新的竞争者来争夺资源，也会吸引原有企业扩大生产能力，那么该细分市场就会没有吸引力。问题的关键是新的竞争者能否轻易地进入这个细分市场，细分市场的吸引力随其进退难易的程度而有所区别，如图3-3所示。

		退出壁垒	
		高	低
进入壁垒	高	利润大 风险大	最有 吸引力
	低	最没 吸引力	利润小 风险小

图3-3 市场进退成本和风险

（3）替代产品的威胁：如果某个细分市场存在着替代产品或者有潜在替代产品，那么该细分市场就失去吸引力。替代产品会限制细分市场内价格和利润的增长。公司应密切注意替代产品的价格趋向。如果在这些替代产品行业中技术有所发展，或者竞争日趋激烈，这个细分市场的价格和利润就会下降。

（4）购买者讨价还价能力加强的威胁：如果某个细分市场中购买者的讨价还价能力很强或正在加强，该细分市场就没有吸引力。购买者会设法压低价格，对产品质量和服务提出更高的要求，并且使竞争者互相斗争，所有这些都会使销售商的利润受到损失。如果购买者比较集中或者有组织，或者该产品在购买者的成本中占较大比重，或者产品无法实行差别化，或者顾客的转换成本较低，或者由于购买者的利益较低而对价格敏感，或者顾客能够向后实行联合，购买者的讨价还价能力就会加强。销售商为了保护自己，可选择议价能力最弱或者转换销售商能力最弱的购买者。较好的防卫方法是提供顾客无法拒绝的优质产品供应市场。

（5）供应商讨价还价能力加强的威胁：如果公司的供应商——原材料和设备供应商、公用事业、银行、工会等，能够提价或者降低产品和服务的质量，或减少供应数量，那么该公司所在的细分市场就会没有吸引力。如果供应商集中或有组织，或者替代产品少，或者供应的产品是重要的投入要素，或转换成本高，或者供应商可以向前实行联合，那么供应商的讨价还价能力就会比较强大。因此，与供应商建立良好关系和开拓多种供应渠道才是防御上策。

3. 符合企业目标和能力

一方面，某些细分市场虽然有较大吸引力，但不能推动企业实现发展目标，甚至分散企业的精力，使之无法完成其主要目标，这样的市场应考虑放弃。另一方面，还应考虑企业的资源是否适合在某一细分市场经营。只有选择那些企业有条件进入、能充分发挥其资源优势的市场作为目标市场，企业才会立于不败之地。

实战演练

任务实践1

请根据表3-7所列因素对其中市场进行走访调查,评估细分市场的选择的条件是什么? 是否恰当。

表3-7 选择细分市场的条件评估

目标市场选择的因素	思考方向	走访市场	评 估
要有适当的规模和发展潜力	作为目标市场的子市场应有足够数量的顾客和购买力,能达到一定的需求量、销售量,从而保证企业有利可图	康师傅方便面	
竞争者未完全控制	企业应选择竞争对手较少,或竞争对手较弱的子市场作为自己的目标市场	中国电信天翼手机套餐	
符合企业经营目标和资源能力	所选子市场的经营应与企业总的经营目标相协调,并且是企业现有资源条件和能力所擅长的或所能胜任的	苹果iPod	

任务实践2

请对表3-8所列市场进行走访,分析你所调查的品牌选择细分市场时考虑的因素,和同学展开讨论,看细分市场的选择是否得当? 如果有不合适的,请修改。

表3-8 选择市场原因评估

走访市场	调查品牌	选择该市场的原因	是否恰当
音乐播放器(如MP3/MP4/MP5等)			
快速食品(如即食面、即食粥等)			
日化产品(如洗发水、沐浴露、洗衣粉、洗洁精)			

任务实践3

A 公司决定在某购物中心开设一家饭店。现在的问题是，这附近已有很多家饭店，这些饭店能够提供各种价位的不同种类的餐饮服务，因此如果开设饭店，必须要以特色取胜。假设公司拥有开设任何一种类型饭店的足够资源，那么，公司所面对的问题是决定开一家什么样的饭店最为适宜。

目标市场选择的步骤如表 3-9 所示。

表3-9 目标市场选择的各阶段要完成的具体工作

阶 段	任 务	具 体 工 作
1	展开头脑风暴	
2	调查分析	
3	根据目标市场选择的因素进行讨论	
4	目标市场选择	

任务五　市场定位策划

导入案例

　　Airbnb 是 AirBed and Breakfast(Air–b–n–b) 的缩写，进入中国市场使用"爱彼迎"作为中文名。该公司提出像当地人一样去旅游，吸引了一群自由行粉丝。爱彼迎是一家联系旅游人士和家有空房出租的房主的服务型网站，它可以为用户提供多样的住宿信息。

　　Airbnb 成功地教育了市场，培养了用户，改变了人们的租住意识。人们大多不愿意让陌生人住进自己家里，安全问题、隐私问题等各种问题，一直让房东们望而却步。对客人来讲也是一样的。本来一个人出去就不安全，还住在别人家里？房东有歹意怎么办？但世界上总有那么几个喜欢吃螃蟹的家伙，当大家都觉得这个螃蟹不但没毒，还挺好吃的时候，这事就越来越好办了。如果把 Airbnb 的概念抽象一下的话，那么它的逻辑应该是：有空闲的资源就可以出租，从而提高闲置资源利用率获得最大收益。这个逻辑同样可以应用到其他领域上，很多创业公司就依照这样的逻辑打造出了自己的产品，并且不少项目还获得了投资。

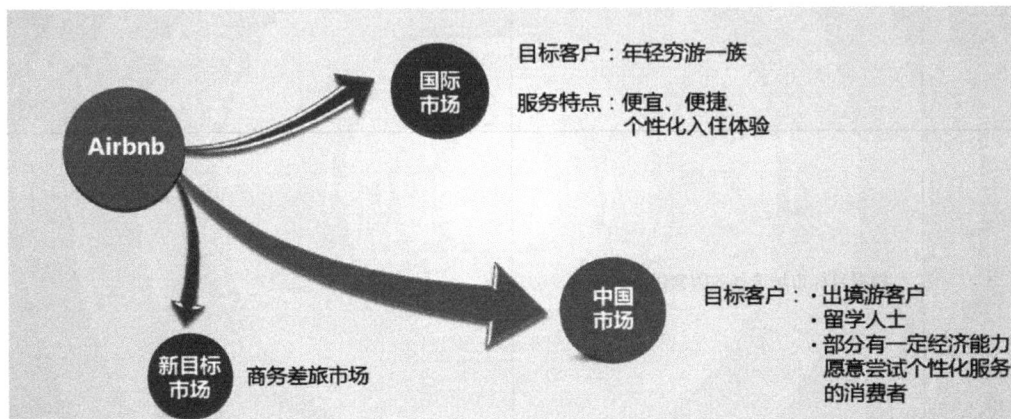

案例思考

（1）Airbnb 的竞争对手是谁？

（2）Airbnb 和酒店的定位有什么不同？

_____

_____

（3）用自己的话完善 Airbnb 的定位。

_____

_____

（4）你认为 Airbnb 的市场定位是否成功：是 / 否。

_____

_____

　　市场定位是指企业根据竞争者现有产品在市场上所处的位置，针对顾客对该类产品某些特征或属性的重视程度，为本企业产品塑造与众不同的、给人鲜明印象的形象，并将这种形象生动地传递给顾客，从而使该产品在市场上确定适当的位置。

一、市场定位的步骤

1. 分析目标市场的现状，确认潜在的竞争优势

　　这一步骤的中心任务是要回答以下三个问题：一是竞争对手产品定位如何？二是目标市场上顾客欲望满足程度如何以及确实还需要什么？三是针对竞争者的市场定位和潜在顾客的真正需要的利益要求企业应该及能够做什么？要回答这三个问题，企业市场营销人员必须通过一切调研手段，系统地设计、搜索、分析并报告有关上述问题的资料和研究结果。

　　通过回答上述三个问题，企业就可以从中把握和确定自己的潜在竞争优势在哪里。

2. 准确选择竞争优势，对目标市场初步定位

　　竞争优势表明企业能够胜过竞争对手的能力。这种能力既可以是现有的，也可以是潜在的。选择竞争优势实际上就是一个企业与竞争者各方面实力相比较的过程。比较的指标应是一个完整的体系，只有这样，才能准确地选择相对竞争优势。通常的方法是分析、比较企业与竞争者在经营管理、技术开发、采购、生产、市场营销、财务和产品七个方面究竟哪些是强项，哪些是弱项。借此选出最适合本企业的优势项目，以初步确定企业在目标市场上所处的位置。

3. 显示独特的竞争优势和重新定位

　　这一步骤的主要任务是企业要通过一系列的宣传促销活动，将其独特的竞争优势准确地传播给潜在顾客，并在顾客心目中留下深刻印象。为此，首先，企业应使目标顾客了解、知道、熟悉、认同、喜欢和偏爱本企业的市场定位，在顾客心目中建立与该定位相一致的形象。其次，企业通过各种努力强化目标顾客形象，保持目标顾客的了解，稳定目标顾客的态度和加深目标顾客的感情来巩固与市场相一致的形象。最后，企业应注意目标顾客对其市场定位理解出现的偏差或由于企业市场定位宣传上的失误而造成的目标顾客模糊、混

乱和误会，及时纠正与市场定位不一致的形象。企业的产品在市场上定位即使很恰当，但在下列情况下，还应重新考虑。

（1）竞争者推出的新产品定位于本企业产品附近，侵占了本企业产品的部分市场，使本企业产品的市场占有率下降。

（2）消费者的需求或偏好发生了变化，使本企业产品销售量骤减。

重新定位是指企业为已在某市场销售的产品重新确定某种形象，以改变消费者原有的认识，争取有利的市场地位的活动。如某日化厂生产婴儿洗发剂，以强调该洗发剂不刺激眼睛来吸引有婴儿的家庭。但随着出生率的下降，销售量减少。为了增加销售，该企业将产品重新定位，强调使用该洗发剂能使头发松软有光泽，以吸引更多、更广泛的购买者。重新定位对于企业适应市场环境、调整市场营销战略是必不可少的，可以视为企业的战略转移。重新定位可能导致产品的名称、价格、包装和品牌的更改，也可能导致产品用途和功能上的变动，企业必须考虑定位转移的成本和新定位的收益问题。

二、市场定位的实施

1. 市场定位的策略

（1）避强定位。

避强定位策略是指企业力图避免与实力最强的或较强的其他企业直接发生竞争，而将自己的产品定位于另一市场区域内，使自己的产品在某些特征或属性方面与最强或较强的对手有比较显著的区别。

优点：避强定位策略能使企业较快地在市场上站稳脚跟，并能在消费者或用户中树立形象，风险小。

缺点：避强往往意味着企业必须放弃某个最佳的市场位置，很可能使企业处于最差的市场位置。

（2）迎头定位。

迎头定位策略是指企业根据自身的实力，为占据较佳的市场位置，不惜与市场上占支配地位的、实力最强或较强的竞争对手发生正面竞争，而使自己的产品进入与对手相同的市场位置。

优点：竞争过程中往往相当引人注目，甚至产生所谓轰动效应，企业及其产品可以较快地为消费者或用户所了解，易于达到树立市场形象的目的。

缺点：具有较大的风险性。

（3）创新定位。

寻找新的尚未被占领但有潜在市场需求的位置，填补市场上的空缺，生产市场上没有的、具备某种特色的产品。如日本索尼公司的随身听等一批新产品正是填补了市场上迷你电子产品的空缺，并进行不断的创新，使得索尼公司即使在"二战"时期也能迅速地发展，并一跃成为世界级的跨国公司。采用这种定位方式时，公司应明确创新定位所需的产品在技术上、经济上是否可行，有无足够的市场容量，能否为公司带来合理而持续的赢利。

移动互联拉近了人与人的关系，Apple Watch 则更进一步——与"真正朋友圈"（而非社交）24 小时的亲密联系，以及没有门槛的 24 小时健康 & 锻炼功能，鼓励你真正走向健康生活。你可以在跑步、游泳、登山的时候和你的朋友沟通。Apple Watch 比手机更"接近"你。当你用了它，可能比手机更离不开。乔布斯用 iPhone 改变了世界，人们享受的同时也陷入了不健康的生活。Apple Watch 把大家引向了一个正确的方向——健康生活和投入友情的方向。当你离不开它的时候，也说明你从"埋头手机"转向了"健康生活的朋友圈"——科技改变生活，这次 Apple Watch 比 iPhone 还要站得高看得远，Apple Watch 的成功，说明人类的趣味还有发展的无限可能，人们还需求人性本真的东西。苹果正在与斯坦福大学的一组临床医生以及远程医疗公司 American well 合作。苹果公司希望使用 Apple Watch 的心率传感器来检测心率异常从而监控使用者的身体状况，期待新的 Apple Watch 带来更多的创新和改变。

课堂随笔

案例思考

1. Apple Watch 的"创新"新在何处？
2. 你觉得 Apple Watch 能否成功？

（4）重新定位。

公司在选定了市场定位目标后，如定位不准确或虽然开始定位得当，但市场情况发生变化时，如遇到竞争者定位与本公司接近，侵占了本公司部分市场，或由于某种原因使消费者或用户的偏好发生变化，转移到竞争者方面时，就应考虑重新定位。重新定位是以退为进的策略，目的是实施更有效的定位。

从"高端时尚"到"为大多数人创造美好生活"

1998 年 1 月宜家家居正式进入中国市场。刚到中国的宜家以高端时尚的形象示人，从卖场装潢、产品陈列到定价，无处不散发北欧贵族气息。随着中国家居市场的发展，越来越多想要高格调家居用品的年轻人在"高端"价格面前望而却步。面对市场的变化，宜家没有坚持原有的定位，而是锁定那些追求简洁美观、价格合理的工薪阶层，变身"为大多数人创造美好生活"，提供种类繁多、美观实用、老百姓买得起的家居用品。

课堂随笔

案例思考

1. 宜家早期的定位是什么？
2. 重新定位的原因是什么？

市场定位是设计公司产品和形象的行为，以使公司明确在目标市场中相对于竞争对手自己的位置。公司在进行市场定位时，应慎之又慎，要通过反复比较和调查研究，找出最合理的突破口。避免出现定位混乱、定位过度、定位过宽或定位过窄的情况。而一旦确立了理想的定位，公司必须通过一致的表现与沟通来维持此定位，并应经常加以监测以随时适应目标顾客和竞争者策略的改变。

2. **市场定位的形式**

（1）产品差异化战略。从产品质量、产品款式等方面实现差别。寻求产品特征是产品差异化战略经常使用的手段。

案例 3-11

神州专车的差异化战略

在专车软件领域，面对滴滴和 Uber 这样的巨头，神州专车要脱颖而出并不容易。2016 年神州专车在全国 60 大城市同步推出"神州专车"服务，这标志着神州租车公司正式全面进军互联网专车市场，其定位是为高端商务出行人群提供优质服务的产品。神州专车和滴滴、Uber 最大的差别就是神州专车的车是神州的，司机是神州的员工，可以将它理解为直营，而滴滴、Uber 是无数司机带车加盟的。带车加盟有个好处，就是闲置私家车的使用效率提升，但也给管理造成了很大的麻烦。神州专车全部使用神州租车自有的租赁车辆，并和驾驶员服务公司进行合作，利用移动互联网和大数据技术，为客户提供用车体验。神州找到了自己的"独特销售主张"就是安全。他通过一系列的广告，强调"安全"这个"有巨大说服力的、竞争对手不具备的、对消费者的好处"，获得了很高的认知度。

课堂随笔

案例思考

1. 神州专车是如何体现它的差异化的？
2. 请调查一下你身边的朋友，消费者能接受这种差异化吗？

（2）服务差异化战略。向目标市场提供与竞争者不同的优异服务。企业的竞争力越好地体现在对顾客的服务上，市场差异化就越容易实现。

（3）人员差异化战略。通过聘用和培训比竞争者更为优秀的人员，以获取差别优势。

（4）形象差异化战略。在产品的核心部分与竞争者雷同的情况下塑造不同的产品形象，以获取差别优势。

3. **市场定位的原则**

各个企业经营的产品不同，面对的顾客也不同，所处的竞争环境也不同，因而市场定位所依据的原则也不同。总的来讲，市场定位所依据的原则有以下四点。

（1）根据具体的产品特点定位。

构成产品内在特色的许多因素都可以作为市场定位所依据的原则。比如所含成分、材料、质量、价格等。

"七喜"汽水的定位是"非可乐"，强调它是不含咖啡因的饮料，与可乐类饮料不同。"泰宁诺"止痛药的定位是"非阿斯匹林的止痛药"，显示药物成分与以往的止痛药有本质的差异。一件仿皮皮衣与一件真正的水貂皮衣的市场定位自然不会一样，同样，不锈钢餐具若与纯银餐具定位相同，也是难以令人置信的。

（2）根据特定的使用场合及用途定位。

为老产品找到一种新用途，是为该产品创造新的市场定位的好方法。

小苏打曾一度被广泛地用作家庭的刷牙剂、除臭剂和烘焙配料，现在已有不少的新产品代替了小苏打的上述功能。小苏打可以定位为冰箱除臭剂，另外还有家公司把它当做了调味汁和肉卤的配料，更有一家公司发现它可以作为冬季流行性感冒患者的饮料。我国曾有一家生产"曲奇饼干"的厂家最初将其产品定位为家庭休闲食品，后来又发现不少顾客购买是为了馈赠，又将之定位为礼品。

（3）根据顾客得到的利益定位。

产品提供给顾客的利益是顾客最能切实体验到的，也可以用作定位的依据。

1975年，美国米勒（Miller）推出了一种低热量的Lite牌啤酒，将其定位为喝了不会发胖的啤酒，迎合了那些经常饮用啤酒而又担心发胖的人的需要。

（4）根据使用者类型定位。

企业常常试图将其产品指向某一类特定的使用者，以便根据这些顾客的看法塑造恰当的形象。

美国米勒啤酒公司曾将其原来唯一的品牌"高生"啤酒定位于"啤酒中的香槟"，吸引了许多不常饮用啤酒的高收入女性。后来发现，占30%的狂饮者大约消费了啤酒销量的80%，于是，该公司在广告中展示石油工人钻井成功后狂欢的镜头，还有年轻人在沙滩上冲浪后开怀畅饮的镜头，塑造了一个"精力充沛的形象"。在广告中提出"有空就喝米勒"，从而成功占领啤酒狂饮者市场达10年之久。

事实上，许多企业进行市场定位的依据的原则往往不止一个，而是多个原则同时使用。因为要体现企业及其产品的形象，市场定位必须是多维度的、多侧面的。

案例 3-12

OPPO手机在经过多年的努力下，总算走上了国际一线品牌的辉煌之路，这在很大程度上要归功于OPPO系列手机广告，以使品牌被消费者所熟知。一半以上的火爆综艺节目都被OPPO和VIVO覆盖，其中OPPO霸占了更多的"江山"。此外，热门电影、MV、电视剧中也都有OPPO的身影，其代言人也都是一线明星——杨幂、李易峰、鹿晗，包含此前的宋慧乔、莱奥纳多。甚至连微信朋友圈广告OPPO也不惜成本参加。

不同于小米和魅族等线上竞赛的厂商，OPPO从一开端就主攻线下，OPPO的产品报价都不低，定位中高端。比较2000多元的报价，OPPO手机的硬件设备称不上多好。可是，与线上烧钱拼性价比的厂商们相比，OPPO发挥了线下的品牌溢价才能。当大多数厂商在线上打得火热时，其实线下商场空间也很大，尤其是在三四线城市，网购远没有那么遍及，而OPPO恰是抓住了这个时机，大力规划三四线城市的线下用户。

课堂随笔

案例思考

1. OPPO手机成功的原因是什么？
2. 我国三四线城市用户的特点是什么？

实战演练

任务实践1

公司把自己的产品和服务与竞争对手区分开来，有什么具体的方法呢？通过表3-10的提示，分析案例中产品的定位方法。

表3-10　产品定位方法分析

项　目	差异化方向	案　例	定位方法
产品差异化	特点、性能、款式设计、耐久性、可靠性、维护性	沃尔沃汽车提供更新更好的安全特性	
服务差异化	安装、维修、咨询、培训、配送	第一银行在超市里建立了全面服务部门，在晚上可以提供查询服务	
渠道差异化	渠道的覆盖、专业化、绩效考核	戴尔和雅芳采用高质量的直销渠道	
人员差异化	员工友善、快乐、能干、谦逊、反应迅速	迪斯尼的员工以友善和快乐闻名	
品牌差异化	品牌的标志	麦当劳的金色拱门	

任务实践2

通过材料阅读或实地考察为提供的案例配对可能的价值方案。

请判断以下案例属于哪个价值方案，并填入表3-11中。

（1）亚马逊书城

（2）星巴克咖啡

（3）凌志与奔驰定价36万元的车型，凌志提供更多安全性能

（4）戴尔公司计算机

（5）春秋航空公司

表3-11　价值配对

质量

	相同		
高	同	低	
			高
			价格 相同
			低

任务实践3

请根据学校食堂的真实状况进行分析，为开办一个新餐厅进行定位。

A．餐厅的主要食品、可能的竞争优势。

_____

_____

B．与现有食品的差异。

_____

_____

C．目标顾客群。

_____

_____

D．定位策略总结。

_____

_____

📖 **项目小结**

市场细分就是根据影响需求的因素，将一个整体市场划分为若干个不同的子市场的过程，每一个有相似需求的购买群体形成了一个细分市场，不同的细分市场之间又有着显著的需求差异。市场细分的依据：人口因素、地理因素、心理因素、行为因素。

企业通过市场细分，会发现很多市场机会，然而企业的资源是有限的，企业准备为多少个细分市场提供产品服务及如何实现服务，是目标市场选择的问题。常用的策略：无差异性市场策略、差异性市场策略和集中性市场策略。这三种策略各有优缺点，因而各有其适用的范围和条件。一个企业究竟采用哪种战略，应根据企业资源、产品同质性、市场同质性、产品所处的生命周期阶段、竞争对手的目标市场战略等具体情况来决定。

市场定位就是确立企业和产品在顾客心目中的形象与地位。市场定位的策略：产品差异化战略、服务差异化战略、人员差异化战略、形象差异化战略。市场定位的步骤包括：明确潜在的竞争优势、选择相对竞争优势、显示竞争优势。

实践与练习

1. 选择题

（1）按消费者所在国籍对市场进行细分属于（　　）。

    A. 地理细分　　　　　　　　　　B. 人口细分

    C. 心理细分　　　　　　　　　　D. 行为细分

（2）某服装公司专门生产老年人服装，这是一种（　　）策略。

    A. 市场集中化　　　　　　　　　B. 选择专业化

    C. 产品专业化　　　　　　　　　D. 市场专业化

（3）对于成熟期的产品，企业宜采取（　　）。

    A. 差异性营销战略　　　　　　　B. 无差异性营销战略

    C. 集中性市场战略　　　　　　　D. 大量市场营销战略

（4）在全球通信产品市场上，摩托罗拉、诺基亚、西门子、飞利浦等颇具实力的跨国公司，采用（　　）的市场定位战略，通过实行强有力的技术领先战略，在手机、IP电话等领域不断地为自己的产品注入新的特性，走在市场的前列，吸引顾客，赢得竞争优势。

    A. 服务差异化战略　　　　　　　B. 产品差异化战略

    C. 人员差异化战略　　　　　　　D. 形象差异化战略

2. 思考题

（1）你认为下列产品适合用哪些因素（只举一两个最主要的标准）来进行市场细分：皮鞋、牙膏、保健品、图书、彩电、冬装？

（2）目标市场选择策略有哪几种？各有哪些优缺点？

（3）什么是市场定位？市场定位有什么作用？

（4）市场定位策略有哪几种？如何进行市场定位？

（5）某企业生产一种由名贵中药泡制的保健酒。你认为该企业的目标市场在哪里？应如何进行市场定位？

3. 案例分析题

美国爱迪生兄弟公司经营了900家鞋店，分为4种不同的连锁店形式，每一种形式都针对一个不同的细分市场，有的专售高价鞋，有的专售中价鞋，有的专售廉价鞋，有的出售时髦鞋。在芝加哥斯泰特大街邻近的 3 个街区内就有该公司的 3 家鞋店。尽管这些商店彼此很近，但并不影响相互的生意。因为它们是针对女鞋市场的不同细分市场。

请思考：上述公司的目标市场选择策略是什么？

项目实训

1. 课堂训练

主题：各因素对价格策略的影响。

课时：2 学时。

2. 实训目的

设定自己是某产品的市场营销经理，针对你所经营的产品，分析研究"谁是你的客户"，找准你的目标市场，实施市场定位策略。

3. 实训组织

以实地调查为主配合在图书馆、互联网查找资料相结合获取相关资料，集体讨论、分析，最终以报告形式得出方案。

4. 实训要求

在市场调研与分析的基础上，确定并描绘你的客户。

（1）描述你的当前客户：年龄段、性别、收入、文化水平、职业、家庭大小、民族、社会阶层、生活方式

（2）他们来自何处？本地、国内、国外、其他地方

（3）他们买什么？产品、服务、附加利益

（4）他们每隔多长时间购买一次？每天、每周、每月、随时、其他

（5）他们买多少？按数量、按金额

（6）他们怎样买？赊购、现金、签合同

（7）他们怎样了解你的企业？网络、广告、报纸、广播、电视、口头、其他（要注明）

（8）他们对你的公司、产品、服务怎么看？（客户的感受）

（9）他们想要你提供什么？（他们期待你能够或应该提供的是什么？）

（10）你的市场有多大？按地区、按人口、潜在客户

（11）在各个市场上，你的市场份额是多少？

（12）你想让市场对你的公司产生怎样的感受？

根据以上资料，确定这一产品的市场定位，并拟出市场定位建议书。

项目四

产品策划

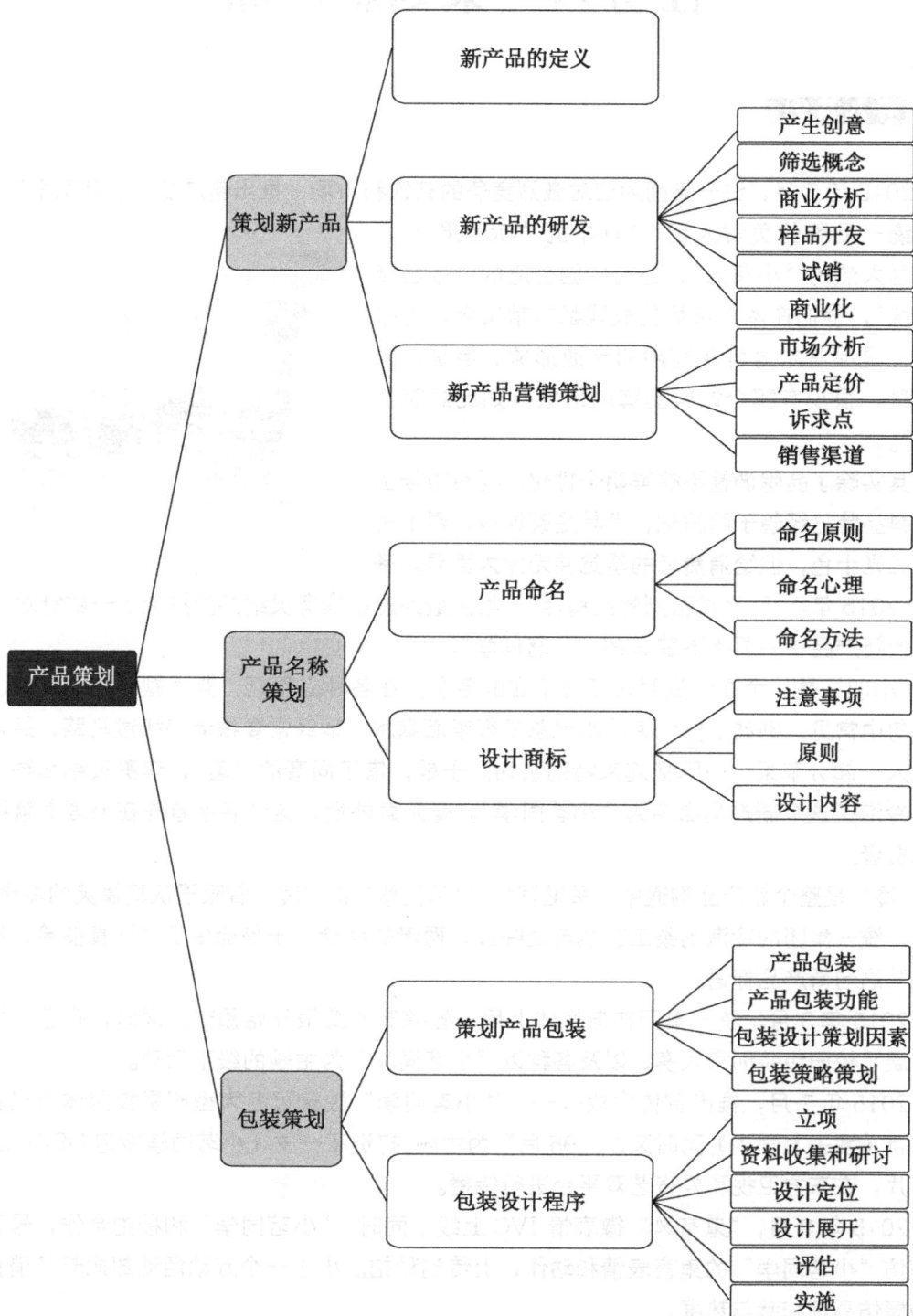

思 维 导 图

```
产品策划 ┬─ 策划新产品 ┬─ 新产品的定义
        │            │
        │            ├─ 新产品的研发 ┬─ 产生创意
        │            │              ├─ 筛选概念
        │            │              ├─ 商业分析
        │            │              ├─ 样品开发
        │            │              ├─ 试销
        │            │              └─ 商业化
        │            │
        │            └─ 新产品营销策划 ┬─ 市场分析
        │                            ├─ 产品定价
        │                            ├─ 诉求点
        │                            └─ 销售渠道
        │
        ├─ 产品名称策划 ┬─ 产品命名 ┬─ 命名原则
        │              │          ├─ 命名心理
        │              │          └─ 命名方法
        │              │
        │              └─ 设计商标 ┬─ 注意事项
        │                         ├─ 原则
        │                         └─ 设计内容
        │
        └─ 包装策划 ┬─ 策划产品包装 ┬─ 产品包装
                    │              ├─ 产品包装功能
                    │              ├─ 包装设计策划因素
                    │              └─ 包装策略策划
                    │
                    └─ 包装设计程序 ┬─ 立项
                                   ├─ 资料收集和研讨
                                   ├─ 设计定位
                                   ├─ 设计展开
                                   ├─ 评估
                                   └─ 实施
```

任务六　策划新产品

2015年3月，统一集团为应对激烈竞争的茶饮料市场，推出新产品"小茗同学"。

统一品牌的负责人说："日本的'Qoo果汁'，在中国大热的'小黄人'，还有中国台湾的'张君雅小妹妹'，他们在本土市场的表现都非常出色，而根本卖点是品牌本身鲜明有趣的卡通形象。但是，大陆地区，很少有哪个饮料品牌的形象有如此鲜明的个性"。

其实除了品牌调性不够鲜明个性化，现有市场上的饮料品牌已经趋于同质化，尤其是茶饮料，看上去包装五光十色，但给消费者的感觉并无太大差异。基于此，2015年年初，经过激烈的比稿，统一集团最终邀请李奥贝纳共同打造了一款针对"95后"的新产品——逗比不装B的"小茗同学"。

"小明"是一个在学生时代无处不在的名字，在各种应用题、算术题、英语对话、中文造句中常见，例如：他们家的水池总是很难灌满水，他经常要扶老奶奶过马路，经常和家里人一起分苹果……回忆起来特别亲切。于是，借了同音的"茗"，李奥贝纳和统一集团将冷泡茶这个新产品命名为"小茗同学"。毫无意外地，这个名字首先在心理上就贴近了消费者。

"冷"是整个新产品沟通中的关键词。"小茗同学"的"冷"着眼于认真搞笑的冷幽默，如此，统一集团的冷泡制茶工艺也与之呼应，两者的结合，于是诞生了"认真搞笑，低调冷泡"这句新产品标语。

2015年3月，统一集团在自媒体上用一轮搞笑的海报开始预热。同时，在各大校园内开展了校园包装创意大赛，以及各种以"小茗同学"为主题的线下活动。

2015年7月，推出宣传大戏——"小茗同学"独家冠名大型明星校园体验式真人秀节目《我去上学了》；同时又以"95后"为主题，打造了一支《小茗同学冷泡NEW上市》广告片，在东方卫视和爱奇艺双平台进行传播。

2015年9月，"鬼畜风"微表情TVC上线；同时，"小茗同学"和秒拍合作，号召人们模仿"小茗同学"的鬼畜表情和动作，上传到秒拍。小小一个互动活动却掀起了消费者们的模仿高潮和参与热度。

通过一系列的活动，"小茗同学"赢得了"95后"消费者的热烈响应。之后，"小茗同学"已经成为统一集团当之无愧的战略性明星产品。上市短短半年，就已迅速在"95后"

消费者市场中攻城略地，成为最受他们欢迎的饮料产品之一，市场占有率达到2.4%。

案例思考

（1）统一集团开发的新产品与现有茶饮料市场的饮品有什么不同？

（2）统一集团为何开发这个新产品？

（3）新产品的产品设计理念、产品包装和营销手段分别是什么？

新产品策划分为两类，一类是新产品研发策划，主要针对市场需求，以细分市场为基础，形成一个新产品开发的整体思路，以期拓展新的增长点；另一类是新产品营销策划，即谋划通畅的销售渠道、持续的销售态势和维持产品设计的理想化售价。通俗地讲，就是如何能更好地将产品卖掉，并在销售过程中塑造新的品牌形象。

一、新产品研发

新产品指采用新技术原理、新设计构思研制、生产的全新产品，或在结构、材质、工艺等某一方面比原有产品有明显改进，从而显著提高了产品性能或扩大了使用功能的产品。

从市场营销的角度看，凡是企业向市场提供的过去没有生产过的产品都叫新产品。具体地说，只要是产品整体概念中的任何一部分的变革或创新，并且给消费者带来新的利益、新的满足的产品，都可以认为是一种新产品。

1. 新产品分类

新产品从不同角度或按照不同的标准有多种分类方法。

常见的分类方法有以下几种。

（1）从市场角度和技术角度分类。

从市场角度和技术角度，可将新产品分为市场型和技术型新产品两类。

市场型新产品，是指产品实体的主体和本质没有什么变化，只改变了色泽、形状、设计装潢等的产品，不需要使用新的技术。其中也包括因营销手段和要求的变化而引起消费者"新"的感觉的流行产品。如某种酒瓶由圆形改为方形或其他异形，它们刚出现时也被认为是市场型的新产品。

技术型新产品，是指由于科学技术的进步和工程技术的突破而产生的新产品。不论是功能还是质量，它与原有的类似功能的产品相比都有了较大的变化。如不断翻新的手机或电视机，都属于技术型的新产品。

（2）按新产品新颖程度分类。

案例 4-1

iPhone X 是苹果公司于 2017 年 9 月 13 日凌晨 1 点，在 Apple Park 新总部的史蒂夫·乔布斯剧院会上发布的新机型。

其中 X 是罗马数字"10"的意思，代表向 iPhone 问世十周年致敬。

苹果十周年纪念款 iPhone X 不仅带来了令人欣喜的全面屏，更是带来了令人纠结的"齐刘海"。同时，也引发了全网民的欢乐吐槽。追求极致美学的苹果为什么会允许这样"逆天"的设计存在呢？这个"齐刘海"又到底有什么用？

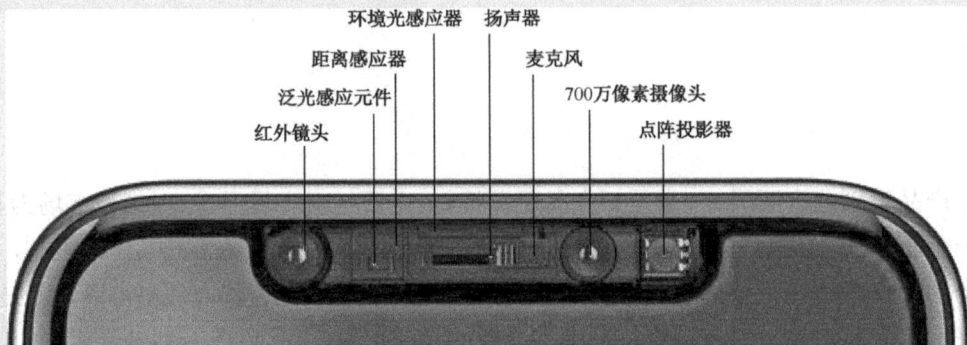

iPhone X 屏幕顶部下凹的一块被形象地称为"齐刘海"，但苹果对其有一个更官方的称呼——"原深感摄像头系统"。苹果官方的解释为：原深感摄像头系统让你能随手拍摄精彩纷呈的照片，并能使用面容 ID 功能。整个系统藏身于显示屏顶部一个极小的空间内，它体积虽小，却遍布着苹果精心研发的各种尖端技术。

①红外镜头。"齐刘海"上第一个按钮就是红外镜头，专为面部识别 FaceID 而生。红外镜头可以通过捕获红外图像中人脸上的点阵图案来匹配已存储数据，匹配成功即可解锁。

②泛光感应元件。主要作用是发射不可见的红外光线，使得使用者在黑暗中也可以让红外镜头顺利地捕捉面部的点阵图案。

③距离感应器。主要作用是在打电话的时候可以自动息屏及手机放在口袋中的时候防止被手势唤醒等。

④环境光传感器。它不仅可以根据环境光来调节亮度，还可以调节色温，让眼睛感觉更舒服。

⑤扬声器。扬声器主要是用作听筒和声音外放，苹果在 iPhone 7 上就已经在听筒内放置了一个扬声器，使 iPhone 可以达到立体扬声器的效果。

⑥话筒。主要作用是降噪，用于通话和视频录制时拾音，从而实现主动降噪。

⑦700 万像素摄像头。这颗前置摄像头在参数上并没有很大的改变，但增加了人像模式，还有 Animoji 等更多玩法。

⑧点阵投影器。它可以投射超过 30000 个肉眼看不见的光点，并对它们进行分析，为脸部绘制精确细致的深度图，同时通过独立的神经引擎即时处理用户面部数据。

综上，iPhone X"齐刘海"的强大之处在于：夜间适用、注视感知，甚至能用 A11 的神经网络技术来判断脸部的变化。

课堂随笔

案例思考

苹果生产的 iphone X 属于新产品吗？如果是的话，它属于何种新产品？为什么？体现在何处？

按新产品新颖程度，可分为全新新产品、换代新产品、改进新产品、仿制新产品和新牌子产品。

全新新产品，指采用新原理、新材料及新技术制造出来的前所未有的产品。全新新产品是应用科学技术新成果的产物，它往往代表科学技术发展史上的一个新突破。它的出现，从研制到大批量生产，往往需要耗费大量的人力、物力和财力，这不是一般企业所能胜任的。因此它是企业在竞争中取胜的有力武器。

换代新产品，指在原有产品的基础上采用新材料、新工艺制造出的适应新用途、满足新需求的产品。它的开发难度较全新新产品小，是企业进行新产品开发的重要形式。

改进新产品，指在材料、构造、性能和包装等某一个方面或几个方面，对市场上现有产品进行改进，以提高质量或实现多样化，满足不同消费者需求的产品。它的开发难度不大，也是企业产品发展经常采用的形式。

仿制新产品，指对市场上已有的新产品在局部进行改进和创新，但保持基本原理和结构不变而仿制出来的产品。落后国家对先进国家已经投入市场的产品的仿制，有利于填补国家生产空白，提高企业的技术水平。在生产仿制新产品时，一定要注意知识产权的保护。

新牌子产品，指在对产品实体微调的基础上改换产品的品牌和包装，带给消费者新的消费利益，使消费者得到新的满足的产品。

（3）按新产品的区域特征分类。

按新产品的区域特征分类可分为国际新产品、国内新产品、地区新产品和企业新产品。

国际新产品，指在世界范围内首次生产和销售的产品。

国内新产品，指在国外已经不是新产品，但在国内是第一次生产和销售的产品。

2. 新产品的开发程序

新产品开发通常分为以下六个步骤。

（1）产生创意。

在产生创意阶段，创造性最重要。常见的错误是产生的创意太少。新产品典型的来源是竞争者的产品，消费者明显的或隐含的需求，销售人员和分销商的创意，具体的创意产生于研讨会及包括营销人员、开发和研究人员、制造人员在内的会议。

案例 4-2

如果说 2013 年是"自拍"成为热词的一年，那么 2014 年便是自拍成为一种文化现象的一年。

如今在各大旅游景区和科技大会上都能看见自拍杆的身影，它们似乎无处不在。

自拍杆类似于相机的独脚架，长度可以在一米内伸缩。只要将手机、相机等拍照设备固定在自拍杆上，通过蓝牙连接，就能实现多角度和广角自拍。因为好玩又实用，自拍杆还被美国《时代》杂志评选为 2014 年最优秀的 25 项发明之一。

2002 年，当弗洛姆和女儿赛琪在意大利佛罗伦萨度假时。父女俩想在维琪奥桥上拍张合影，但那个地方很拥挤，没有地方摆放相机，叫别人来帮忙拍照也让他们觉得尴尬，所以他们只能互相给对方拍照。回到多伦多后，弗洛姆就开始琢磨，想制作出一个便于携带的伸缩杆，还得保证相机放在上面不至于滑动、破裂或者太沉。

接下来，弗洛姆花了几年的时间观察伞磁铁传感工具，研究杆子上可扩展的部分。

2005 年，弗洛姆终于成功，并申请了自拍杆的专利，这也是美国最早的自拍杆专利。这项专利名为"支撑照相机的装置及使用这种装置的方法"。随后，他在市场上推出了相关产品，即 Quik Pod。他还制作了一个专题广告片，在美国最大的电视购物频道播出；尝试开拓海外市场，在日本、英国、德国等地寻找生意。渐渐地，Quik Pod 获得了很多关注。

自 2006 年以来，Quik Pod 产品已演化出了多种款式。不过，弗洛姆也注意到了一个问题——"山寨"产品。弗洛姆感叹自己无力去保护这一产品概念。因此，弗洛姆开始专注于产品质量以及高端市场。他的设计能支撑近 13kg 的数码单反相机，甚至可以在跳伞时使用。他随后专注于新兴的"运动相机"领域，并取得了良好效果。到目前为止，弗洛姆已经售出了 100 万个 Quik Pod。

课堂随笔

案例思考

弗洛姆研发自拍杆的创意来源是什么？

（2）筛选概念。

创意一经产生，必须经过筛选，以剔除明显不可行者。同时，还必须建立起一套与公司目标一致的筛选标准，确定最高优先权项目，并给予特别关注和额外资源加速其开发过程。

练一练

筛选标准应如何建立？请试着制定。

（3）商业分析。

商业分析要求先行开发初步的产品概念，还需要详细说明目标市场，对现有产品的财务影响，市场开拓机会，技术成功的可能性，对制造和服务部门的影响，以及预期财务业绩等。

（4）样品开发。

如果样品试制得到保证，下一步就是将产品概念从营销人员那里谨慎地转移到技术开发人员，这通常是一个困难的过程。因为营销部门和实验部门之间的文化差异很大，每一方都必须理解对方的角色、观念和局限性。

（5）试销。

新产品以样品形式从实验室或工程部门产生，进入试销阶段。

消费者—包装—产品—试销是一门精确的艺术。

在这一阶段，产品和产品营销方案被放到逼真的市场环境中去。产品在营销规划管理专家选定的市场上试销，以备将来用于全国市场。

通常，营销方案的各要素，如广告和促销预算，都是试销时的实验对象。由于试销费用昂贵而又容易泄露公司意图，所以在公司完成试销数据分析之前竞争者有可能已将其仿制品推向全国市场。

虽然市场试销成本很高、风险很大，但是与因错误造成的经济损失相比都算不了什么。

案例 4-3

伦敦的联合利华（Unilever）公司在决定跳过正规的市场试销，直接销售它的欧洲新洗衣粉"强力"（Power）时，便得到了一个惨痛的教训。该公司被强力洗衣粉中获得专利的催化剂（一种二氧化锰催化剂）冲昏了头，以至于跳过了市场试销步骤，也不理睬主要对手宝洁公司的警告："新的去渍洗衣粉也会损害顾客的衣服。"结果新的强力牌洗衣粉变成了一场灾难。当然，宝洁公司并不是为了联合利华公司的利益才去劝告它的，宝洁公司有自己的小算盘：它正秘密地准备着重建碧浪品牌在欧洲的"旗舰"：碧浪未来（Ariel Future）——一种去渍洗衣粉。

最后，宝洁公司出示了被"强力"洗破的衣服的彩照，以及用自己的碧浪洗过的仍保持原样的衣服，才算结束了全欧洲的新闻大战。

课堂随笔

案例思考

跳过试销为什么会把"强力"洗衣粉变成灾难？

练一练

想一想，试销成本高、风险大，为什么新产品还要试销？试销有什么好处呢？

（1）试销可以 完全 / 大部分 / 不能 保证新产品大规模投放市场时的安全。

为什么？ _____

_____

（2）试销给管理人员为新产品拟定的市场营销组合提供了一个"实验室"，以比较不同的市场营销组合方案，选出最优方案。

（3）通过试销，可以了解消费者的 _____

同时也与 _____ 做比较、分析，帮助企业修正目标市场，估计

_____ ，为 _____ 提供参考和意见。

（6）商业化。

试销结束，提交经修改过的营销方案，对市场容量和价格的预测，也应再次推敲，以便产生生产和服务能力。

产品在某一主要的国内或世界市场推出，对消费品是一个区域到另一个区域的铺开，对工业用品是一个用户到另一个用户，或一个细分市场到另一个细分市场的铺开。

练一练

在生活中，见过哪些新产品的商业推出方式？请试着列举。

_____

_____

小·贴士

开发过程中每一步产生的产品概念，只有很少部分能开发出样品，商业化的更少，投入市场并获得成功的则是凤毛麟角。

所以新产品开发是一个非连续的过程，其中涉及许多风险：技术风险（我们能制作出样品吗）；营销风险（如果能，有人买吗）；制造和生产风险（我们能批量生产吗）；财务风险（我们能以某种价格销售产品并获得足够的收益，补偿研发费用吗）。

二、新产品营销策划

新产品营销策划通常从七个方面去考虑：一是精细的市场分析；二是科学的产品定价；三是独特的诉求点；四是畅通的销售渠道；五是新颖的促销方式；六是终端市场的公关；七是良好的售后服务。

（1）精细的市场分析。

狭义的市场分析就是市场调查研究。它是以科学方法收集消费者的购买和使用商品的事实、意见、动机等有关资料，并予以研究分析的手段。广义的市场分析是对从生产者到消费者或用户这一过程中全部商业活动的资料、情报和数据，做系统的收集、记录、整理和分析，以了解商品的现实市场和潜在市场。因此，广义的市场分析不仅是单纯研究购买者或用户的心理和行为，而且还对各种类型的市场营销活动的所有阶段加以研究。

市场分析可以帮助企业发现市场机会并为企业的发展创造条件。企业若想在一个新的市场开辟自己的业务，除了要了解其市场需要外，还要了解该市场商业上的竞争对手，这些工作都要通过各种分析手段来完成。只有通过细致的市场调查和分析，企业才有可能对自己的营销策略做出正确的决策，就这点而言，公司的规模越大，市场分析工作也就越显得重要，也就越需要在市场分析方面进行大量的投资。

（2）科学的产品定价。

新产品营销策划的定价一定要科学、合理。定价过高，会加大上市的难度而产生难以打开市场的尴尬；定价过低，在上市之后形成稳定性而难以上调，从而难以保证企业的利润，同时也会遭到同类产品的围攻甚至引起恶性的价格大战。

事实上，一个新产品营销策划的定价，应该根据产品的材料成本、包装费用、运输费用、经销商手续费用等一系列参考系数，和同类产品的比较，做出一个科学的、合理的定价。

练一练

心相印是恒安集团的知名纸巾品牌，但在广东市场，相对于"本土"名牌维达来说，则是"新产品"。心相印系列产品在价格上本不低于维达产品，但为了抢占更多的广东纸品市场份额，不得不调低在广东市场的售价。

心相印纸巾为什么要调低价格？这样做有什么风险？

（3）独特的诉求点。

同质化市场，很难在同类产品中找到"亮点"，尤其是那些技术含量不是那么高的日常消费品。但是在科学技术高速发展的今天，市场的一个突出的特点就是科学技术的日新月异。

利用日新月异的科学技术，何言无"独特"之处？在这样的条件下，抢占市场，讲究的是市场诉求是否独特。

如果该新产品的营销策划在目前的市场上还没有，那么就可以直接把它的利益点诉求公之于众，告诉目标消费群体此产品会给消费者带来什么样的利益，同时要反复向目标消费群体强调该利益是其他产品所没有的。如果这个新产品在同类中没有显眼的亮点，就要求厂商在广告宣传中讲究技巧。

一个新产品营销策划的上市，其诉求点一定要独特与个性。否则，新产品将无法抢夺竞争对手的原有市场份额，消费者将不会放弃原有习惯产品而去尝试新产品。新产品上市将遭遇失败。

案例 4-4

全球热水器是一个庞大的市场，竞争激烈。海尔热水器通过研发行业最领先科技，解决用户痛点，推动海尔热水器在全球化的道路上稳扎稳打，率先涉足用水健康领域的研发，同时通过标准的制定来加深行业对洗浴健康的关注，推动全球热水器产业的发展。2016 年 8 月，海尔热水器率先联合中国标准化协会发布了行业首个《洗浴水质的安全标准》，而这项标准也在 2017 年获得了国际认可：在国际消费电子展（IFA2017）中，海尔热水器"抑垢净水洗技术"获得年度技术创新成果奖，"带有水质处理功能的热水器标准"被评为年度标准创新成果奖。

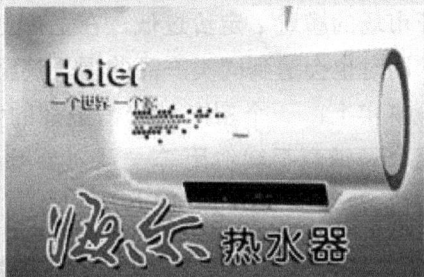

此次海尔热水器获得的行业技术和标准两大创新奖项，均以健康为主要诉求点。如抑垢净水洗技术，具备了杀菌、去除余氯和污垢的净水功能，通过搭载纳米银抑菌、高温灭菌、超高温瞬时灭菌三重杀菌技术实现水质的三重净化，抑菌率达高到 99%。创新加入的抑垢因子，在自来水进入到内胆之前就阻止了自来水中钙镁离子和碳酸根、氢氧根发生化学反应，减少水垢的生成。根据中科院测试报告显示，海尔抑垢净水洗热水器能减少加热管 90% 的水垢、内胆 70% 的水垢形成。

目前，海尔热水器，在全球市场占据了较大的市场份额。根据世界权威市场调查机构欧睿国际在 2016 年 8 月 23 日发布的"全球家用储水式电热水器市场数据报告"中可知，海尔电热水器已连续 5 年销量全球第一。

课堂随笔

案例思考

海尔热水器"独特的诉求点"是什么？它为什么能获得成功？

（4）畅通的销售渠道。

新产品的上市，一定要保证销售渠道的畅通无阻。也就是在消费者需求的时候能买到该产品，该新产品可以顺利地到达消费者手中。否则，会造成货物的囤积和堆压，使企业的资金周转出现问题，不能去开拓更多市场。

之所以不少企业新产品上市难以获得成功，大都是在分销渠道上的失误所造成的。优良的分销渠道是新产品入市的保证。

未来企业的竞争不仅是产品的竞争，更是分销渠道的竞争。越来越多的企业发现，在产品、价格乃至广告同质化趋势日益加剧的今天，仅凭产品的独立优势在市场竞争中胜出已非常困难。唯有"渠道"和"品牌"的差异化才能形成竞争优势。

强势的分销渠道是新产品成功进入市场的基本保证。新产品的包装、口感、价格的测试，可先在分销渠道成员中开展，一旦决定上市，分销成员将会全力以赴地配合。从产品完成生产到零售终端的上柜、展示和推荐，很快就由各级分销商自觉地分工完成。

渠道畅通、产品上市快速、渗透力强、渠道管理有序、市场推广力度大、通路费用低、终端维护持久、宣传促销有力是确保新产品上市成功的关键。

练 一 练

新产品渠道的选择关键是解决以下问题：

什么渠道最适合新产品并且适合企业现有的资源状况？

什么渠道在保持稳定的同时又便于企业日后改进？

什么渠道能尽快出成绩，同时又能提高企业知名度？

一个金银花露的新产品，企业若将其锁定为饮料，那么你要为它选择什么样的分销渠道？

_____

_____

_____

如果锁定为功能性产品，可以辅助治疗疾病，那么你要为它选择的分销渠道是

_____

_____

_____

（5）新颖的促销方式。

一个新产品营销策划的上市，需要吸引人们更多的关注。促销无疑是常见的活动，方式多样，有的采取买一送一，有的买大送小，有的买即送小礼物，有的免费品尝等。不管怎样，要强调的是这种促销方式一定要新颖，尽量避免老套。同时要注意的是促销方式要大方得体，不可低俗，以免卷入媒体的负面炒作之中。

（6）终端市场的公关。

目前，商业超市已经成了城镇购物的重要场所，越来越得到了大家的认可。一个新产品营销策划，为了进入真正的市场，就必须先进入商场或超市。但是要进入，并不是件容易的事，它需要良好的社会关系、进场费、质量关。因此新产品的上市要进行很好的公关，建立一个好的销售网点。

（7）良好的售后服务。

一个新产品的目标不是把它卖出去，而是看它所获得的反映如何，是否收买了消费者的心，从此赚消费者一辈子的钱。因此一个新上市的产品，应该建立一个售后服务处，来处理常见的两类问题。一是产品质量问题，不论什么原因，一旦出现质量问题，应该及时给消费者一个满意的解决答复；二是媒体的炒作，对于媒体的炒作，不论出于何种用意，都应该及时做出澄清或解释。

案例 4-5

一直以来，三星 Galaxy Note 系列机型都被视作安卓阵营的旗舰机型，而三星 Galaxy Note 7 由于其具备的双曲面屏，蓝色机身，虹膜识别，防水防尘等功能，更是被诸多网友视为"机皇"。然而就是这么一款备受关注的旗舰产品，却不幸遭遇"滑铁卢"，深陷电池爆炸事故当中，从 2016 年 8 月 3 日全球首发到 10 月 11 日全球停产，69 天内三星 Galaxy Note 7 受到了全世界科技圈的关注，爆炸事件也日趋发酵、升级，微博、微信上诸多段子手们更是"不嫌事大"地恶搞三星 Galaxy Note 7 爆炸事件。

8 月 3 日：全球首发。三星 Glalxy Note 7 新品发布会在英国伦敦和巴西里约热内卢同步举行。

8 月 24 日：全球首炸。韩国网民 24 日上午在一个名为"ppomppu"的网上论坛中上传了 7 张 Galaxy Note 7 的照片，照片中手机已经被严重烧毁。

8 月 26 日：国行首发。三星国行 Note 7 在北京首发。

9 月 2 日：全球召回（除中国）。三星公司宣布，因电池缺陷问题，停售 Galaxy Note 7 手机；允许已经购买到此款手机的消费者两周后置换新手机；并且召回美国、韩国、澳大利亚等 10 个国家和地区的共 250 万部三星国行 Note 7 手机。三星声明，目前在中国大陆销售的三星国行 Note 7 使用的是与其他国家不同的电池供应商，电池并不存在安全隐患。

9 月 14 日：重申三星国行 Note 7 安全不召回。三星在召回声明中称："我们再次重申，自 9 月 1 日起在中国市场发售的三星国行 Note 7，由于采用了不同的电池供应商，而不在此次更换范畴，可放心购买及使用。"

9 月 18 日：三星国行 Note 7 两部手机爆炸。随后，9 月 24 日、26 日、28 日，10 月 2 日前后七部三星国行手机发生爆炸，10 月 11 日，三星宣布"暂停三星国行 Note 7 的生产，做出调整以保证质量和安全"的决定。同一天，三星（中国）投资有限公司向国家质检总局备案了召回计划，决定自 2016 年 10 月 11 日起，召回在中国大陆地区销售的全部 SM-N9300 Galaxy Note 7 手机，共计 190984 台。随后官方又发出声明，向中国消费者致歉并承诺召回全部三星国行版 Note 7 手机。

课堂随笔

案例思考

1. 如果你是三星集团负责人，你会怎样处理新产品 Note 7 电池爆炸这一事件？

2. 三星集团的处理方式对吗？请展开讨论。

实战演练

补充表 4-1 中定义，并试着举例。

表4-1　新产品类别及其定义举例

新产品类别	定　义	举　例
全新新产品		
换代新产品		
改进新产品		
仿制新产品		
新牌子产品		

任务实践2

按要求对表 4-2 中新产品进行分析。

表4-2　新产品分析表

问题内容	市面上同类产品	同类产品消费群体	新产品定位
王老吉			
计算机超级本			
暴走鞋			

任务实践3

试着完成下列新产品的开发。

新产品：眼镜布衣服。

原理：这个衣服表面上看起来和普通衣服一样，外表同样美观，其实它上面黑色的格子黑布是用眼镜布材质制造而成，眼镜布材质占衣服总体的很小一部分，也保证了衣服穿起来的舒适度。

竞争情况：

背景：日常生活中戴眼镜的用户很少带眼镜布在身上，发现眼镜不清晰时一般人都会用衣服来擦，这样擦的效果不是很好，同时会对镜片造成损害，所以这件衣服有一小部分是用眼镜布材质制成的，方便用户用衣服擦拭眼镜的需求。现在很多人都在使用触屏手机，屏幕也很容易有指纹，用衣服擦拭眼镜的需求更大，这种衣服就更有市场了。

将构思转化成概念，完成以下内容。

构思：

转化成概念：

这一产品的消费者是谁：

该产品的主要利益：

产品适用范围：

概念（新产品卖点广告）：

任务七　产品名称策划

　　被誉为华人第一国际品牌、世界著名的宏碁（Acer）计算机于 1976 年创业时的英文名称为 Multitech，经过十年的努力，Multitech 刚刚在国际市场上小有名气，但就在此时，一家美国数据机制造商通过律师通知宏碁，指控宏碁侵犯该公司的商标权，必须立即停止使用 Multitech 作为公司及品牌名称。经过查询，这家名为 Multitech 的美国数据机制造商在美国确实拥有商标权，而且在欧洲许多国家都早宏碁一步完成登记。商标权的问题如果不能解决，宏碁的自有品牌 Multitech 在欧美许多国家恐将寸步难行。在全世界，以"～tech"为名的信息技术公司不胜枚举，因为大家都强调技术（tech），这样的名称没有差异化；又因雷同性太高，在很多国家都不能注册，导致无法推广品牌。因此，当宏碁加速国际化脚步时，就不得不考虑更换品牌。宏碁不惜成本，将更改公司英文名称及商标的工作交给世界著名的广告公司奥美（O&M）广告公司。为了创造一个具有国际品位的品牌名称，奥美公司动员纽约、英国、日本、澳大利亚、中国（台湾省分公司）的创意工作者，运用计算机从 4 万多人名字中筛选，挑出 1000 多个符合命名条件的名字，再交由宏碁的相关人士讨论，前后历时七八个月，终于决定选用 Acer 这个名字。

　　宏碁选择 Acer 作为新的公司名称与品牌名称，出于以下几方面的考虑。

　　（1）Acer 源于拉丁文，代表鲜明的、活泼的、敏锐的、有洞察力的，这些意义和宏碁所从事的高科技行业的特性相吻合。

　　（2）Acer 在英文中，源于词根 Ace(王牌)，有优秀、杰出的含义。

　　（3）许多文件列举理事长或品牌名称时，习惯按英文字母顺序排列，Acer 第一个字母是 A，第二个字母是 C，取名 Acer 有助于宏碁在媒体的资料中排行在前，增加消费者对 Acer 的印象。

　　（4）Acer 只有两个音节，四个英文字母，易读易记，比起宏碁原英文名称 Multitech，显得更有价值感，也更有品位。

　　宏碁为了更改品牌名和设计师新商标共花费近一百万美元。应该说宏碁没有在法律诉讼上过多纠缠而毅然决定摒弃平庸的品牌名 Multitech，改用更具鲜明个性的品牌名 Acer，是一项明智之举。在不良名称上只有负的财产价值；如今，Acer 的品牌价值超过一亿八千万美元。

　　宏碁为什么要改名？新变更的名字有何意义和作用？你认为新名字对宏碁的成功有何帮助？

产品名称和商标的好坏给消费者的视觉刺激感受程度和心理上引起的联想差别很大，从而对生产企业的认知感也不同。

一、产品命名

1. 产品命名的原则

产品的名称，代表着一定的产品质量与特征，同时也是企业经营信誉的象征和标志。

美孚石油公司商品名称的确立，花费了 40 万美元，调查了 55 个国家的语言，编写了一万多个用罗马字组成的商标后才定了下来。他们之所以肯花大本钱用在商品的命名上，就是因为他们深深地认识到了这一点。

产品命名一般有以下五大原则。

（1）有助于树立形象。

产品命名要有助于建立和保持产品在消费者心目中的形象。产品命名要清新高雅，不落俗套，充分显示产品的高品位，从而塑造出高档次的企业形象。

（2）有助于区别同类产品。

产品命名要有助于区别同类产品。选择名称时，应避免使用在同类产品上已经使用过的或音义相同、相近的名称。如果不注意这点，难免会使消费者对产品的认识不清而对企业认识模糊，鲜明的企业形象的建立更是无从说起。

（3）有助于识别益处。

产品命名要充分体现产品的属性所能带给消费者的益处，从而通过视觉的刺激，使消费者产生对产品、对企业认知的需求。这是企业形象深入人心的基础。例如："飘柔"洗发水，能使消费者发挥头发飘逸顺美的想象；"舒步"皮鞋，可以使消费者联想到足蹬鞋子时的舒适。

（4）有助于激发购买欲望。

产品命名要符合大众心理，能激发消费者的购买欲望，使企业形象的树立有一个立足点。这是产品命名最需要注意的问题。例如：女性用品的命名应秀美小巧，男性用品应雄健粗犷，儿童用品就应活泼可爱，而老年用品则应吉祥稳重。一个优秀的产品命名除能吸引人们的注意力外，还会使人产生美好的联想。例如：香料以玫瑰命名，则香上加香；而"内衣"则不宜用"玫瑰"命名，因为玫瑰带刺，穿上这种牌子的内衣，会使人产生一种如芒刺背的联想。

（5）注意民族习惯差异性。

产品命名应注意民族习惯的差异性，这样树立企业形象才更有效，更具针对性。国内外各地区的喜好、禁忌不同，产品的命名更应慎之又慎。

2. 产品命名的心理要求

产品命名的根本目的是使产品的名称与消费者的心理相吻合，对消费者产生积极的影响。所以在命名时应注意符合下列心理要求。

（1）名实相符。

名实相符是指产品名称要与产品的实体特征相适应，使消费者能够通过名称迅速了解产品的基本效用和主要特征。

（2）便于记忆。

便于记忆是指产品的名称主要用来吸引消费者，加深消费者对产品的印象，所以产品的名称应易读易记，以便减轻记忆难度。

（3）引人注意。

引人注意，这是产品命名最主要的目的，也是最重要的要求。好的产品命名应能在众多同类产品名称中脱颖而出，迅速引起消费者的注意。

（4）激发联想。

激发联想是产品命名的一项潜在功能。通过名称的文字和发音使消费者产生恰当、良好的联想，可以引发其良好的心理感受，激发其购买欲望。

（5）避免禁忌。

由于不同国家、民族的社会文化传统不同，使得消费者的习惯、偏好、禁忌也有所不同；此外，语言文字的差异也会造成对产品理解的差异。

练一练

Whisky 作为世界知名酒类产品进入中国香港和中国内地市场时被译为"威士忌"，被认为是"威严的绅士忌讳喝它"，所以绅士们自然对它有所顾忌。

Brandy 译为"白兰地"，被认为是"洁白如雪的兰花盛开在大地上"，意境优美，绅士们更愿意喝它。

思考：它们为什么会有不同的命运呢？

---

3. 产品命名的方法

产品命名的方法如表 4-3 所示。

表4-3　产品命名方法及举例

产品命名方法	概　念	例　子
地域法	企业产品品牌与地名联系起来，使消费者从对地域的信任，进而产生对产品的信任	电视广告中一种叫"宁夏红"的酒，就是以宁夏特产枸杞为原料酿制的滋补酒，其品牌就是以突出产地来证实这种酒的正宗
时空法	将与产品相关的历史渊源作为产品品牌命名的要素，使消费者对该产品产生正宗的认同感	"道光廿五"酒，是1996年6月，凌川酒厂的老厂搬迁时，偶然发掘出穴藏于地下152年的清道光乙巳年（公元1845年）的四个木酒海（古时盛酒容器）。经国家文物局、锦州市人民政府组织考古、酿酒专家鉴定，这批穴藏了一个半世纪的贡酒实属"世界罕见，珍奇国宝"。企业于是抓住历史赋予的文化财富，为用这种酒勾兑的新产品酒取名"道光廿五"

产品命名方法	概　念	例　子
目标法	将品牌与目标客户联系起来，进而使目标客户产生认同感	"太太口服液"是太太药业生产的女性补血口服液，此品牌使消费者一看到该产品，就知道这是专为已婚妇女设计的营养补品
人名法	将名人、明星或企业首创人的名字作为产品品牌，充分利用人名含有的价值，促进消费者认同产品	"李宁"牌，就是体操王子李宁利用自己的体育明星效应，创造的一个中国体育用品的品牌
中外法	运用中文和字母或两者结合来为品牌命名，使消费者对产品增加"洋"感受，进而促进产品销售	"海信"的英文"Hisense"，在外国人眼中是"High Sense"，即"高灵敏、高清晰"的意思
数字法	用数字来为品牌命名，借用人们对数字的联想效应，促进品牌的特色	"三九药业"的品牌含义就是："999"健康长久、事业恒久、友谊永久
功效法	用产品功效为品牌命名，使消费者能够通过品牌对产品功效产生认同	"飘柔"洗发水，以产品致力于让使用者拥有飘逸柔顺的秀发而命名
价值法	把企业追求的凝练语言，来为品牌命名，使消费者看到产品品牌，就能感受到企业的价值观念	北京"同仁堂"、四川"德仁堂"品牌，突出了"同修仁德，济世养生"的药商追求
形象法	运用动物、植物和自然景观来为品牌命名	"七匹狼"服装，给人以狂放、勇猛的感受，使人联想到"与狼共舞"
企业名称法	将企业名称作为产品品牌来命名	飞利浦电器、索尼电器、三洋电器，以及诸多的汽车名牌、食品名牌

二、商标设计

我国商标法规定，商标使用的文字、图形或者其组合，应具有显著特征，便于识别。目前，对商标的显著性，很难做出一个统一的标准。对不同的产品，不同的商标，显著性标准也不一样，但获得注册的商标一定可以使消费者将不同企业的产品区别开。

1. 商标策划

企业应如何策划和设计商标，体现着企业的形象，是企业的精神名片。

人们认识一个企业，往往是从其商标开始的。因此，策划好一个商标是至关重要的。一个企业的商标一旦确定，接下来就是投入巨资对其进行广告宣传，扩大其知名度，让社会公众了解它、接受它、喜欢它。如何策划一个商标？有的企业选择自己设计和选择，但大多数是借助于外力进行设计策划和筛选。更有企业不惜重金向社会征集。

不管是向社会征集还是自己设计策划或是委托他人策划商标时，都要考虑以下四点。

（1）合法性。

我国商标法和世界各国的商标法，包括《保护工业产权巴黎公约》在内，都对商标有禁用规定。如果只在我国使用和注册，就要符合我国商标法的规定，如果产品要出口到国外，就要在国外使用和注册商标，还要符合外国商标法的规定。

（2）要符合民俗、民风和民族习惯。

商标必须迎合消费者的口味，绝不能用消费者忌讳的文字、图形做商标。比如我国许多地方忌猫头鹰，如果你把猫头鹰商标用在商品上，那么这些商品在这些忌讳的地区肯定卖不出去。另外，在我国比较合适的商标，到另一个国家可能就不行，因为各个国家的风俗习惯不一样。所以，企业在选择一个商标时，一定要考虑民族因素。

（3）商标要和使用的商品或服务的特点相符合。

每一种商品，都有自己的特点和用途，那么选择商标，就要考虑这些特点和用途，以免产生不良的效果。比如，一个商标用在杀虫剂上很贴切,但不能把它用在食品上。"敌杀死"是一个很好的用于杀虫剂的暗示性商标，但绝对不能用在饮料上。

（4）独创性。

独创性是指商标设计要创意新颖、独具匠心。独创，才能产生惊人之作，才能产生吸引人的商标，然后发展成为驰名商标。柯达（KO-DAK）、索尼（SONY）、奔驰、海尔，无一不是独创的商标。在我国，不少企业习惯于选择花鸟鱼虫、山水林木、文物古迹、飞禽走兽等做商标。

提问

查阅资料：我国商标法对禁止构成商标的文字或图形有如下要求：

2. 商标设计的原则

（1）文化内涵深刻。

一个商标的成功与否，必须经过实践的考验。要让商标流传久远，仅有表面的形式美感是难以完成的。必须要有深刻的内涵。使观者产生相关的联想，两者形成情感上的沟通交流，才会具有生命力。因此，成功的商标设计是有思想、有灵魂、有生命力的。

（2）构思巧妙、造型精美。

商标最早出现的时候，目的就是要区别其他同类商品。商标最基本的功能在设计中更是不可忽视。这就需要巧妙的构思和精美的造型。商标设计的造型既需要有一定的典型性，又要具有广泛的认可度。构思独特、造型精美的标志是商标设计者探索和努力的方向。

（3）具有时代感。

品牌的价值是在发展过程中不断完善的，而其视觉形象也必将随之产生变化，因此标志的设计也并不是一成不变的，即使成功的标志设计也会在原有的基础之上，随时代的变迁、人们的审美需求的变化，而进行相应的改变。

（4）具有较强的适应性和延展性。

现代媒体的飞速发展，商品流通日趋国际化，使现今的标志运用更加广泛，标志要在不同的地域环境、不同时期、不同载体上频繁出现，因此要求标志既具有较强的适应性，又要有很强的延展性。

3. 商标设计的内容

（1）文字商标。

以文字形式来进行标志的创意设计。这种形式认知度较强，传达的信息简单明了，歧异性小但创意空间也小，有一定的局限性。在文字中适当加进有关的图形，可收到较好的效果。

"喜之郎"中文名字的意思是洋溢着喜庆、吉祥、欢乐、亲切、活泼的气息。喜之郎商标采用的是现代书法体，粗犷遒劲而又优美典雅，显得非常有个性，同时也能带给人深刻难忘的瞬间视觉冲击力。颜色用的是黑与红的结合，相当经典。

（2）拉丁字母商标。

拉丁字母主要以英文字母为主，是较常见的一种设计表现形式。英文字母本身具有几何图形的特征，符号性较强，更具国际性。英文字母组合变化丰富，创意空间大。

（3）数字商标。

人们对数字有极高的敏感度，数字没有语言的障碍，较图形语言更为直观，常给人们留下深刻的记忆。

7-11便利店（商标中的表记方式为7-ELEVEn）7-Eleven品牌原属美国南方公司，1927年在美国得克萨斯州创立，7-Eleven的名称则源于1946年，借以标榜该商店营业时间由上午7时至晚上11时，后由日本零售业经营者伊藤洋华堂于1974年引入日本，从1975年开始变更为24小时营业。发展至今，店铺遍布美国、日本、中国、新加坡、马来西亚、菲律宾等国家和地区。

（4）人物动物商标。

人物动物商标形象生动，通俗易懂，感染力强。

国航以凤作为航徽。凤是一只美丽吉祥的神鸟，传说中黄帝的重臣天老曾这样描述过凤的形象：从前面看它像一只威武的麒麟，从后面看又像一只奔腾的骏鹿，它的颈像蛇，尾巴像鱼，下巴像燕子，口喙像鸡，它身上长着龙一样的花纹和龟一样的背脊。远远望去，五色缤纷，绚丽多彩。凤的故乡是素有仁德之称的东方君子之国。美丽的凤凰飞越高耸的昆仑山，翱翔于四海之外，食饮砥柱山下湍急的流水。它在弱水中濯洗高贵的羽毛，在险峻寒冷的风山上居住。这只神奇的鸟在哪里出现，就给哪里带去安乐与祥和。所以，每当它在蓝天中展翅飞翔时，总有成千上万只各种各样的鸟伴随和跟从着它。

以此作为航徽，是希望这神圣的生灵及其有关它的美丽传说给天下带来安宁，带给朋友们吉祥和幸福，带来幸运和欢欣。

（5）植物造型商标。

植物造型形象生动，引人注意，寓意深刻。

中国南方航空股份有限公司的航徽标志由一朵抽象化的大红色木棉花衬托在宝蓝色的飞机垂直尾翼图案上组成。航徽色彩鲜艳，丰满大方。在南方人的心目中，木棉象征高尚的人格，人们赞美它、热爱它，广州市民把它推举为自己的市花，视为图腾。

（6）器物造型商标。

器物造型商标具有典型性和象征性的特征。

实战演练

任务实践1

假设宝洁公司推出一款新产品——面膜。该面膜主要针对的目标客户群体为年轻女性，主要功效为美白养颜。请为该产品命名，并说明原因。

任务实践2

假设碧生源新推出一款减肥产品，该产品主要由纯天然中药研制而成，绿色健康，完全无副作用。请试着为该产品命名，并说明原因。

任务实践3

请为下列某一"产品"进行命名和"商标"的设计、策划。

（1）学校校徽的设计。

（2）班级班会的设计和命名。

（3）某社团组织团徽的设计和命名。

关于（　　　　　　　　　）的命名及设计方案

....

....

....

任务八　包装策划

导入案例

产品介绍：该儿童碳酸果汁饮料是墨西哥北部的一家大型饮料生产商和批发商，主要从事可口可乐和芬达等国际品牌的饮料生产和销售。

图4-1　原包装

该产品原包装如图4-1所示。请同学们仔细观察分析原包装有何特点。

该产品采用原包装，销量一般。企业为了提高该产品的销量，打算聘请品牌包装设计师重新设计产品包装。同学们，如果你就是企业所聘请的品牌包装设计师，请问你会如何设计呢？

想好你们的设计方案了吗？现在，一起来看看专业品牌包装设计师是如何为该产品重新设计的。

设计师和制造商认为新包装要富有一种丰富、亮丽的色彩，充满新鲜、活力和动感的外表，同时该饮料针对的目标消费群体是儿童，所以应当用卡通角色来激发目标消费者——儿童的兴趣，以使产品具有强烈的视觉冲击力。而为了达到改装后的期望设计效果，要改进旧有的印刷方式，更换材质。

设计师提供了很多新颖的构思，将水果口味的各种明快色彩与其他不同元素相融合。他们还设计了一系列角色形象——猫儿家族，如图4-2所示。角色形象具有流行的电子游戏和现代卡通的鲜明特色，顽皮且充满活力。猫儿们在包装上有各种不同的表现，把欢快的乐趣发挥到了极致。新包装的构想传达出产品具有活力和年轻的信息，同时也适应于包装和广告的不同用途。

图4-2　猫儿家族形象

产品改换包装后的最终效果如图 4-3 所示。

根据制造商的调查报告表明，新包装推出的同时，还进行了大量的推广促销活动和传媒广告的宣传。六个月里，饮料的销售额翻了一番。

图4-3　新商标和新包装

案例思考

该饮料为何在采用原包装时销量不佳？而采用了新包装后销量得到了大幅提高？设计师是如何策划的？

人靠衣装，佛靠金装。一个人精神不精神，他的打扮很重要。人如此，产品更是如此。在把一个已经确立的产品推向市场之前，需要根据消费者的需求形式进行合适的包装。因此在产品策划过程中，产品的包装策划是极其重要的一项工作。产品包装是产品在市场上让消费者接受的视觉原点，是消费者感情发泄的原始参照物。

一、策划产品包装

1. 产品的包装

包装是指产品的容器和外部包扎，是产品策略的重要内容，有着识别、便利、美化、增值和促销等功能。包装是产品不可分割的一部分，产品只有包装好后，生产过程才算结束。产品包装是一项技术性和艺术性很强的工作，通过对产品的包装要达到以下效果：显示产品的特色和风格，与产品价值和质量水平相配合，包装形状、结构、大小应为运输、携带、保管和使用提供方便，包装设计应适合消费者心理，尊重消费者的宗教信仰和风俗习惯，符合法律规定等。策划方案决策的正确与否，是直接影响包装具体设计成败的重要因素。

2. 产品的包装策划

包装策划是进行正确有效设计的基础。设计策划活动的目的在于通过相关人员的集体讨论交流信息，集中群体的智慧，明确设计任务内容目标，根据产品的性质特点与市场流通意图，生产加工条件等，确定包装的基本方式、档位与设计方向（如礼品或旅游纪念品包装，大众化实用型消费包装，商品的主销市场流向等）。鉴于策划在包装整体系统化设计中的重要作用，所以，参与设计策划活动一般要求企业的有关领导、设计、经营、生产、技术等相关的人员参加，设计人员应认真听取各方面的意见，充分发表自己的看法，由企业负责人集中群体的意见决策设计方向目标与要求，并由相关专业人员执笔，形成包装策划方案，为开展具体设计活动打下基础。

3. 产品包装的功能

包装的功能是进行包装设计策划的前提，正确理解与把握包装的功能要求是十分必要的。

（1）容纳功能：主要是指第一层包装，主要作用是利用包装容器容纳液态、粉状、块状等商品，便于运输。

（2）保护功能：主要是使商品防止外来各种因素所造成的损害，以保护内容物的安全。

（3）便利功能：主要是指便于商品的生产、流通、运输、陈列、销售、携带、使用等。

（4）销售功能：主要是指包装通过其装潢及造型设计，借助商标、标签、文字、图案、色彩等要素，传达销售信息，介绍商品的名称、牌号、成分、性能、用途和使用方法等，提高货架效应，刺激消费者的购买欲，从而达到扩大销售的目的。

（5）教育功能：主要是指一方面包装通过其艺术性与观赏性可以提高人们的审美情趣，陶冶人们的审美情操，满足社会审美需求；另一方面包装通过其本身所传达的信息（商标与文字介绍等）有效地传达了商品知识，增长了人们的生活常识。此外，绿色包装概念的出现对人们的环保意识具有良好的教育作用。

4. 产品包装设计的策划因素

产品包装的设计应当从以下因素去考虑、去策划。

（1）保护因素：保护功能是产品包装的最基本功能。考虑这方面的时候要着重从防止产品损坏、污染、注意安全、气候、光线的影响及展示寿命等方面入手，通过在实验室进行测试，符合要求后，再设计最终的包装。

（2）销售因素：包装是"无声销售员"。包装设计时必须考虑生产厂商、零售商或其他中间商对包装的要求。

练 一 练

生产厂商对包装最关心的是

为什么？

零售商对包装最关心的是

为什么？

中间商对包装最关心的是

为什么？

（3）经济因素：包装的价格也是包装策划时应该考虑的重要因素。一般来说，价格高的产品，包装成本占的分量较小；而对价格低的产品而言，包装的成本是很可观的。因而从积极的经济观点来看，必须考虑包装材料与结构、人力资源、库存与储存及设计成本等方面的节约，降低包装成本，以获得更多的附加值。

（4）环境因素：环境问题是随着社会和经济的发展，人们在改善自身生活与工作条件时以消耗大量资源、产生大量污染为代价而形成的。包装对环境的污染是不容置疑的，废弃的包装物、一次性食品袋等随处可见。20 世纪 90 年代兴起的旨在保护环境、减少污染的绿色设计观，已在包装界达成共识，它要求包装的再循环、可再生利用以及使用尽可能少的资源材料。

5. 产品包装策略的策划

在营销活动中具有重要作用，企业除了使包装能充分展现产品的特色外，还需要运用适当的包装策略，使包装成为强有力的营销手段。常用的包装策略主要有以下几种。

（1）类似包装策略。

企业对其生产的产品采用相同的图案、近似的色彩、相同的包装材料和相同的造型进行包装，便于顾客识别出本企业产品。

对于忠实于本企业的顾客，类似包装无疑具有促销作用，企业还可因此而节省包装的设计、制作费用。但类似包装策略只适宜于质量相同的产品，对于品种差异大，质量水平悬殊的产品则不宜采用。

（2）多种包装策略。

多种包装策略又称配套包装策略，指企业依据人们消费的习惯，把使用时有关联的多种产品配套装入一个包装物中，同时出售。如将系列化妆品包装在一起出售，便是典型的配套包装。这种包装策略的优点：一物带多物，既方便了消费者购买，又扩大了销路。

（3）再使用包装策略。

再使用包装策略又称双重用途包装策略，即包装物在产品用完后，还可以做其他用途。这样可以利用消费者一物多用的心理，诱发消费者的购买行为，即使顾客得到额外的使用价值，同时包装物在再使用过程中，又能发挥广告宣传作用。

由东洋制罐开发的塑胶金属复合罐 TULC（Toyo Ultimate Can）罐，以 PET 及铁皮合成二片罐，主要使用对象是饮料罐。这种复合罐既节约材料又易于再循环，在制作过程中低能耗、低消耗，属于环境友好型产品。东洋制罐还研发生产了一种超轻级的玻璃瓶。用这种材料生产的 187 毫升的牛奶瓶的厚度只有 1.63 毫米，89 克，而普通牛奶瓶厚度为 2.26 毫米，130 克，因此，比普通瓶轻 40%，可反复使用 40 次以上。该公司还生产不含木纤维的纸杯和可生物降解的纸塑杯子。东洋制罐为了使塑料包装桶、瓶在使用后方便处理，减少体积，在塑料桶上设计了几根环形折痕，废弃时可方便折叠以缩小体积，这类塑料桶（瓶）包括从 500 毫升到 10 升容积等多种。

（4）附赠品包装策略。

附赠品包装策略指在产品包装物上或包装内，附赠物品或奖券，吸引消费者购买。采用这种策略可以增加购买者的兴趣，吸引顾客重复购买。但赠品要注意制作精良，不可粗制滥造，否则不但起不到促销的作用，还会影响产品或企业的形象。

康师傅方便面的包装内曾经都放有一张不同的旋风卡，如宝贝虎、机灵虎、冲天虎、旋风虎、勇士虎、霹雳虎等，让很多孩子们都爱不释手。渴望拥有整套旋风卡，于是经常购买附有这种卡片的方便面。一时间，鸡汁味、咖喱味、麻辣味、牛排味、海鲜味等味道各异的康师傅方便面，随着各种五彩缤纷的旋风卡走进了千家万户。

（5）等级包装策略。

等级包装策略指企业把所有产品按品种和等级不同采用不同等级的包装，例如分为精品包装和普通包装。这种策略的优点：能突出商品的特点，与商品的质量和价值协调一致，并满足了不同购买水平的消费者的需求，但增加了设计成本。根据产品质量等级不同采用不同的包装。

（6）改变包装策略。

改变包装策略指企业对产品原包装进行改进或改换，达到扩大销售的目的。改变包装包括包装材料的改变、包装形式和图案设计的变化、包装技术的改进等。当原产品声誉受损，销量下降时，可通过改变包装来挽救销量下降的局面。

二、包装设计程序

包装设计的程序如图 4-4 所示。

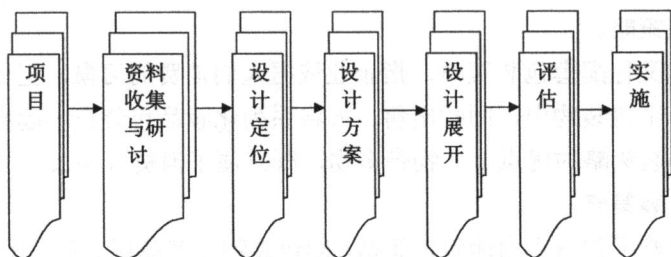

图4-4　包装设计的程序

（1）项目。

项目是设计课题的来源，通常企业委托设计师进行包装设计的原因有：①开发新产品，开拓新市场；②改变公司形象，改变销售策略；③竞争对手的产品包装更新或更胜一筹；④对现有包装不满意；⑤新材料、新工艺、新技术的出现。

（2）资料收集与研讨。

资料收集是为设计方案提供依据，其来源可以通过向企业了解、市场调查、查阅等方法获得，收集的内容主要包括产品信息、竞争对手的同类产品包装、包装信息等方面。

练一练

资料收集后，如果是你，将围绕哪些问题进行研讨？

（1）_____ 对包装的需求。

（2）自己和 _____ 相比，有什么优势和劣势？

（3）目前市场策略的主要变数。

_____

_____

除了以上这些，还有吗？_____

（3）设计定位。

设计定位是包装设计与策划的关键，它是指导产品包装的依据，根据市场调研信息及研讨，策划者制定明确的包装目标，选择合适的包装策略，拟定具体的包装计划及工作进度表。

（4）设计方案。

设计方案是包装设计的实质性阶段。它要求设计者掌握一定的设计与创意技巧，围绕设计要求与目标，尽可能多地制订若干可行性方案，具体来说包含容器造型、包装盒结构、装潢设计等方面的内容与要素。

（5）设计展开。

设计展开是整个设计程序的主要环节，是设计成功与否的关键。一方面，它要求设计者运用自己的知识、经验、联想、记忆、感觉等，将设计方案具体化；另一方面，它也指在设计方案确定之后对现有方案的深化，包括将设计方案系列化或配套化等。

（6）评估。

评估是对最后确定要投入市场的包装进行全面的、系统的、科学的评价与审计。评估可以将评价的内容及参数列一个表，召集各方面的技术设计人员和有关专家进行民主测试。

（7）实施。

包装设计最后阶段是将设计付诸实施，包括容器制造成型、包装盒的印刷与制盒，装潢印刷等。实施阶段也要求设计师进行现场监督，以便及时发现问题，进行修正。样品出来后，一般还需进行质量检验与测试。确定没有任何问题后，才能选择合理的时机让产品投入市场。

实战演练

任务实践1

巧克力：浓浓。

单价：20 元 / 袋。

包装材料：塑料。

适宜人群：都市白领。

注：高级时尚，味道浓烈，口感好。

对该产品进行产品包装设计和策划。

任务实践2

糖果：QQ。

单价：2元/袋。

包装材料：塑料。

适宜人群：三岁以上儿童。

注：卡通形象。

对该产品进行产品包装设计和策划。

任务实践3

钢笔：英雄（HERO）10K金笔

单价：399元/支

包装材料：纸盒＋纸袋，附赠墨水一瓶

适宜人群：高端商务人士

注：设计高雅大方

对该产品进行产品包装设计和策划。

项目·小结

新产品，指采用新技术原理、新设计构思研制、生产的全新产品，或在结构、材质、工艺等某一方面比原有产品有明显改进，从而显著提高了产品性能或扩大了使用功能的产品。

按新产品新颖程度，可分为全新新产品、换代新产品、改进新产品、仿制新产品和新牌子产品。

新产品开发通常分为六个步骤：一是产生创意；二是筛选概念；三是商业分析；四是样品开发；五是试销；六是商业化。

新产品营销策划通常从七个方面去考虑：一是精细的市场分析；二是科学的产品定价；三是独特的诉求点；四是畅通的销售渠道；五是新颖的促销方式；六是终端市场的公关；七是良好的售后服务。

产品命名实际上是选择适当的文字来代表商品。对消费者而言，产品名称和商标是引起其心理活动的刺激信号。它的基本心理功能是帮助消费者识别和记忆商品。

产品命名方法：地域法、时空法、目标法、人名法、中外法、数字法、功效法、价值法、形象法、企业名称法。

商标策划要考虑合法性，要符合民俗、民风和民族习惯，要和使用的商品或服务特点相符合，要有独创性。

商标的设计要有文化内涵，构思巧妙、造型精美，具有时代感，要有较强的适应性和延展性。

包装是指产品的容器和外部包扎，是产品策略的重要内容，有着识别、便利、美化、增值和促销等功能。包装是产品不可分割的一部分，产品只有包装好后，生产过程才算结束。

包装策划是进行正确有效设计的基础。设计策划活动的目的在于通过相关人员的集体讨论交流信息，集中群体的智慧，明确设计任务内容目标，根据产品的性质特点与市场流通意图，生产加工条件等，确定包装的基本方式、档位与设计方向（如礼品或旅游纪念品包装，大众化实用型消费包装，商品的主销市场流向等）。

实践与练习

1. 选择题

（1）新产品是（　　　）。

　　A．相对于旧产品而言的

　　B．产品整体概念中任何一部分的创新产品

　　C．高新科技产品

　　D．市场上出现的新产品

（2）产品策划的意义在于（　　　）。

　　A．减轻市场竞争压力、增强竞争实力

　　B．发现产品的新用途

　　C．每个产品上市必经的一步

　　D．提高员工积极性

（3）新产品策划不包括（　　　）。

　　A．提出目标，创意收集

　　B．财务分析

　　C．产品实体开发试销

　　D．做产品寿命周期曲线图

（4）商标策划的目的是（　　　）。

　　A．保护企业知识产权

　　B．增加企业有形资产

　　C．提高产品的艺术性

　　D．使企业之间相区别

（5）产品包装一般包括（　　）三个部分。

　　A．首要包装　　　　　　B．外部包装

　　C．销售包装　　　　　　D．运输包装

　　E．简易包装

2．思考题

（1）什么是新产品？新产品开发的形式有哪些？

（2）企业应该如何对自己的产品进行包装？

（3）企业如何对自己的产品进行命名？

3．案例策划题

　　具有百年历史的浙江五芳斋实业股份有限公司是集团食品产业的龙头，著名的中华老字号企业，农业产业化国家重点龙头企业，全国最大的粽子产销商，全国食品制造业纳税百强。嘉兴五芳斋粽子是获国家质检总局国家地理标志（原产地）注册的产品，"五芳斋"商标是国家商标局认定的中国驰名商标，五芳斋品牌无形资产价值丰富，产品质量上乘、品味卓越、文化内涵深厚。

　　民国初年，有一批浙江兰溪人来到嘉兴，他们在冬天经营弹棉花生意，春夏时节挑了粽子担走街串巷地叫卖粽子。民国十年（1921年），张锦泉在张家弄6号开了首家"五芳斋"粽子店。数年后又有两个嘉兴人冯昌年、朱庆堂在同一弄里开了两家"五芳斋"粽子店，三店分别以"荣记""合记""庆记"为号，并在粽子的选料、工艺等方面展开激烈竞争，使粽子技艺日趋成熟，并形成了鲜明的特色——"糯而不糊，肥而不腻，香糯可口，咸甜适中"，成为名扬江南的"粽子大王"。1956年，三家店合并为一家"嘉兴五芳斋粽子店"，并一直传承至今。

　　五芳斋粽子号称"江南粽子大王"。五芳斋粽子按传统工艺配方精制而成，选料十分讲究，肉粽采用上等白糯、后腿瘦肉、徽州伏箸，甜粽则用上等赤豆"大红袍"，通过配料、调味、包扎、蒸煮等多道工序精制而成。嘉兴五芳斋粽子有肉粽、豆沙、蛋黄等几十个花色品种，1987—1989年曾连续三年获得省名点特优产品"玉兔奖""首届中国食品博览会金奖"、商业部"金鼎奖"。如今，嘉兴五芳斋粽子因其滋味鲜美、携带方便、食用方便而备受广大旅游者厚爱，有"东方快餐"之称。

　　1995年新建占地13334平方米的五芳斋粽子厂，使粽子生产走上规模化、集约化发展道路，1997年又再次扩大粽子生产规模，使粽子日产量达50万只。同时产品品种也从原来的几种发展到现在的近百种。产品远销日本、东南亚等地，并且获得了"首届国货精品奖""中国食品博览会金奖"等荣誉称号。

　　目前，五芳斋食品加工类目主要包含五芳斋真空粽、五芳斋新鲜粽、五芳斋礼品粽、五芳斋真空卤味、五芳斋保鲜卤味、五芳斋汤料及五芳斋月饼等几大类产品。

　　端午节来临之际，该公司聘请你为其新品粽子的湖南市场上市设计一份新产品推广营销策划书，费用200万元人民币。

项目实训

1. 课堂训练

主题：新产品策划

课时：2 学时

地点：教室

过程设计：教师给出一个新产品的背景条件，由学生进行新产品策划。

实训目的：

（1）巩固所学的知识。

（2）培养学生运用所学知识分析相关问题的能力。

（3）采用学生根据具体情况分析、设计和策划新产品营销推广方案的形式，拓展学生的思维，提高分析、解决问题的能力。

（4）最大限度地调动学生的主体地位，体会共同学习的重要性。

2. 实战演习

分组走访多个超市或百货公司，对不同商家的新产品的营销推广进行调查和学习，分析他们各自的产品策略。

实战目的：培养学生的动手和动脑能力，在实践中巩固产品策划的知识和技能。

项目五

价格策划

项目导读

知识点

定价的基本方法；
定价的主要影响因素；
价格调整策略。

技能点

掌握采取不同策略下的产品定价措施；
进行价格调整策划。

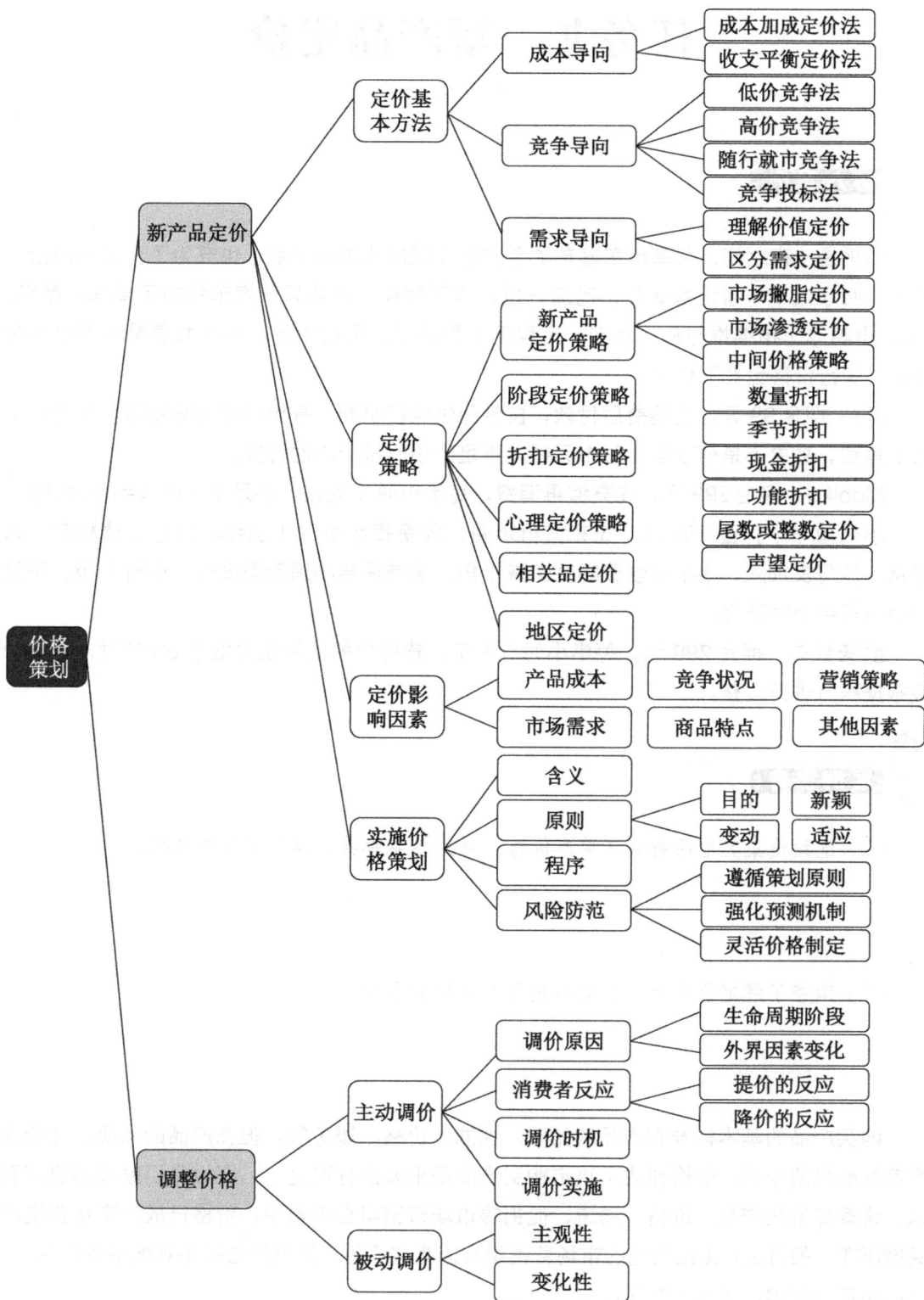

思 维 导 图

```
价格策划
├─ 新产品定价
│   ├─ 定价基本方法
│   │   ├─ 成本导向
│   │   │   ├─ 成本加成定价法
│   │   │   └─ 收支平衡定价法
│   │   ├─ 竞争导向
│   │   │   ├─ 低价竞争法
│   │   │   ├─ 高价竞争法
│   │   │   ├─ 随行就市竞争法
│   │   │   └─ 竞争投标法
│   │   └─ 需求导向
│   │       ├─ 理解价值定价
│   │       └─ 区分需求定价
│   ├─ 定价策略
│   │   ├─ 新产品定价策略
│   │   │   ├─ 市场撇脂定价
│   │   │   ├─ 市场渗透定价
│   │   │   └─ 中间价格策略
│   │   ├─ 阶段定价策略
│   │   ├─ 折扣定价策略
│   │   │   ├─ 数量折扣
│   │   │   ├─ 季节折扣
│   │   │   ├─ 现金折扣
│   │   │   └─ 功能折扣
│   │   ├─ 心理定价策略
│   │   │   ├─ 尾数或整数定价
│   │   │   └─ 声望定价
│   │   ├─ 相关品定价
│   │   └─ 地区定价
│   ├─ 定价影响因素
│   │   ├─ 产品成本
│   │   ├─ 市场需求
│   │   ├─ 竞争状况    营销策略
│   │   └─ 商品特点    其他因素
│   └─ 实施价格策划
│       ├─ 含义
│       ├─ 原则
│       │   ├─ 目的    新颖
│       │   └─ 变动    适应
│       ├─ 程序
│       └─ 风险防范
│           ├─ 遵循策划原则
│           ├─ 强化预测机制
│           └─ 灵活价格制定
└─ 调整价格
    ├─ 主动调价
    │   ├─ 调价原因
    │   │   ├─ 生命周期阶段
    │   │   └─ 外界因素变化
    │   ├─ 消费者反应
    │   │   ├─ 提价的反应
    │   │   └─ 降价的反应
    │   ├─ 调价时机
    │   └─ 调价实施
    └─ 被动调价
        ├─ 主观性
        └─ 变化性
```

任务九　新产品定价

导入案例

似乎是一夜之间，共享单车遍布了全国各大城市的大街小巷，也成为了资本界的投资新宠。共享汽车一番混战之后，滴滴一枝独秀至现在，战场又从汽车转向了单车。摩拜、ofo、小鸣单车相继推行后，也在一定程度上影响了人们的生活。各大共享单车不仅押金不同，骑行价格也各不相同。

ofo：押金99元，先消费后付款，自带师生认证机制，身份认证为师生时，收费半小时5角钱，如果不是则收半小时1元钱，不足半小时按半小时计算。

Mobike：押金299元，先充值再消费，每半小时1元钱，不足半小时按半小时计算。

小鸣单车：押金199元，先充值再消费，收费每半小时1块钱。内设邀请机制，每邀请1位好友加入，半小时收费幅度递减1角，递减后最小消费额度每半小时1角，不足半小时按半小时计算。

酷骑单车：押金298元，每半小时0.3元，若用户的信用积分低于80分时，其车价会根据积分进行调整。

案例思考

（1）继续搜集其他品牌共享单车价格，对比各品牌共享单车定价的区别。

（2）调查了解定价与市场占有率是否有直接的影响。

购买产品的基本标准有产品的品质、性能、价格、服务等，但在产品的品质、性能几乎都标准化的今天，价格便成了决定购买产品最重要的标准之一。在生产厂家或销售商看来，这意味着在产品、价格、渠道、促销等市场营销组合因素中，价格已成为市场营销的关键所在。换言之，无论其他的市场营销组合因素多么好，如果价格得不到购买者的认可，产品还是不好卖，至少很难卖。

一、定价基本方法

定价方法，是指企业为了在目标市场上实现定价目标，而给产品制定一个基本价格或浮动范围的方法。企业定价方法一般有三大类，即成本导向定价法、竞争导向定价法、需求导向定价法。

1. 成本导向定价法

成本导向定价法是一种以成本为中心的定价方法。是我国现阶段最普遍、最基本的定价方法。最常用的有成本加成定价法和收支平衡定价法两种。

（1）成本加成定价法。

成本加成定价法是按照产品成本加一定比例的利润进行定价，如生产企业以生产成本为基础，商业零售企业则以进货成本为基础，将一定的利润比率（百分比）加在成本上，从而形成产品的单位销售价格。该定价方法的基本公式：

> 单位产品价格 ＝ 单位产品总成本 ×（1 ＋成本加成率）

小·提示

家乐福的商品价格是以成本价加上一个固定的毛利率。其商品的一般毛利率，食品、饮料、日用品类为 3% ～ 5%，鲜活类为 17%，服装类为 30%，玩具类为 20%，家具类为 20% ～ 30%，家电类为 7%，文化用品类为 20%。

练一练

某手机膜生产厂商全年生产手机膜 1000 万张，产品的单位变动成本为 0.39 元，总固定成本 400 万元，该企业要求的成本加成率为 30%。请用成本加成定价公式为该产品制订价格：

单位产品价格 ＝

（2）收支平衡定价法。

收支平衡定价法即保本定价法，这种方法"放弃"了对利润的追求，只要求"保本"。在收支平衡定价法中，产品价格等于平均成本与单位产品税金之和。该定价方法的基本公式为：

> 产品单位价格 ＝ 固定成本 ÷ 保本销售量 ＋ 单位变动成本 ＋ 税金

2. 竞争导向定价法

竞争导向定价法是以竞争为中心的、以竞争对手的定价为依据的定价方法。常用的方法有四种：低价竞争法、高价竞争法、随行就市竞争法和竞争投标法。

（1）低价竞争法。当战胜竞争者成为企业的首要目标时，企业则可以采用低于生产成本或低于国内市场的价格在目标市场上抛售产品，其目的在于打击竞争者，占领市场。一旦控制了市场，再提高价格，以收回过去"倾销"时的损失，获得稳定的利润。

案例 5-1

2016 年 6 月 29 日，沃尔玛表示将向美国所有消费者开放两日达免费送货服务，这是沃尔玛在这一服务上的再一次拓展。2017 年 6 月 7 日发布的 2017 年《财富》美国 500 强排行榜，沃尔玛连续第五年蝉联榜首。2017 年 7 月 20 日发布的《财富》世界 500 强排行榜，沃尔玛连续四年排名第一位。从 1945 年设立第一家杂货店起，到 1999 年成为全球第一大公司，沃尔玛的经营策略被许多企业效仿。它的成功有许多因素，低价策略就是其中之一。某商品的市价是 1.98 美元，沃尔玛的进货价是 0.5 美元。那么，沃尔玛并不按 1.25 美元出售。尽管这个价格已大大低于市价，很具竞争力了，但沃尔玛的售价只比进价高 30%，这就是沃尔玛的低价策略。阳光牌自动咖啡壶，一般商店卖 19.95 美元，在沃尔玛只卖 13.47 美元，便宜 32%；阳光牌熨斗，一般商店卖 17.95 美元，在沃尔玛卖 11.98 美元，便宜 34%……天天低价，最大限度地让利于顾客，为沃尔玛赢得了无数的回头客。表面上，降低利润不划算。其实，只要销量增大到一定程度，利润同样可观。如一块雪糕卖 0.5 元，有 0.2 元利润，卖 10 块利润 2 元；如果卖 0.45 元，有 0.15 元利润，可是销量增大到 20 块就有 3 元利润。可见价格虽低，但利润不降反升。这就是经营的策略，也是竞争取胜的秘诀。

课堂随笔

_____

_____

_____

_____

案例思考

经营术语"薄利多销"是什么意思，通过单个商品降低利润提高销售数量，在怎样的情况下能提高总利润，怎样的情况下不能？

（2）高价竞争法。高价竞争法一般只限于数量较少、品牌声誉极高的产品采用，这需要企业拥有高品质、雄厚的资金实力、技术条件等。如微软公司推出的 Windows 操作系统。

案例 5-2

据非官方消息 4 月 8 日，所有香奈儿（Chanel）包款都会全线涨价。其中 Le Boy 系列涨幅是 20%，经典款包款 2.55，Classic Flap 还有经典款钱包都有 20% 的涨幅。不仅如此，手表、鞋子及饰品也都在涨价表内，只是涨幅没有包包大。每到春夏就是奢侈品大牌的涨价季节，而香奈儿在沉寂了一段时间后，这次的提价似乎不那么令人惊讶。上一次大提价还是 2014 年年中，香奈儿的 CF 中号和大号均提价至 450 欧元，大热的 Le Boy 则提价至 350 欧元。

1955 年，Coco Chanel 女士推出了香奈儿这款 Reissue 2.55 包包后，到了一甲子（60 年）后的今天，这款包依然是优雅和高贵的最佳注解。在 1955 年第一只 2.55 发售时，售价仅为 220 美元左右，而如今售价至少是 4830 美元。60 年的时间，Chanel 2.55 售价已经上涨了 20 多倍。一位女性消费者在 2010 年的时候，用 2695 美金购买了香奈儿旗下一个 Classic Flap，一个月之后，这个包就涨了 300 多美金。两年之后的 2012 年，她的包包售价翻了近一倍，时至 2017 年，价格更是涨了不少，但是并不影响消费者对香奈儿包包的追捧，香奈儿本身也表示丝毫不对销量表示担心。

课堂随笔

案例思考

香奈儿高定价，为什么依然被消费者追捧？

（3）随行就市竞争法。此法是指企业按照同行业的平均价格水平来制定价格，是较为流行的一种方法。当企业难以估算成本，打算与同行业竞争对手和平共处，另行定价时很难估计购买者和竞争者对本企业价格的反应，经营的是同质产品、产品供需基本平衡时，采用这种定价方法比较稳妥。

练一练

1. 调查肯德基香辣鸡腿堡和麦当劳麦辣鸡腿堡的价格，你发现了什么？

2. 调查可口可乐、百事可乐公司产品的价格，你发现规律了吗？

3. 你能举出一个这样的例子吗？

（4）竞争投标法。这是一种买方引导卖方，通过竞争成交的方法，通常用于建筑包工、大型设备制造、政府大宗采购等。一般是由买方公开招标，卖方竞争投标，密封递价，买方按物美价廉的原则择优选取，到期公布中标者名单，中标的企业与买方签约成交。如某房地产公司为其销售的商品房安装橱柜，进行公开招标，橱柜生产厂家或销售厂家就在自己的成本等多方面因素的基础上，着重考虑可能的竞争对手的报价，部分厂家甚至不惜派出"商业间谍"刺探对手报价，然后再制作投标书。

3. 需求导向定价法

需求导向定价法是以消费者的需求为中心的企业定价方法。其中主要有两种。

（1）理解价值定价法：企业按照购买者或消费者对商品及其价值的认识程度和感觉定价。例如劳力士金表在消费者的心目中就是顶级手表，路易威登、爱马仕就是顶级手提包的代名词，那么它的定价"理所当然"高。

（2）区分需求定价法：也叫"差别定价法"。就是根据交易对象、交易时间、地点等方面的不同，定出两种或多种不同价格，以适应顾客的不同需要，从而扩大销售，增加收益。但这种价格上的差别并非以成本的差别为基础。

企业为不同季节、不同日期甚至同一天内不同时间的产品或劳务制定不同的价格。如长途电话在不同的时间段收费不同，旅游业在淡季和旺季的收费也有所不同。洛杉矶至纽约的经济舱往返票最便宜时250美元，最贵时达1500美元以上。同一产品，对不同的消费者制定不同的价格和采用不同的价格方式，如各旅游景点均有针对学生、老人的优惠门票；同种产品由于不同的外观、款式、花色采用不同的价格，如包装、规格不同的牙膏售价往往不同；同种产品或服务在不同的地点和位置采用不同的价格，如在小卖部5元能买到的啤酒，大酒店可能就要卖15元；同种产品或服务在不同的时间提供，采用不同的价格，如出租车晚上某个时刻以后会相应提高价格。一瓶普通的500毫升的矿泉水在超市的售价可能是1.50元，在泰山山顶的小卖部里，顾客可能不得不花上数倍的价钱才能买到。

二、定价策略

一部手机5088元的价格虽然高了点，但对于那些追逐潮流的"时尚派"来说，还是会咬牙接受的。其实，厂商要的不是量，而是高价产生的品牌效应。退居二线的产品，可以实行促销价，砍掉800～1500元不等，为一线产品让出位置，又为自身找到更理性的目标购买者。二线产品由于厂商在前期已获得了超额利润，这一时期的价格下调，是一种价值回归。

1．新产品定价策略

新产品定价策略有三种可供选择：市场撇脂定价法（速取或高价策略）、市场渗透定价法（渐取或低价策略）、中间价格策略。

（1）市场撇脂定价法（速取或高价策略）是指新产品投放市场之际，针对那些收入水平高的消费者，把价格定得尽可能高些，以尽快取得最大利润。

某公司推出有机蜜柚的初期就采用了市场撇脂定价法，每个蜜柚的售价几乎高达50元。

案例 5-3

2017年苹果秋季新品发布会于美国当地时间2017年9月12日上午10点（北京时间2017年9月13日凌晨1点）在Apple Park新总部的史蒂夫·乔布斯剧院举行苹果新品发布会。此次发布会发布的新产品有iPhone X、iPhone 8和iPhone 8 Plus三款。

这次发布会的亮点是"十周年特别版iPhone X"。它拥有全面屏、双摄，以及人脸识别技术，使该款iPhone成为了苹果有史以来改动最大的新iPhone。

在发布会的前一天，媒体们还在想着"小米定义了未来科技，或许 iPhone 这次有些尴尬"，但事实证明"苹果还是那个苹果"。显然，性能、独立研发、算法，这整套壁垒已经让苹果迈入了一个新时代。AR 能给游戏和工具带来什么改变、AI 能给交互和操控带来那些升级。这些都是远比一个全面屏更有意义的事。其实对于这样一款万元机，人们在未来很长一段考虑的问题只会是：买不买，什么时候能买到。不过，如果你想用上苹果的全面屏和上述的哪些酷炫功能，少则 8000 元，多则 9000 元，这个价格可以买到 2～3 台全面屏的安卓手机。除了独立 ISP、性能默秒全的 A11 处理器、AI 部分和 AR 部分在人像和实时图像处理上的应用，还有 iPhone X 头帘上多达八颗的传感器，这一切都显示了苹果远优于其他厂商的技术实力。iPhone X 拥有 64GB 和 256GB 两种版本，售价为 999 美元，10 月 27 日正式开启预售，11 月 3 日正式发布。20% 以内的市场占有率，既不会沦为街机，也足以让苹果公司"撇"到"脂"。

课堂随笔

练一练

1945 年圣诞节前夕，美国雷诺公司首先推出新产品圆珠笔，虽然这种新圆珠笔的制造成本仅为 0.5 美元，但雷诺公司看准美国市民为了欢度第二次世界大战后第一个圣诞节急切希望能够买到新颖的圣诞礼物的心理，将此种圆珠笔以 20 美元的价格投放零售市场。半年时间，雷诺公司以投入 2.6 万美元，收获了 15.6 万美元的丰厚利润，便是一个典型的市场撇脂定价法。

雷诺公司采用的价格策略是_____，因为当时的圆珠笔_____，今天的圆珠笔制作商是否能照搬此法？

_____由此可见，市场撇脂定价法比较适用于_____产品，目前市场上的_____

_____可以尝试使用此法。

（2）市场渗透定价法（渐取或低价策略）与市场撇脂定价法正好相反，它是新产品上市时以微利、无利甚至亏损的低价向市场推出，来吸引大批买家，赢得市场份额。

案例 5-4

北京小米科技有限责任公司成立于 2010 年 4 月，是一家专注于智能硬件和电子产品研发的移动互联网公司。"为发烧而生"是小米的产品概念。小米公司首创了用互联网模式开发手机操作系统、发烧友参与开发改进的模式。创始人雷军等，2011 年 8 月 16 日，雷军及小米科技团队

北京小米科技有限责任公司成立于 2010 年 4 月，是一家专注于智能硬件和电子产品研发的移动互联网公司。"为发烧而生"是小米的产品概念。小米公司首创了用互联网模式开发手机操作系统、发烧友参与开发改进的模式。创始人雷军等，2011 年 8 月 16 日，雷军及小米科技团队高调发布了小米手机，为国内首款双核手机，仅售价 1999 元。正是这种市场渗透式的价格，使得在截至 2011 年 8 月 29 日，小米手机预订人数已超过 30 万。截止到 2012 年 3 月，小米手机已售出了第 100 万台。2012 年全年售出手机 719 万台，2013 年售出手机 1870 万台，2014 年售出手机 6112 万台，2015 年售出手机超过 7000 万台。

课堂随笔

案例思考

根据老师指定的某款小米手机，调查市场中竞争品牌同配置的手机价格，对小米的价格策略进行深入了解。

（3）中间价格策略是介于"撇脂"与"渗透"两种定价法之间，指企业为了建立企业与产品的良好形象，把价格定在适中水平的策略。

2. 阶段定价策略

阶段定价策略是根据产品所处的经济生命周期的阶段而制定不同的价格的策略。可分为试销期定价策略、畅销期定价策略、饱和期定价策略、滞销期定价策略。

案例 5-5

2015 年营业额高达 499.96 亿美元的韩国 LG 集团成立于 1947 年，是领导世界产业发展的国际性企业集团。LG 集团目前在 171 个国家与地区建立了 300 多家海外办事机构。事业领域覆盖化学能源、电子电器、通信与服务等领域。

LG 电子进入中国较晚，出于企业长远发展考虑，经营上采取了"战略性亏损"的策略，在中国市场低价运作，以图快速切入中国市场。LG 的低成本与低价格策略对中国的家电企业产生了巨大的威胁，如 LG 彩电比国外其他家电企业便宜很多，LG 洗衣机比国产的还便宜，LG 微波炉和空调的价格与国产品牌差不多。"战略性亏损"策略让 LG 在华很快"后来居上"。LG 中国 2000 年的销售收入为 20 亿美元，2001 年为 30 亿美元，2002 年达到 40 亿美元；LG 产品线全线飘红：LG 显示器、光存储、空调、微波炉、CDMA 手机销售量全部跻身前三甲，而洗衣机、电冰箱、彩电业务也全部进入前十名，与索尼、松下、三星相比，LG 的全线产品都进入了中国的第一梯队。中国的家电业惊呼，这是一匹"韩国狼"。到 2005 年，LG 已进入在中国发展的第三个阶段，在高端市场赢得了主流地位，意味着 LG 电子长期以来在中国采取的"战略性亏损"的低价格战略终结。

课堂随笔

LG 电子是怎样进行阶段定价的？

3. 折扣定价策略

常用的折扣类型主要有以下几种：数量折扣、季节折扣、现金折扣、功能折扣，如表 5-1 所示。

表5-1　折扣类型及其策略

折扣类型	策略内容	策略目的
数量折扣	按购买数量的多少，分别给予不同的折扣，购买数量越多，折扣越大	鼓励大量购买，或集中向本企业购买
季节折扣	在淡季购买商品的顾客给予一定的优惠	使企业的生产和销售在一年四季都能保持相对稳定
现金折扣	对在规定的时间内提前付款或用现金付款者所给予的一种价格折扣	鼓励顾客尽早付款，加速资金周转，降低销售费用，减少财务风险
功能折扣	根据中间商在产品分销过程中所处环节不同给予不同的价格折扣	鼓励中间商与生产企业建立长期的合作关系，促使他们执行承担的市场功能

练一练

1. 列举两个季节折扣的例子。

2. 列举两个数量折扣的例子。

4. 心理定价策略

心理定价指企业定价时利用消费者不同的心理需要和对不同价格的感受，有意识地采取多种价格形式，以促进销售。主要有以下几种：组合定价、尾数定价、声望定价、整数定价、期望与习惯定价、安全定价、特价品定价。

（1）尾数或整数定价。许多商品的价格，定为 0.98 元或 0.99 元，而不定为 1 元，是适应消费者购买心理的一种取舍，尾数定价使消费者产生一种"价廉"的错觉，比定为 1 元反应积极，促进销售。相反，有的商品不定价为 9.8 元，而定为 10 元，同样使消费者产生一种错觉，迎合消费者"便宜无好货，好货不便宜"的心理。如果是保健品则宁肯定 108 元而不定 98 元，因为一百多元的礼品和几十元的礼品不是同一个档次。

（2）声望定价。此种定价法有两个目的：一是提高产品的形象，以价格说明其名贵品优；二是满足购买者的地位欲望，适应购买者的消费心理。有些商品由于企业多年的苦心经营，在顾客中有了一定声誉，顾客对它们也产生了信任感，所以即使价格定得比一般商品高一些，顾客还是能够接受的。这种定价策略特别适合药品、饮食、化妆品及医疗等质量不易鉴别的行业产品。金利来领带，一上市就以优质、高价定位，对有质量问题的金利来领带厂家决不上市销售，更不会降价处理。传达给消费者这样的信息，即金利来领带绝不会有质量问题，低价销售的金利来绝非真正的金利来产品，从而极好地维护了金利来的形象和地位。如德国的奔驰轿车，瑞士莱克司手表，价格为五位数，巴黎里约时装中心的服装都采用了声望定价。

练一练

　　劳斯莱斯在消费者的心目中就是顶级轿车，它甚至还要根据消费者的社会地位来决定他购买劳斯莱斯的级别，即使他很有钱，也不一定能买到一辆劳斯莱斯，那么它的定价"理所当然"得高。请举例，在计算机、手机、运动服等产品中，有哪些品牌是"名牌"？

5. 相关品定价策略

　　相关产品是指在最终用途和消费购买行为等方面具有某种相互关联性的产品。制造或经营两种以上商品的企业可以利用此特点综合考虑企业产品的定价。具体策略有：互补商品价格策略、替代商品价格策略。

案例 5-6

　　20世纪19世纪末，大部分男士都不会使用折叠式剃须刀，使用如此危险的工具让他们感觉不舒服，但光顾理发店又太昂贵、太耗时间。于是许多发明者设计了一种"自行操作"的安全剃须刀，却卖不出去。因为去理发店只需花10美分，最安全的剃须刀要花5美元——这在当时还是一笔大数目，一美元可是高工资者一天的薪水。

　　吉列的安全剃须刀并不比其他剃须刀好，而且生产成本更高。但是吉列并不"出售"剃须刀。他实际上贴本把剃须刀的零售价定为55美分，批发价为25美分，不到其生产成本的1/5。但是他设计的剃须刀只能使用其专利刀片。每个刀片的制造成本不到1美分，他以5美分出售。由于一个刀片可以使用6~7次，因此顾客每刮一次脸所花的钱不足1美分——不到去理发店花费的1/10。而刀片的销售足以弥补"亏本"出售的剃须刀架。

课堂随笔

6. 地区定价策略

　　地区定价是指企业根据商品的销售市场和产地市场地理位置的差异而制定的不同的价格策略。

三、定价的主要影响因素

📚 **案例 5-7**

观看《大宅门》七爷买黄连视频

七爷一行人在药材市场先是高价购买黄连 100 斤，继而放出口风说还需要 1000 斤，并持币待购，各药商见有利可图纷纷收进黄连，结果几天内市场上黄连泛滥，价格狂降，七爷等人此时购买进大宗黄连，节省了大批银两。电视剧中七爷为什么要放出口风说还需要 1000 斤黄连，为什么几天后市场上黄连多了，价格下降了？黄连的价格能高过人参的价格，或者低过萝卜的价格吗？

黄连的价格不可能高过人参的价格，也不会低于萝卜的价格，但却会因为七爷放出的求购 1000 斤的信息而波动，那么企业定价会受到哪些因素的影响呢？一般来说，影响企业定价的主要因素有六种。

课堂随笔

1. **产品成本**

产品成本是价格构成中最基本、最主要的因素，它的影响是最直接和重要的。它包括制造成本、营销成本和储运成本。一般情况下商品的售价都应不低于总成本。

2. **市场需求及变化**

对产品进行定价时要分析需求与供给的关系、消费者对产品价格与价值的感受和需求的价格弹性。

📚 **案例 5-8**

每年年中的几个月是汽车行业的淡季，为应对淡季业绩不佳的情况，大多数车企会以降价促销来保证销量和利润。然而这个"大多数"车企并不包括长城哈弗。据长城汽车官网消息，自 2017 年 7 月 9 日起哈弗 H6 蓝标运动版的 1.5T 自动两驱豪华型和自动两驱尊享型这两款车型售价各上调 0.1 万元，此次涉及调价的两款车型仅增配了自动启停系统，而其他方面并没有进行调整。在 2017 年 4 月的上海车展期间，哈弗 H6 推出 2017 款车型，搭载 1.3T 和 2.0T 动力共 6 款车型，售价 11.88 万～14.68 万元。新款 H6 采用全新的外观内饰设计，依旧推出红标、蓝标版本，两种版本的车型、售价信息完全一致。新车使用电子拨杆，更具科技感。说到加价车，大家都会想到本田 CR-V 这位加价鼻祖，作为自主销量最强的 SUV 车型，价格上调却是少有。

课堂随笔

案例思考

为什么哈弗汽车价格敢于淡季上调？

3. 市场竞争状况

按照竞争程度的不同，可将市场结构分成四种模式，即完全竞争、垄断性竞争、寡头垄断和纯粹垄断。企业在不同的市场结构条件下，所享有的定价自由也有所不同。

在完全竞争的条件下，卖主和买主只能接受价格而不能决定价格；在垄断性竞争的条件下，卖主已不是消极的价格接受者，而是强有力的价格决定者；在寡头垄断的条件下，少数几家大公司控制市场价格，而且它们相互依存、相互影响；在纯粹垄断（独家经营）的条件下，卖主完全控制市场价格，可随意定价。

总之，大多数市场都是不完全竞争的市场，在这种市场中，企业必须为自己的产品确定灵活、适当的价格策略，以求取得经营上的成功。

4. 商品的特点

商品的自身属性、特征等方面的因素是企业定价时必须考虑的因素。一般包括：商品的种类；商品的易腐、易毁和季节性；时尚性；产品的生命周期。

提问

查找资料，说说什么是海鲜价？

5. 企业的营销组合策略

产品的定价要与产品的具体情况、企业的经营目标、未来发展方向、资金状况和促销组合策略相适应。表 5-2 便是一个很好的例子。

表5-2　美国八家著名大公司定价目标比较

公司名称	定价主要目标	定价附属目标
通用汽车公司	20%的投资收益率（税后）	保持市场占有率
固特异轮胎公司	对付竞争者	保持市场地位和价格稳定
美国罐头公司	维持市场占有率	应付市场竞争
通用电器公司	20%的投资收益率（税后），增加7%的销售额	推销新产品保持价格稳定
西尔斯·罗巴克公司	增加市场占有率（8%～10%为满意市场占有率），10%～15%投资收益率	一般地方促进销售
标准石油公司	保持市场占有率，保持价格稳定	一般投资收益率
国际收割机公司	10%的投资收益率	保持市场第二位的位置
国民钢铁公司	适应市场竞争	增加市场占有率

6. 其他环境因素

其他因素包括是否存在着通胀、利率的高低以及宏观经济环境等。

四、实施价格策划

案例 5-9

卡特匹勒公司为其拖拉机定价 10 万美元，尽管其竞争对手同类的拖拉机售价只有 9 万美元，但卡特匹勒公司的销售量还是超过了其竞争者，一位潜在顾客问卡特匹勒公司的经销商，买卡特匹勒的拖拉机为什么要多付1万美元，经销商回答说：9万美元是拖拉机的价格，与竞争者的拖拉机价格相比，+7000美元是最佳耐用性的价格加乘；+6000美元是最佳可用性的价格加乘；+5000美元是最佳服务的价格加乘；+2000美元是零件较长保用期的价格加乘；11万美元是总价值的价格；减掉1万美元折扣；10万美元为最终价格。顾客惊奇地发现尽管他购买卡特匹勒公司的拖拉机需多付1万美元，但实际上他得到了1万美元的折扣。结果，他选择了卡特匹勒公司的拖拉机，因为他相信卡特匹勒拖拉机的全部使用寿命操作成本较低。

课堂随笔

案例思考

消费者为什么认为自己得到了1万美元的折扣？

1. 价格策划的含义

价格策划是指企业为了实现一定的营销目标，而协调处理企业内部各种价格关系的活动。它不仅包括价格的制定，还包括在一定环境条件下，为了实现企业较长时期的营销目标，协调配合营销组合的其他各有关方面的构思、选择，并在实施过程中不断修正价格战略和策略，进行价格决策的全过程。

2. 价格策划的原则

企业价格策划必须把握以下原则。

（1）价格策划的目的性。

在具体的市场实践中，为了达到企业的根本目标，往往将定价作为一种战术来使用，为了达到长期赢利的目的，企业有时会在短期内牺牲利润来渗透市场，扩大或巩固市场占有率，以阻击竞争对手。

案 例 5-10

随着手机功能朝着智能化应用的逐步发展，手机流量成为消费者越来越关注的套餐内容，三大运营商也在这块市场上进行的明争暗斗。2017年2月中国联通推出冰激凌系列套餐：398元/月的冰激凌套餐每月包含国内无限语音和无限流量（优惠期间5折）；198元/月的冰激凌套餐每月包含1500分钟国内语音和15GB的4G全国流量。紧随其后，中国移动在2017年5月初推出"任我用"套餐：新用户188元和288元两档资费分别包含12GB和20GB流量，老客户提供238元15GB流量套餐。为保持原有市场不被抢夺，中国电信也随后策划推出了天翼不限量套餐，价格为199元/月，前40GB流量提供4G网速。

课堂随笔

（2）价格策划的出奇制胜性。

价格策划应该出奇新颖，才能先发制人达到有效目的。纽约某家高档餐厅推出了定价1000美元的炒鸡蛋，被媒体津津乐道。虽然很少有消费者愿意消费这种昂贵的鸡蛋，但他们却愿意去看看。结果这道菜推出了近一年，却没有一个消费者尝试。但餐厅的生意却比以往好，原因是那些好奇的参观者还是在那里用了餐。

（3）价格策划的适时变动性。

保持价格相对稳定性是商家经营的基本原则，变化频率过高的厂家会失去消费者的信任。但是，相对稳定并不是说不能变化，只要时机选择得合适，企业仍然能利用价格因素直接获利或达到排斥竞争者的目的。当英特尔率先研制出奔腾芯片时，单位定价约为1000美元。其结果是计算机制造商对它们的第一台奔腾PC的定价达到3500美元甚至还要高，吸引的顾客仅仅是严肃的计算机使用者和商业购买者。但是，在导入期之后，英特尔将奔腾芯片的价格每年削减30%，最后将奔腾PC的价格降到一般家用计算机购买者所能承受的范围之内。

（4）价格策划的适应性。

企业定价有上限和下限的限制，价格变化应该在这个上下限规定的区间内变动，突破这个区间有可能带来意想不到的副作用。如"长城"葡萄酒是红酒中的一般价位品，如果它突然将价位拉到与法国进口葡萄酒的价位相同，消费者则难以接受。相反，茅台、五粮液等国产名酒如果价格趋于普通价位，就会降低名牌的身份，反而影响销售量。

3. 价格策划的程序

企业在选择和决策定价策略时要经过一个反复调研、评价、取舍、优选的过程，这个过程包括如图5-1所示的一系列步骤。

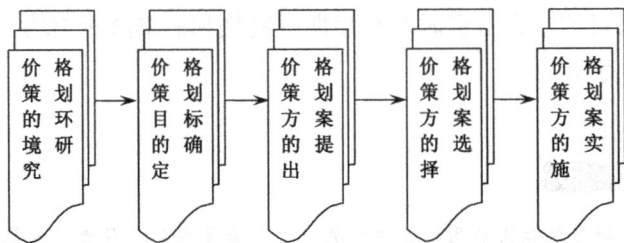

图5-1 价格策划的程序

（1）价格策划的环境研究。企业的环境研究就是指作用于企业生产经营活动的一切外界因素和力量的总和。主要包括社会经济环境、市场环境和企业营销环境。

（2）价格策划目标的确定。企业在确定价格策划目标时，必须综合考虑经营目标、期望目标、定性目标和定量目标的结合。

（3）价格策划方案的提出。提出价格方案是价格策划内容的具体体现，它包括产品成本估计和需求的测算以及竞争者的价格、产品的分析。

（4）价格策划方案的选择。价格策划方案的选择必须考虑企业效益与社会效益相结合、经营风险与科学预测相结合、方案与方案实施相结合的原则。

（5）价格策划方案的实施。价格策划方案确定以后，便要付诸实施。一方面要与实施方案的有关部门进行联系，另一方面要收集实施后的信息。

4. 价格策划的风险防范

价格策划风险主要包括：价格难以被市场所接受、价格僵化、定价不当、因定价不当影响企业形象、价格定位不当引起竞争对手报复、价格行为与国家政策法规相抵触。在策划某种价格方案时，采取某种价格行为后导致损失的可能性被称为价格策划风险。

（1）遵循价格策划原则。防范价格行为风险的关键是要把握好价格策划的若干原则，如整体原则、前瞻性原则及有效沟通原则，就可以大大地降低价格行为风险出现的可能性。

在价格策划过程中，把握整体性原则，充分注意了解与企业价格行为有关的政策法规，注意充分了解市场环境和本企业资源条件，则可以有效地防范价格行为触犯有关政策法规的风险和定价导致企业形象受损的风险。

（2）强化预测机制。加强有关情况的预测和分析是风险防范的关键。例如，对产品或劳务市场供求现状及其变化趋势的分析和预测；对其所提供的产品或劳务的成本水平的分析预测；对竞争对手的可能性反应的分析预测。

（3）灵活价格制定方式。企业在考虑选择价格制定方式时，应根据成本、竞争对手、市场价格走向、消费者预期及波幅预测、通货膨胀发生的可能性等，选择灵活的价格制定方式。

实战演练

任务实践1

富华公司A产品的生产能力为每年1000台，全年固定成本总额为40万元，单位变动成本为1000元，单位成本为1400元，每台售价为2000元，年度内已生产销售500台。现有一采购商计划订购400台，竞争对手宇腾公司将竞争产品B的价格定为1399元。富华公司的销售经理提出将产品价格调至1200元来获取此订单，问是否可行？

如果按照成本导向定价法，请选择：**可行 / 不可行**。

如果按照低价竞争法，请选择：**可行 / 不可行**。

在定价策划中：

如果坚持保本，定价将会高于 ＿＿＿＿＿＿＿＿，富华将会 **得到 / 失去** 订单，富华本年的利润为：

利润＝销售收入－变动成本－固定成本

＿＿＿＿＿＿＿＿＿＿＿＿＿＿

如果接受销售经理的意见，定价为 ＿＿＿＿＿＿＿，富华将会 **得到 / 失去** 订单，富华本年的利润为：

利润＝销售收入－变动成本－固定成本

如果你是富华公司的决策人，你的选择是：**接受 / 不接受** 销售经理的建议。为什么？

任务实践2

世界著名玩具生产公司"童乐"在年夏天新设计的产品是 10000 个芭比娃娃的儿童玩具，这批玩具的固定成本为 50 万元，变动成本为每个 20 元，市场上同类产品的售价为 80 ~ 150 元不等。其中有两种比较畅销，一种是迪士尼公司生产的售价为 149.90 元的芭比娃娃，还有一种是汕头某不知名的公司生产的 99.90 元的芭比娃娃。请按表 5-3 所列定价方法为童乐玩具公司的新产品芭比娃娃定价。

表5-3　各种定价法及其制定理由

定价方法	销售价格	制定理由
成本加成定价法 （加成率50%）		
低价竞争法		
随行就市法		
高价竞争法		
理解价值法		

任务实践3

折扣定价的策略有哪几种？在表 5-4 中列举几例。

表5-4　折扣定价策略及其例子

折扣类型	策略内容	举　例
	按购买数量的多少，分别给予不同的折扣，购买数量越多，折扣越大	
	在淡季购买商品的顾客给予一定的优惠	
	对在规定的时间内提前付款或用现金付款者所给予的一种价格折扣	
	根据中间商在产品分销过程中所处环节不同给予不同的价格折扣	

任务实践4

市场上有很多公司在利用心理定价策略进行产品定价，你能说说它们是怎么用的吗？

美国安利公司的产品一般比同类竞争产品都要贵很多，但仍然卖得很好，

这是因为

中国景泰蓝瓷器在法国市场上卖到 2000 多法郎一件，

这是因为

在中国价格中带"8"的产品，就比带"4"的产品要好卖，

这是因为

一些商品 10 元卖不出去，价格改为"9.99 元"情况就立刻不同了，

这是因为

一件衬衣标价 68 元会滞销，写上原价 340 元，2 折出售，可能就会脱销，这是因为

任务十　调整价格策划

导入案例

2017 年 8 月，无印良品通过官方微信公众号宣布，其在中国的第 5 轮降价活动正式开启。此次降价主要集中在日常生活类产品，主要涵盖家具、电子和健康美容三类。其中，家具类降价幅度达 67%，电子类为 21%，而健康美容则为 24%。无印良品自 2014 年 10 月起开始下调中国内地市场的产品售价，预计最快可在 2018 年实现中国与日本基本同价。

2017 年 1 月，无印良品 MUJI 宣布将对部分产品实行"新定价"，调整的多为收纳服务器等家居产品，下调幅度为 5% ～ 22% 不等，此次调价距离最新一轮降价不足一年。无印良品曾强调，"新定价"并非单纯降价，而是通过自身的调整，降低进口关税，使产品更具性价比，实现中国与日本基本同价。

2017 年年初以来，无印良品一直保持增长态势。据无印良品母公司良品计划在 2017 年 3 至 5 月的合并营业利润预计将同比增长 5%，达到约 120 亿日元，创出 3—5 月的利润历史新高，销售额则预计增长 6%，约至 930 亿日元。在日本国内，生活杂货和食品销售表现强劲。在海外，中国的增长起到了拉动作用。不过，由于日元升值影响，海外收益增长乏力。日元兑人民币汇率升值近 10%，对中国市场构成沉重压力。良品计划销售额的约 40% 来自海外。其中，中国店铺数达到 200 家，已发展为仅次于日本的规模。调价和开店成为无印良品刺激中国业绩增长的两个手段。降价是短期内刺激销售的最有效手段之一。

无印良品在中国一直面临定价过高的困境。在服饰方面，快时尚品牌 ZARA、H&M，甚至国产快时尚 UR 都对无印良品施加压力。而在生活方式用品方面，中国快速崛起的电商业务也对无印良品带来挑战。成立不足两年的网易严选被认为是无印良品的劲敌，其销量一路走高，该平台打出"MUJI 制造商直供"广告对无印良品构成直接威胁，并且在价格上比无印良品占据更多优势。

无印良品降价的目的是什么？采取了何种降价策略？

价格调整策划是指企业根据客观环境和市场形势的变化对原有价格进行调整的活动。为了把握市场先机、占据主动，企业往往会主动提价或降价；为了应对竞争对手的价格策略，企业也会被动地进行价格调整。随着市场形势和生产经营状况的不断变动，企业将采取相应的措施调整产品价格，这也是企业进行竞争的一种手段。

一、主动调价

1. 调价原因
（1）产品生命周期的不同阶段。

根据产品生命周期理论，产品从进入市场到被淘汰经历投入期、成长期、成熟期和衰退期四个阶段（见表 5-5），由于每个阶段的市场需求和竞争状况各不相同，产品价格也必须随之进行调整，才能达到公司的预期销售目标。

表5-5　产品生命周期的不同阶段

生命周期	市场状态	相关策略
引入期	产品刚入市，消费者对产品了解少，竞争者少	自主定价权大，可根据企业战略目标定价
成长期	产品有一定知名度，消费者开始了解产品，竞争者进入	在不影响产品形象的前提下适当降低价格，提升市场占有率，应对竞争
成熟期	产品普及率较高，市场需求趋向饱和，大量竞争者进入	保持价格稳中略降的态势，进行产品和营销组合策略改进
衰退期	产品技术落后、款式过时，逐步被淘汰，竞争者逐渐退出市场	着手清理存货，逐渐转产，大幅度降低产品价格，回收资金

（2）企业、市场环境或竞争形势变化。
提价原因如表 5-6 所示。

表5-6　产品提价原因

应付产品成本增加，减少成本压力	在成本增加、原材料价格上涨、生产或管理费用提高的情况下，企业为了保证利润率，便采取提价策略
为了适应通货膨胀，减少企业损失	在通货膨胀条件下，即使企业能维持原价，其利润的实际价值也呈下降趋势。为了减少损失，企业通过提价，将通货膨胀的压力转嫁给中间商和消费者
产品供不应求，遏制过度消费	在需求旺盛而出现供不应求的情况下，通过提价来遏制需求，同时又可以取得高额利润
利用顾客心理，创造优质效应	企业可以利用涨价营造名牌形象，使消费者产生价高质优的心理定式，以提高企业知名度和产品声望

降价原因如表 5-7 所示。

表5-7　产品降价原因

企业急需回笼大量现金	可能由于产品销售不畅或者为了筹集资金进行某些新活动，对某些需求的价格弹性大的产品予以大幅度降价，从而增加销售额，获取现金
企业通过削价来开拓新市场	潜在顾客由于其消费水平的限制而不能转为现实顾客。在降价不会对原顾客产生影响的前提下，企业通过降价方式来扩大市场份额
排斥现有市场的边际生产者	由于各个企业实际情况不同，那些以目前价格销售产品仅能保本的企业，在别的企业主动降价以后，会因为价格的被迫降低而得不到利润，只好停止生产
降价扩大销售，获得更大的生产规模	进入成熟期的产品，降价可以大幅度增进销售，从而在价格和生产规模之间形成良性循环，为企业获取更多的市场份额奠定基础
由于成本降低，费用减少	科技的进步和企业经营管理水平的提高使产品的单位成本和费用不断下降，企业进行适当降价
出于对中间商要求的考虑	以较低的价格购进货物不仅可以减少中间商的资金占用，而且为产品大量销售提供了一定的条件。企业削价有利于同中间商建立较良好的关系

2. 消费者对调价的反应

（1）提价的反应。

从理论上说，提价会抑制消费者的购买欲望，降低他们购买的积极性，减少他们的购买量。但是现实中也会存在与此相反的情形。

消费者认为提价是因为商品有新用途，产品性能有重大改进或有流行的趋势，要赶紧购买。

消费者认为是因为商品的供不应求导致的提价，为避免断货应立即购买。

消费者认为商品已经提价，可能还会继续上涨，应尽快抢购，以防将来购买会更吃亏，或预期会有升值的空间。

（2）降价的反应。

一般情况下，商品价格下降，提高了消费者的购买能力，对消费者有利，会激发消费者的购买欲望，促使他们大量购买这种降价商品。但是现实中，因消费者普遍存在"买涨不买落"的心理，使得企业降价的结果事与愿违，其原因有以下几点。

通常人们认为价格具有衡量商品价值和品质的功能，"一分钱，一分货"。消费者认为降价是由于商品本身品质下降造成的。

消费者认为凡降价商品，大都是过时、滞销的积压品或者是低档品，企业有新产品问世，老产品很快就会被淘汰，零部件的维修更换也无法保证。

消费者认为购买降价商品会丢面子，有失身份。

受"买涨不买跌"心理的影响，消费者认为商品已降价，可能还会继续降，只需耐心等待，便可以买到比现在更便宜的商品。

3．调价的时机

为了保证提价策略的顺利实现，提价时机可选择在表 5-8 所示几种情况下。

表5-8　提价时机

产品处于优势地位
产品进入成长期
季节性商品达到销售旺季
竞争对手产品提价

企业如果降价过早，会失去更多的获利，如果降价太晚又会导致消费者不满或造成产品积压，甚至被竞争者挤兑，因此把握降价时机非常重要。一般而言，已过流行期的商品，应立即降价。季节性商品，在换季前后应及时降价。而对于一般商品，进入成熟期后期就应考虑降价。对于某些特殊商品，由于技术上的明显改进而使成本大幅度下降后，也要相应降低价格。

4．调价的实施

在提价的具体实施上，应尽可能把提价的不利因素减到最低程度，使提价不影响销量和利润，而且能被潜在消费者普遍接受。直接提价就是直接将产品价格提高，在提价的实际策划中，企业可以多采用间接提价。同时，企业提价策划时应向顾客说明提价的原因，配合相应的产品策略、促销策略，以减少顾客不满，维护企业形象，提高消费者信心，刺激消费者的需求，以形成购买行为。间接提价时，可采用表 5-9 所示技巧。

表5-9　间接提价技巧

压缩产品分量而价格不变
使用便宜的材料或代用品
减少或改变产品特点降低成本
改变或减少服务项目
使用低廉的包装材料
缩小产品的尺寸、规格和型号

案例 5-11

前期为了引流，真知味奶茶店采取全面低价的定价策略，还配合大幅度的打折促销活动。经过一段时间低价后，店铺已经获取了一定客源和曝光，每日销量趋于稳定。继续维持目前的价格，盈利没有保障，甚至面临亏本的风险；可是涨价的话，辛辛苦苦积累的客户有可能会因此流失。真知味奶茶经过研究后决定分多次、小幅度地上调茶品的价格，让用户有个慢慢接受的过程。每次涨价后的一个周期，要分析涨价对销售量的影响。待销售量逐渐恢复稳定后，再开始新一轮的提价。

具体做法是：首先将每杯奶茶价格提高 3 ~ 5 元不等，同时加大满减力度，从"满39减5"改为"满39减9"，淡化涨价对用户消费的影响；然后，将满减的最低价格往上微调为49元，用户为了使用满减活动，会主动增加购买金额；最后，缩小满减活动的幅度，改为爆款或代金券。从整体看，店铺活动力度依然很大，但是真知味奶茶的价格已不知不觉地上涨了。

课堂随笔

案例思考

真知味奶茶店涨价运用了哪种间接提价技巧？相对直接提价有哪些优势？

降价最直接的方式是将企业产品的价格或标价绝对下降，但在降价的实际操作中，为了更灵活地掌控产品和市场，特别是竞争激烈的行业，需要随时应对竞争对手的价格策略时，企业更多的是采用各种折扣形式来降低价格（见表 5-10），如数量折扣、现金折扣、回扣和津贴等形式，赠送样品和优惠券，实行有奖销售；给中间商提取推销奖金、允许顾客分期付款、赊销、免费或优惠送货上门、技术培训、提高产品质量、改进产品性能、增加产品用途等也都是常采用的降价技巧。由于这些方式具有较强的灵活性，在市场环境变化的时候，即使取消也不会引起消费者太大的反感，同时又是一种促销策略，因此在现代经营活动中运用越来越广泛。

表5-10 各种降价技巧

增加产品分量而价格不变
增加服务项目
改进产品性能
提高产品质量
馈赠礼品
增加折扣

案例 5-12

三位中年太太来到某大型商业步行街购物，其中李太太想为儿子买一套西服。售货员小王热情地为她介绍，当来到一套价格较低的西服前时，小王介绍说："这套西服现在买很划算，上个星期我们还卖2699元，现在厂家降价了，2399元就可以买到。"看得出来李太太对这套西服的价格还是挺满意的，但她想了想，问道："为什么一个星期就降价这么多啊，是不是质量有问题，或者这个款式年轻人不喜欢啊，那样的话我儿子肯定会不高兴的。"

还没等小王回答，听到两人对话的梁太太对李太太说："我听说厂家降价的产品要么是次品，要么就是没人买的，我觉得你还是再看看吧！"这时刚刚在店里东看西挑的林太太搭话了："哼，我买东西一定是挑名牌的，我一向都不买降价产品的，何况是你儿子办喜事用的，这也能买廉价货？"听了林太太的话，李太太脸上有点挂不住了，她笑着对小王说："不好意思，我还是不买这减价的了。"

小王一听，拿出另外一套西服对李太太说："恭喜您了，孩子要结婚，这套最合适了，这套西服质量非常好，穿起来高档笔挺，不过价格比刚刚那套贵了些，得2999元，不过我们公司有规定，凡是结婚购买的，可以赠送价值600元的礼物，您可以给新郎官搭配一件衬衣和领带啊！"三位太太一听，全都异口同声地说："这个好！"

课堂随笔

案例思考

第一套西服的价格与第二套西服的价格有什么差异？为什么三位太太接受了第二套西服？

二、被动调价

当市场上各家企业的产品差异较小的时候，消费者对价格的高低反应就会比较敏感。产品差异较大时，消费者就会考虑产品质量、服务、可靠性等其他因素，而对价格高低的反应就会较小。

1. 竞争者调价原因分析

企业在对竞争者的价格变动进行分析时必须要弄清以下问题。

（1）竞争者是调价的目的是什么？

（2）竞争者打算暂时改变价格还是永久改变价格？

（3）如果对竞争者的价格变动不做出反应，对本企业的市场占有率和利润率会有什么影响？

（4）其他企业会对竞争者价格调整做出怎样的反应？

（5）如果进行价格调整，竞争者及其他企业会做出怎样的反应？

2. 调价策略

调价策略如表 5-11 所示。

表5-11 调价策略及其适用情况

调 价 策 略	适 用 情 况
维持原有不变	市场对价格不敏感 保持价格不变,企业的市场份额不会明显下降 降价可能损失过多的企业利润
价格不变,调整其他策略	跟风降价容易陷入价格战 产品需求价格弹性较低 企业不愿损失利润,需要保持企业形象
降低价格	市场对价格敏感,维持原价会失去大批顾客 跟随降价能使产品销量和产量大幅增加,形成规模效应 市场份额一旦降低,将来很难恢复 降价可保持原有的竞争格局
提高价格	产品具有明显特色 产品品牌已有一定的知名度和美誉度 企业在行业中处于领先地位

企业的被动调价往往是在时间紧迫的情况下做出的,为了减少因仓促应变而带来的不利情况,企业可以建立一套预警系统,随时分析监测,并预先设计反应对策,这样才能在动态变化的环境中谋得生存和发展。

实战演练

任务实践1

在表 5-12 中填入相应的内容。

表5-12 间接提价技巧及其策划方案

间接提价技巧	策划方案	
	企业/产品	具体实施
压缩产品分量而价格不变	饮料类	将600毫升装改为550毫升,价格不变
使用便宜的材料或代用品		
减少或改变产品特点降低成本		
改变或减少服务项目	汽车美容	将全车清洗改为只清洗汽车外部,减少车内的清洁项目,而价格不变
使用低廉的包装材料		
缩小产品的尺寸、规格和型号		

任务实践2

在表 5-13 中填入相应的内容。

表5-13　降价技巧及其降价策划方案

降价技巧	策划方案	
	企业/产品	具体实施
增加产品分量而价格不变	方便食品	某方便面将100克面饼改为120克，价格不变
增加服务项目		
改进产品性能		
提高产品质量		购买某地旅游即赠送价值300元的移动充值卡
馈赠礼品	旅游类	
增加折扣		

项目·小结

　　定价方法，是指企业为了在目标市场上实现定价目标，而给产品制定一个基本价格或浮动范围的方法。企业定价方法包括成本导向定价法、竞争导向定价法、需求导向定价法。

　　产品定价策略主要有新产品定价策略、阶段定价策略、折扣定价策略、心理定价策略、相关品定价策略和地区定价策略。

　　影响企业对产品进行定价的主要因素有产品成本、市场需求及变化、市场竞争状况、商品的特点、企业的营销组合策略、通胀和利率的高低以及宏观经济环境等。

　　价格策划是指企业为了实现一定的营销目标，而协调处理企业内部各种价格关系的活动。

　　价格调整策划是指企业根据客观环境和市场形势的变化而对原有价格进行调整的策略，包括主动调整和被动调整。

实践与练习

1．选择题

（1）新产品定价策略主要有（　　）。

　　A．市场撇脂定价法　　　　B．市场渗透定价法

　　C．中间价格策略　　　　　D．成本定价法

（2）以下不属于心理定价策略的是（　　）。

    A．组合定价   B．尾数定价

    C．季节折扣   D．声望定价

（3）以下会影响企业定价的因素是（　　）。

    A．产品成本   B．市场需求及变化

    C．市场竞争状况   D．商品的特点

    E．企业的营销组合策略   F．通胀、利率的高低

2．思考题

（1）价格策划的原则有哪些？

（2）心理定价策略有哪些？

（3）间接提价有哪些技巧？

3．案例分析题

    成立于2014年年底的广州市钱大妈农产品有限公司，为家庭提供新鲜食材，以经营生鲜肉菜、果蔬及烧腊制品为主，品种近2000个，打着"钱大妈，不卖隔夜肉"的口号强势进军广州各大中社区生鲜市场。钱大妈秉承"不卖隔夜肉"的经营理念，推行"定时打折"机制，当天所有上架商品当日销售清空，保证每日肉菜的新鲜，吸引了不少社区居民按点"扫货"。钱大妈推行新型"定时打折"清货机制，将新鲜二字真正落到实处。每晚7点开始打9折，每隔半小时降低1折，时间越晚，折扣越低，直至当天晚上11点半，全场未卖出的商品免费派送，门店当日上架的所有商品当日清货，绝不过夜。

    请思考：该公司的价格策略是什么？

项目实训

1．课堂训练

主题：各因素对价格策略的影响

课时：2学时

地点：教室

过程设计：教师指定成本价、利润率及竞争状况和消费者需求状况，由学生进行价格策划。实训目的：

（1）巩固所学的知识。

（2）培养学生运用所学知识分析相关问题的能力。

（3）学生根据具体情况分析、制定和调整自己的价格策略，拓展学生的思维，提高分析、解决问题的能力。

（4）最大限度地调动学生的主体地位，体会共同学习的重要性。

2．实战演习

    分组走访多个超市或百货公司，对不同商家的同类产品进行价格调查，分析它们各自的定价策略。

    实战目的：培养学生的动手和动脑能力，在实践中巩固价格策划的知识和技能。

项目六

渠 道 策 划

知 识 点

分销渠道策划的程序；
消费品分销渠道的主要模式；
生产品分销渠道的主要模式。

技 能 点

消费品和生产品分销渠道模式的选择和设计。

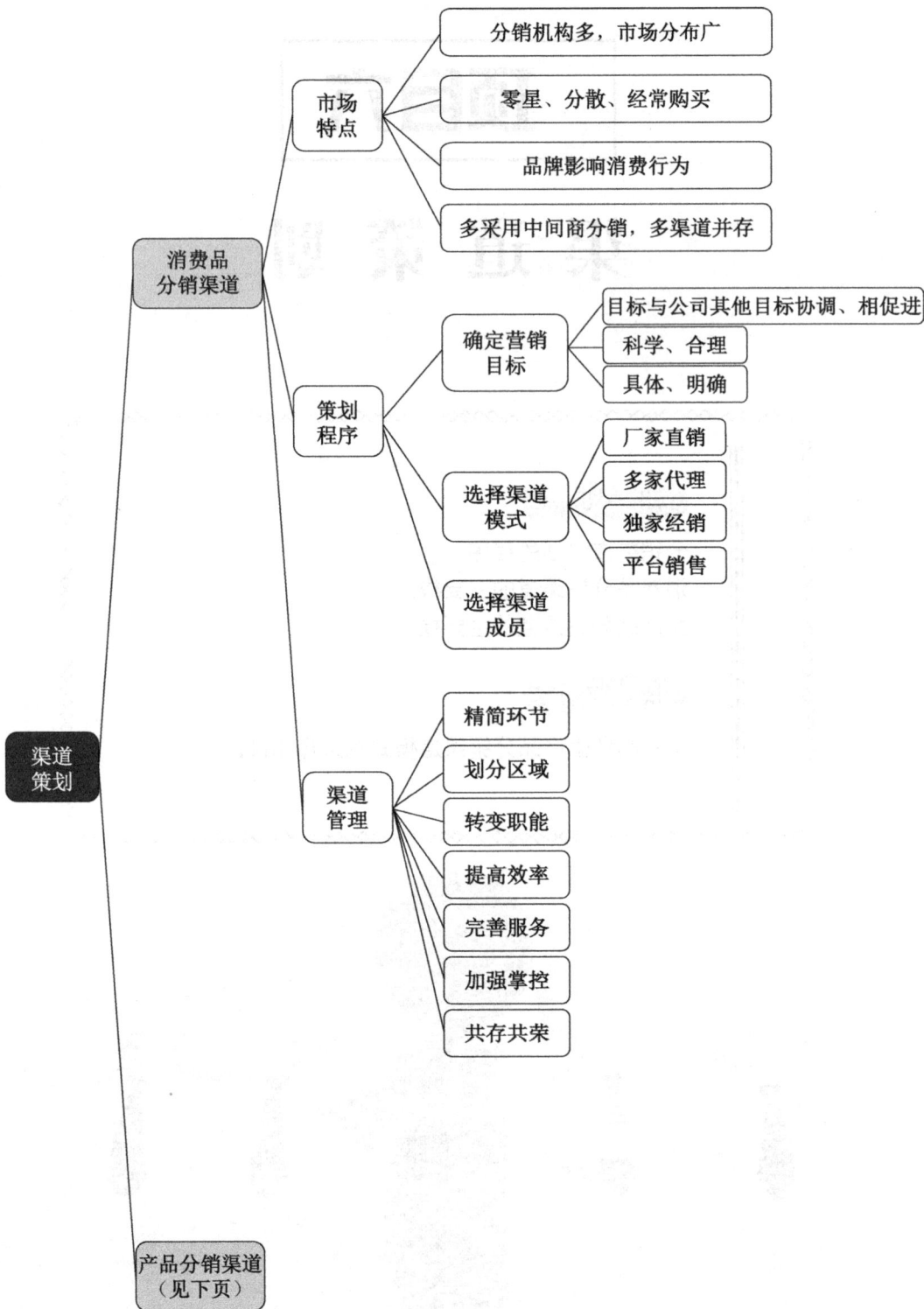

思 维 导 图

- 渠道策划
  - 消费品分销渠道
    - 市场特点
      - 分销机构多，市场分布广
      - 零星、分散、经常购买
      - 品牌影响消费行为
      - 多采用中间商分销，多渠道并存
    - 策划程序
      - 确定营销目标
        - 目标与公司其他目标协调、相促进
        - 科学、合理
        - 具体、明确
      - 选择渠道模式
        - 厂家直销
        - 多家代理
        - 独家经销
        - 平台销售
      - 选择渠道成员
    - 渠道管理
      - 精简环节
      - 划分区域
      - 转变职能
      - 提高效率
      - 完善服务
      - 加强掌控
      - 共存共荣
  - 产品分销渠道（见下页）

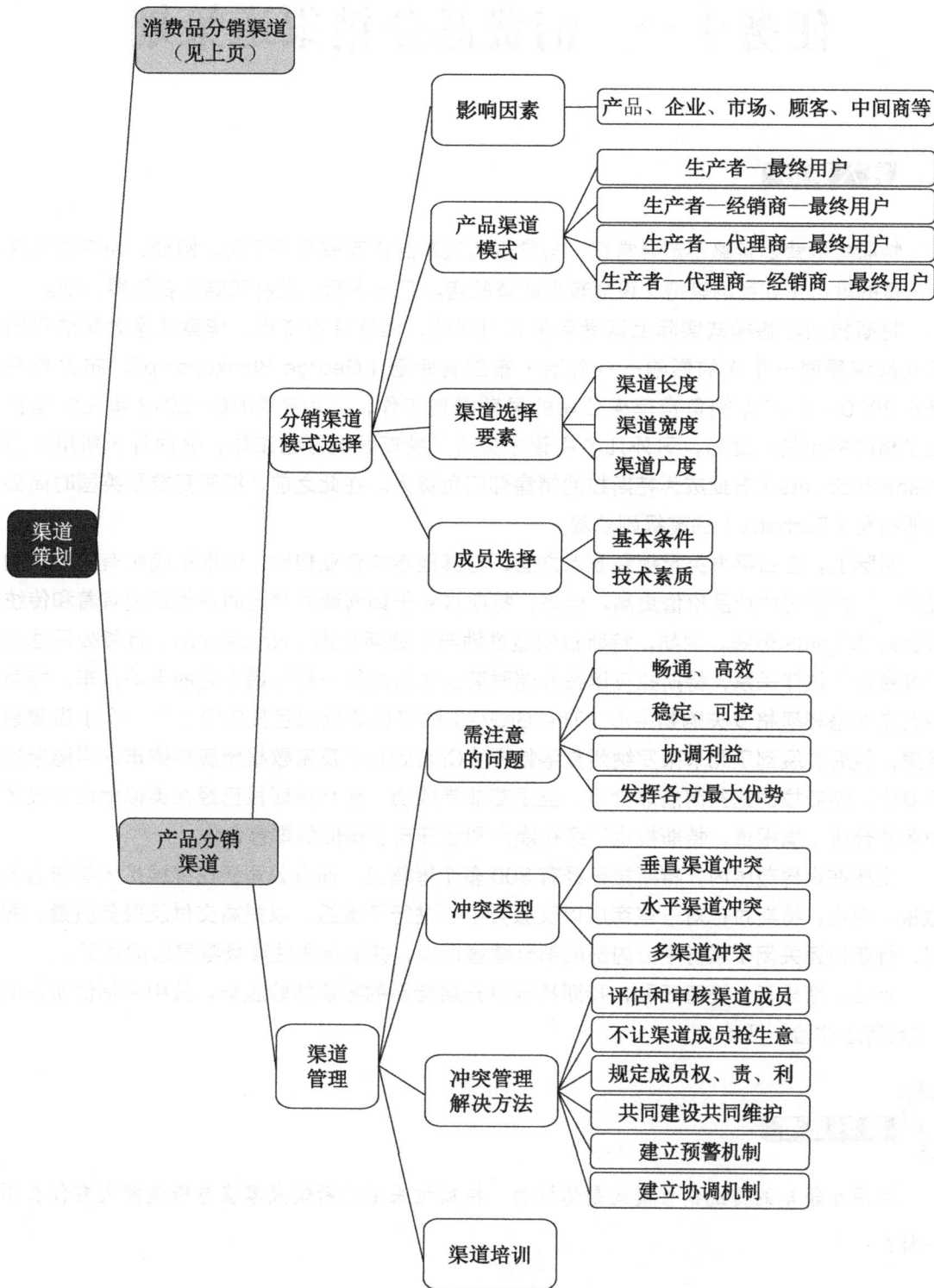

```
渠道
策划
├── 消费品分销渠道
│   （见上页）
│
├── 分销渠道
│   模式选择
│   ├── 影响因素 ── 产品、企业、市场、顾客、中间商等
│   ├── 产品渠道模式
│   │   ├── 生产者—最终用户
│   │   ├── 生产者—经销商—最终用户
│   │   ├── 生产者—代理商—最终用户
│   │   └── 生产者—代理商—经销商—最终用户
│   ├── 渠道选择要素
│   │   ├── 渠道长度
│   │   ├── 渠道宽度
│   │   └── 渠道广度
│   └── 成员选择
│       ├── 基本条件
│       └── 技术素质
│
└── 产品分销渠道
    └── 渠道管理
        ├── 需注意的问题
        │   ├── 畅通、高效
        │   ├── 稳定、可控
        │   ├── 协调利益
        │   └── 发挥各方最大优势
        ├── 冲突类型
        │   ├── 垂直渠道冲突
        │   ├── 水平渠道冲突
        │   └── 多渠道冲突
        ├── 冲突管理解决方法
        │   ├── 评估和审核渠道成员
        │   ├── 不让渠道成员抢生意
        │   ├── 规定成员权、责、利
        │   ├── 共同建设共同维护
        │   ├── 建立预警机制
        │   └── 建立协调机制
        └── 渠道培训
```

任务十一　消费品分销渠道策划

导入案例

特斯拉的营销策略不走寻常路，与常规的汽车制造商有显著不同。例如，特斯拉在高人流量的地区（如商场等地）设立较小的体验店。目前来看，这种策略正在取得成功。

特斯拉的零售模式实际上深受苹果公司影响，但这并不奇怪，毕竟两家公司的营销模式都深受同一个人的影响——乔治·布兰肯希普（George Blankenship）。布兰肯希普在 2000—2006 年间负责苹果公司的早期零售工作，之后在 2010—2013 年在特斯拉做了相同的事情。此后，另外几名高管才负责了特斯拉的零售工作，伽内什·斯里瓦兹（Ganesh Srivats）自此成为特斯拉的销售部门负责人。在此之前，斯里瓦兹是英国时尚公司博柏利（Burberry）的高级副总裁。

实际上，在每平方英尺销售收入方面，与其他零售企业相比，特斯拉确实有着巨大的优势，毕竟公司的产品价值更高。但是，特斯拉对于如何建立自己的销售渠道有着和传统渠道截然不同的想法。例如，特斯拉创造性地与诺德斯特姆（Nordstrom）百货公司达成了零售合作伙伴关系，特斯拉可以在高端时装店区域的某一部分销售它的电动汽车。特斯拉首先在洛杉矶格罗夫购物中心（The Grove）的诺德斯特姆百货店设立了一个小型零售店廊，随后扩展到了北卡莱罗纳州夏洛特市（Charlotte）及密歇根州底特律市的诺德斯特姆商店。特斯拉的这些商店非常小，但是却非常成功，而且特斯拉已经在类似地点开设了更多的分店；据报道，特斯拉也已经在澳大利亚开启了类似的零售合作。

现在在世界范围内，特斯拉已经有 300 多个零售点，而且公司还在继续扩大零售店的数量。现在，特斯拉已对一些商店以及服务中心进行了重组，以提高交付及服务质量。同时，特斯拉还关闭了服务中心内部的部分零售设施，并更加关注商场零售店的运营。

近日，斯里瓦兹还暗示称，特斯拉或将开启全新的零售体验服务，其中包括他所说的"自动商店体验"活动。

案例思考

家用小轿车的传统销售模式是怎样的？特斯拉采用的新模式零售与传统模式有什么不一样？

分销渠道策划是指为实现营销目标，对企业的营销渠道结构进行评估和选择，从而改进原有的营销渠道或开发出新型的营销渠道。分销渠道策划是市场营销决策者必须面临的现实问题，分销渠道策划的好坏往往决定一个公司经营的成败，是企业分销管理过程中具有决定性意义的一环。它直接关系到分销系统的功能的有效发挥，分销管理的任务能否顺利完成，最终影响到企业的市场营销目标的实现及营销策略的实施。

一、消费品的市场特点

从某种意义上讲，消费品供应是否充足、市场是否繁荣是衡量一个国家或地区经济发展水平和人民生活水平高低的重要标志。

什么是消费品？消费品是用来满足人们物质和文化生活需要的社会产品。消费者市场，是由那些为满足生活消费需要而购买商品的所有个人和家庭组成的。

消费品的市场具有以下特点。

（1）分销机构多，市场分布广。

消费品市场购买者众多，市场分散，成交次数频繁，但交易数量零星。因此绝大部分商品都是通过中间商销售产品，以方便消费者购买。

（2）消费过程是零星、分散的，需要经常购买。

由于它是供人们最终消费的产品，而购买者是个人或家庭，因而它更多地受到消费者个人人为因素（诸如文化修养、欣赏习惯、收入水平等方面）的影响；产品的花色多样、品种繁杂，产品的生命周期短；商品的专业技术性不强，替代品较多，因而商品的价格需求弹性较大，即价格变动对需求量的影响较大。

（3）产品的品牌对消费者购买行为有重要影响。

消费者的购买行为具有很大的可诱导性。一是因为消费者在决定采取购买行为时，不像生产品市场的购买决策那样常常受到生产特征的限制及国家政策和计划的影响，而是具有自发性、感情冲动性；二是消费品市场的购买者大多缺乏相应的商品知识和市场知识，其购买行为属非专业性购买，他们对产品的选择受广告、宣传的影响较大。由于消费者购买行为的可诱导性，生产和经营部门应注意做好商品的宣传广告，指导消费，一方面当好消费者的参谋，另一方面也要有效地引导消费者的购买行为。

（4）消费品多采用中间商的分销模式，一般是多种渠道并存。

案 例 6-1

丸万公司的打火机

在日本，打火机一般都在百货商店或附带卖香烟的杂货店里卖。可是，日本丸万公司在十几年前推出瓦斯打火机时，却将它交由钟表店销售。如今，日本的钟表店也都卖打火机，这在以前是根本没有的现象。钟表店一向被认为卖贵重商品的高级场所，在这里却卖打火机，人们一定会视它为高级商品。而在光线昏暗的杂货店、香烟店里，上面蒙着一层灰尘的打火机和摆在闪闪发光的钟表店中的打火机，这两者给人的印象当然是天壤之别了。丸万公司采取在钟表店销售打火机的方式收到了惊人的效果，他们的打火机十分畅销。由于采取的是反传统的销售渠道，使他们的打火机出尽风头，人们觉得丸万公司的打火机非常高级。目前，丸万公司的打火机已销售到世界各地。

案例思考

为什么消费者会认为丸万公司的打火机是高级商品？

二、消费品分销渠道策划的程序

日本丸万公司销售打火机的案例说明仅有好产品是远远不够的，必须建立、开发和设计一个有效的畅通的分销渠道。分销渠道是产品从制造商向消费者流转的通道。企业以不同的分销渠道销售同一种产品，其成本和利润往往相差甚远。因此，在竞争日趋激烈的市场上，如何选择快捷的分销渠道，就成了企业面临的最复杂和最富有挑战性的问题。

1. 确定营销目标

在进行分销渠道策划之前就必须有明确的营销目标，有了目标才能有的放矢。

确定营销目标三原则。

（1）制定出的营销目标必须与公司其他战略目标相协调、互相配合促进，绝不能相互违背、抵触。

（2）制定的营销目标要科学、合理，既不能过高，导致达不成目标，影响公司的决策和营销人员的士气；也不能过低，过低就不能给公司带来更高的经济效益，也不能激发营销人员的工作热情。

（3）营销目标要具体、明确，不要含含糊糊、模棱两可。

为此，在进行营销目标制定之前有必要熟悉公司其他相关策略、目标，了解市场发展状况，研究公司历史销售业绩和竞争对手的业绩和目标，设定一个预期目标，并讨论如何在此基础上确定最终目标。

2. 选择渠道模式

在选择渠道模式时，企业容易陷入两个误区：第一，对于渠道模式并不重视，看着别人怎么做自己就怎么做，盲目地跟随，这种做法往往导致企业资源的空置，错失企业发展的良机；第二，喜欢寻找所谓的"最佳模式"，总是认为有一种渠道模式是所有模式中最好的，这种做法常常会导致企业资源的无效投入，不仅浪费了大量的企业资源，还严重影响了企业的利润。

对于任何企业，在考虑渠道模式时，首先要考虑行业环境；而行业生命周期对于渠道模式也产生了巨大的影响。

案例 6-2

销售联网通四海

广东湛江家用电器公司吃尽了只管盲目生产、不问销售状况的单纯性生产的苦头。之后，他们吸取教训，自1980年起成立了拥有170多人的经营科，并围绕产品的销售，提出"四面出击，服务至上，直线销售"的十二字方针。第一是公司建立庞大的销售系统，并选择产品联销单位和代理人，采取"让利联营，赊账批发"等办法，使对方有利可图，乐意帮助公司开拓市场。这样一来，生意越做越大，经销科的推销员不辞劳苦，足迹遍布长城内外、大江南北。他们可以随时拍板做生意，花钱登广告，并根据实际情况，灵活确定联营单位和代理人。第二是服务至上，对市场进行高强度渗透。公司在遍布全国的销售量较大的地方建立了100多个维修站，为本公司产品专营维修服务和一年保修，使顾客有了购买安全感。第三是全国联网，掌握市场。全国1000多个联营销售点联成一体，其中任何一个销售点都可凭公司的电话或电报到另一个销售点以出厂价调货，既可使他们互通有无，掌握市场，发展市场，也避免了脱销和积压现象。

课堂随笔

案例思考

广东湛江家用电器公司运用了什么销售方法？这种方法的好处何在？

培育期：处于培育期的行业，方兴未艾，客户的需求有待激发。处在这个阶段的行业中的企业，各方面都应力求"简单有效"；而在选择渠道模式的时候，应当重点考虑大代理。

成长期：行业发展迅速，客户的需求被有效开发，行业容量迅速增大，也吸引了大量企业进入行业，市场竞争越发激烈。但即使有大量的企业涌入，由于市场蛋糕的不断增大，企业也有着比较理想的自然增长。处在这个阶段的企业，应从扩张角度出发，重点考虑实行广泛的分销，精耕细作，扩大企业与客户接触的面积，同时加强对渠道的帮扶力度，在有效利用渠道力量的同时培育乃至掌控渠道。甚至在增加渠道、终端数量的时候，可以不计成本，中国企业发展史上著名的"自营终端"均发生在行业成长期。

成熟期：行业容量接近饱和，仍然有大量的企业涌入，同时大量的企业退出该行业，优势企业集团出现。企业发展减缓但比较稳定，在渠道模式方面已经很难谋求更大的突破。此时的企业，应重点考虑完善企业渠道管理制度，促使渠道迅速走向成熟，加强对渠道的掌控并逐渐减小对渠道的支持力度。

衰退期：行业容量完全饱和，半垄断性企业形成，企业的自然发展基本停滞。处在这个阶段的企业，继续维持庞大的渠道开支将有力不从心的感觉，应及早下手，减小渠道模式，逐渐回归大代理方向。而此时的大代理与行业培育期的最大不同在于：此时企业掌握了大量的渠道下游资源，通过很小的投入即可以掌控渠道。

当然，以上渠道模式仅为企业最初考虑的方向；在选择渠道模式的时候，不仅仅考虑行业的发展周期，同时也应当考虑产品的特性。不同的产品应选择不同的渠道模式，处于不同阶段的产品也应选择不同的渠道模式。例如快速消费品和工业品，在选择渠道模式的时候，由于产品特性的不同，所选择的渠道模式往往完全不同。

对于快速消费品，消费群体巨大，消费频率高，消费地点复杂。对于这种产品，即使在行业的培育期，在考虑大代理模式的同时，也应适当缩小代理区域的划分，增加代理数目。

产品特性不仅仅包括产品自身的性质，同时包括了消费者购买产品的动机、频率、时间、地点、决策因素，以及产品的销售特性等一系列与产品相关的内容。

因此，即使同一个行业中的产品，也会因为产品特性的不同而采取不同的渠道模式。

无锡健特的脑白金与安利的纽崔莱同属保健品，由于产品特性不同，两种产品选择了不同的渠道模式。脑白金有着广泛的销售网络，大到百货公司、商场超市，小到药房药店，都可以看到它的身影，这属于广泛分销的渠道模式；安利纽崔莱利用庞大的营销队伍，属于单一的直销模式。

即使对于同一个产品，在不同的阶段也应采取不同的渠道模式，以适应企业资源的瓶颈。

明达企业的混合饮料，属于快速消费品，目前行业处在成长期。对于这种产品，在上市的初期阶段，重点考虑选择局部区域进行广泛分销，同时在其他区域实行大代理模式。而当产品上市工作逐渐完成后，明达企业即改变策略，取消大代理，进行广泛分销。

在综合考虑行业周期与产品特性之后，初步的渠道模式已经确定；但是，此时的企业不应匆匆做决定，而应考虑第三个问题——投入与回报。

渠道必将伴随着投入，而这种投入可以视作一种风险投资。对于风险投资来说，存在两种预期：长期投入与短期效益。在选择渠道模式的时候，应考虑企业的风险承担能力，以提高渠道模式与企业资源的适应度。

以上三步完成后，并不代表企业的渠道模式已经确定。而只是分别从行业、产品、风险三个角度出发，实现渠道模式的确定。选择渠道模式的时候必须考虑企业资源的匹配性，这也是渠道模式最关键的指标之一。一般来说，前三步可以找到一个比较理想的渠道模式；在企业资源不匹配的情况下，企业可以考虑进行试点运营，在完善模式的同时培养经验与队伍，提高企业的资源广度与深度以谋求与理想渠道模式的匹配程度。

在对企业资源进行评估的过程中，需要重点判断企业的以下几个因素：企业资金储备、企业组织结构、目前的团队、员工技能等。

因此，企业选择渠道模式的过程实际上是一个系统工程；企业应适当考虑各种渠道模式对于企业的适应性，有步骤地选择出最适合企业的渠道模式。

常用的日用消费品分销渠道模式有以下几种。

（1）厂家直供模式。

厂家直供模式是生产厂家直接将产品供应给终端渠道进行销售的渠道模式。这种模式具有渠道短、信息反应快、服务及时、价格稳定、促销到位、易于控制的优点。

（2）多家代理（经销）模式。

多家代理模式是生产厂家选择多家经销商来构建庞大的销售网络的一种分销模式，这种模式适用于知名度不高或新上市的产品。这种模式的优点是市场覆盖率高、销售面广、市场渗透能力强、各级渠道成员职责分明、网络较大等。

（3）独家经销（代理）模式。

这是企业在选择代理商的时候在某个区域只选择一个代理商，再由代理商来建立渠道系统的分销模式。这种分销模式的优点是开拓市场较容易、厂家与经销商易达成共识、能最大限度地调动经销商的积极性、产品价格较稳定等。

（4）平台式销售模式。

生产厂家以产品的分装厂为核心，由分装厂负责建立经营部，负责直接向各个零售点供应商品的分销模式。这种模式适用于人口密集、交通便利的大城市，它的优点是责任区域明确、严格；服务半径小，送货及时；服务周到；网络稳定、消费群基础扎实；受低价窜货影响小，适合进行深度分销等。

一般来说，在选择渠道模式时，首先通过行业发展周期初步筛选，结合产品特性进行第二次筛选，最后通过投入回报比进行综合评定，同时结合企业资源作出决策。不同的发展阶段，企业应采取不同的行动，以实现渠道模式的优化，如图6-1所示。

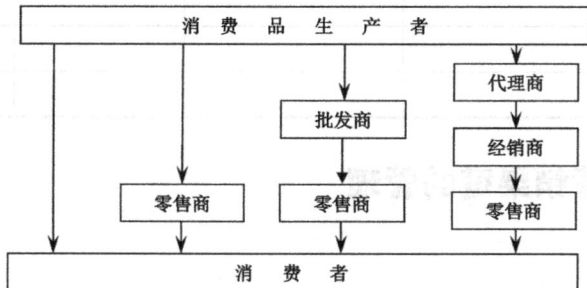

图6-1 消费品销售渠道结构

3. 选择渠道成员

确定了渠道模式之后，就要选出适合公司渠道结构的能有效帮助完成公司营销目标的营销合作伙伴，即选择中间商。除直营销售外，其他渠道模式都需要对渠道成员进行选择。然而，对渠道成员的选择未必是渠道策划的产物，在渠道结构没发生变化，不需要新的渠道策划时也常常需要面临渠道成员的选择。这主要存在于两种情况：一是如果现有的渠道成员流失或渠道成员不能胜任营销工作了，公司为了完成营销目标就必须重新选择渠道成员；二是如果公司的营销市场区域扩大，就需要更多的渠道成员去完成市场营销工作。

渠道成员的选择非常重要，渠道成员往往决定着公司的营销渠道是否畅通、高效；决定公司的营销目标是否能完成；决定公司营销成本的高低、顾客服务是否满意。渠道成员选择的重要性与公司营销密度息息相关。公司的营销密度越小，渠道成员的选择越重要。

因为营销密度小，渠道成员就相对少，各自承担的渠道任务就越重，它们的成败往往决定了公司的营销成败，风险成本高，而且，一旦选好渠道成员，就意味着丧失了使用其他渠道成员的机会，增加了机会成本。在渠道成员相对密集的情况下，个别渠道成员的好坏、去留不会影响到整个营销渠道的正常运行，正所谓"多一个不多，少一个不少"。例如，广州某公司在选择中间商时，首先要求中间商填写一份调查表，然后再根据调查表派人进行实地考察，最后再讨论定夺。调查表如表6-1所示。

表6-1　广州某公司中间商资料调查表

省　　　　　　　　年　　月　　日　（星期　）

基本情况	公司店铺名称	负责人姓名	手机/电话	传真号码	
	营业地址	仓库地址/面积	开业年限	员工数	车辆数
批发辖区	主要区域	次要区域	主要品牌	下游客户数	
				1. 批发商___家 2. 零售商___家	
财产状况	店铺	住房	其他财产	其他投资事业	
	1. 租赁____处 2. 自有____处	1. 租赁____处 2. 自有____处			
公司业务员建议			备注	公司总部审核	
				总经理	
				副总经理	
				业务经理	

三、消费品营销渠道的管理

案 例 6-3

莲花味精的渠道选择

莲花味精公司是我国最大的味精生产基地，在市场中具有较高的品牌认知度和市场占有率。然而作为调味品，尽管每家每户都需要，但是消费者的购买频率低，每次购买的数量也相对较小。因此，企业没有必要也不可能采用直接建立销售网络体系这样的高成本销售方式，因此企业必须寻找和开辟更适合产品销售特点的销售渠道。

在实践中，莲花味精选择各地有较强分销能力的食品批发企业作为销售代理，通过代理公司将产品摆放在包括便利店、超市、仓储式商店及各类食品商店的货架上，并由此将莲花味精送上了千家万户的餐桌。

其决策的依据如下：

（1）作为一种派生需求，消费者一般是在出售食品特别是副食品的商店中购买味精品，因此选择各类食品商店作为销售场所。

（2）作为购买频率较低和数量较小，但又是消费者经常需要的商品，消费者对购买产品的便利性要求较高，企业应该具有较高密度的销售网点，能够最大限度地为购买提供便利。

（3）大多数经营副食品的零售商店，其销售规模和经营实力都比较小，没有能力和渠道从生产企业获得稳定的货源，进货渠道主要是依赖当地的各种食品批发公司。因此，在进入和占领市场时，借助具有较强分销能力的食品批发公司，通过食品批发公司及其分销系统，来达到企业的市场目标。

在实际操作中，莲花味精制定了"借船出海"的销售渠道策略，即在各个区域市场中选择一些具有较强分销能力的食品批发公司，并与之建立起地区销售总代理关系，利用批发公司的既有销售渠道迅速进入和占领市场。

课堂随笔

案例思考

莲花味精厂运用了什么销售方法？这种方法的好处何在？

消费品要求渠道拥有庞大的终端，能够承担相应产品数量的分销，并且渠道必须承受很低的利润率，在这种情况下，消费品传统上采用的是经销渠道，通过一层或多层经销商把产品从生产商的手中转移到消费者手中。要保证传统渠道的效率和效果，有时要对传统渠道进行改进。消费品销售渠道管理模式如图6-2所示。

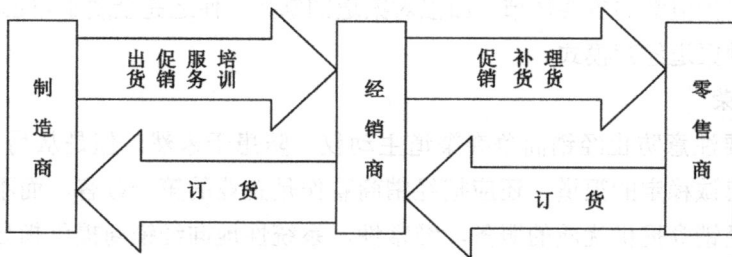

图6-2 消费品销售渠道管理模式

1. 精简环节

首先是对市场上的经销商进行一次筛选，把忠诚度、管理水平、人员素质、开拓能力、服务功能等较差的分销商清理出市场。结合市场上最优秀的渠道进行一场变革，让最优秀的经销商获得更多的资源，用来支持渠道价值链增值和足够的规模来分摊渠道运营成本，以实现渠道运作的利润最大化，增加渠道的驱动力。

2. 划分区域

在产品有效的销售半径内，划分出各个独立的经销区域，每个区域的范围大小是根据负责该区域经销商的实力、有效配送半径、网点数量、市场特点、产品结构、通路成本等因素而定，该经销商根据市场的需要建设网络，组织人力、货源进行配送服务。通过对整个市场进行合理划分区域，有效地优化资源配置，使留在渠道中的每个经销商都有自己合适的销售区域，为该经销商的功能向单一的配送转变打下基础。

3. 转变职能

变革后的渠道经销商和原有经销商的区别是有所为有所不为，把原先由经销商掌控的部分功能重新移交给企业，例如终端定价、销售范围等关系到整个渠道运作，而经销商又无力控制的关键因素。经销商排除干扰，把精力和资源放到分销过程和分销通路，全方位、全过程、全封闭地对终端实施精耕细作，使企业产品快速导入、渗透市场。

4. 提高效率

改造后的渠道比以往更能控制终端，通过有效推行各种营销政策，保证渠道的合理利润，以达到提高渠道效率的最终目的。经销商被固定在某一区域内，企业能够进行加强价格检查与管理，防范私自降低或提高价格、窜货行为，维护正常稳定的价格秩序，提高企业对价格的掌控力，通过统一各个环节上的价格，使各个通路环节、成员利润最大化，保证了渠道的通路利润，形成渠道的驱动力，使渠道的效率发挥出来。

5. 完善服务

经销商完成向单一配送职能的转变，管理也要完成由粗放型向精细化的转变。通过完善订单、配送、账期、促销资源、建立终端客户档案等进行有序管理，使经销商向专业化、公司化发展。

6. 加强掌控

站在企业的角度来考虑，渠道的失控会对自身的发展产生限制，企业需要在变革中牢牢地把握住营销价值链的重要环节，加强对渠道的掌控，使之完全属于自己，不断地固化、扩展和提升这种渠道经营模式。

7. 共存共荣

前面讲到要注意防止经销商争夺渠道主动权，防患于未然，但是从另一个角度出发，为了建立一个忠诚稳定的渠道，还应把经销商看作是企业的第一顾客，而不是简单的利益利用。通过向经销商提供优质的服务，经常性、系统性地向经销商提供指导和培训，融合企业与经销商双方的理念，建立一种共存共荣的伙伴式关系，使企业与经销商的合作基础更加稳固。

案 例 6-4

奥妮借新品牌整合经销商

奥妮是重庆一家生产洗发用品的企业，曾经名噪一时。然而，由于渠道策略原因，奥妮销售始终在低谷徘徊。调查发现：在大型超市众多品牌中，奥妮的产品总是摆在洗发水货架中最不起眼的位置上，即使在一些中小超市里，奥妮也争不到主动权。进场费、导购费等支出，阻碍了奥妮在大中城市通过卖场进行渗透。公司曾经从泰国引进国内独家代理的产品——印度按摩沐浴露"西亚斯"，但由于其渠道策略没有摆脱奥妮的老路，难以被市场认可。"我们没法与奥妮合作，他们总是将经销商撇在一旁自己做市场。日化这个行业变化快，奥妮不依靠经销商，全国市场这么大，怎么顾得过来。"一家经销商这样说。2002年，奥妮开始重组。新的执行总裁推出了新的黄连除菌产品。除了大做广告外，还提出了"共胜营销"的理念。让经销商参与公司的市场活动，包括市场管理、终端网络建设、地方媒体投放等，经销商都参与合作。以前销售经理做的很多工作是卖场工作，但现在最大的工作是帮助经销商赚钱。至此，奥妮的渠道策略已经很明确——黄连除菌不止是奥妮的新品牌、新产品，更是其吸引经销商、改变渠道策略的一个工具。"有钱赚，我当然做啦！"一个经销商表态。经销商看中的是利润，而奥妮看中的是经销商手中的分销网络和这么多年市场打拼的终端经验和关系网。

课堂随笔

案例思考

1. 奥妮不用经销商而用零售商销售产品的利弊何在？
2. 根据奥妮的渠道特性，你觉得它应该采用什么样的渠道沟通策略？为什么？

实战演练

任务实践1

海尔营销渠道模式最大的特点就在于海尔几乎在全国每个省市都建立了自己的销售分公司——海尔工贸公司。海尔工贸公司直接向零售商供货并提供相应支持，而且将很多零售商改造成了海尔工贸公司。当然海尔也有一些批发商，但海尔分销网络的重点并不是批发商，而是更希望和零售商直接做生意，构建一个属于自己的零售分销体系。

请你画出海尔的销售渠道结构图。

任务实践2

如果你是海南西瓜生产基地的瓜农，请为你的西瓜策划一个渠道模式。

任务十二　产品分销渠道策划

导入案例

　　广东志高空调股份有限公司前身只是一家空调维修商，从 1998 年开始生产空调，经过短短几年，销售增长迅速，从零起步到 2001 年销售量 30 万台，远远超过行业平均发展水平，其营销渠道模式因此被越来越多地关注，尤其是一些中小制造商，志高模式可以说是他们效仿的主要对象。志高模式的特点在于对经销商的倚重。志高公司在建立全国营销网络时，一般是在各省、市寻找一个非常有实力的经销商作为总代理，把全部销售工作交给总代理商。这个总代理商可能是一家公司，也可能由 2～3 家经销商联合组成，志高公司在其中没有利益，双方只是客户关系，总代理商可以发展多家批发商或直接向零售商供货。

案例思考

（1）画出志高公司的营销渠道网络图。

（2）志高公司负责发展渠道中的哪一层？

（3）志高模式的重点是什么？

在产品市场，营销渠道仍是产品流向最终用户的主要通道。但产品市场不同于消费品市场，它有其自身的特征，因此，生产品营销渠道在渠道类型、渠道策略、渠道成员等方面与消费品都有所区别。随着产品技术日趋成熟，市场竞争日趋激烈，许多厂商开始对分销渠道进行转型，产品渠道呈现出扁平化、增值化和电子化、信息化的发展趋势。

一、产品分销渠道模式选择

1. 影响产品分销渠道模式选择的因素

企业决定所用分销渠道的长短、宽窄以及是否使用多重渠道，要受到一系列主、客观因素的制约。从销售渠道策划的角度来说，市场营销人员要考虑以下问题：分销的是何种产品，面对的是何种市场，顾客购买有何特点，以及企业的资源、战略，中间商的状况。一般情况下，影响渠道模式选择的因素有产品、市场、顾客、企业自身及中间商等因素。

2. 产品渠道模式选择

因为少了零售商的参与，产品的渠道相对简单一些，通常生产企业采用直接销售或委托经销商、代理商的方式。产品一般有四种销售渠道，如图6-3所示。

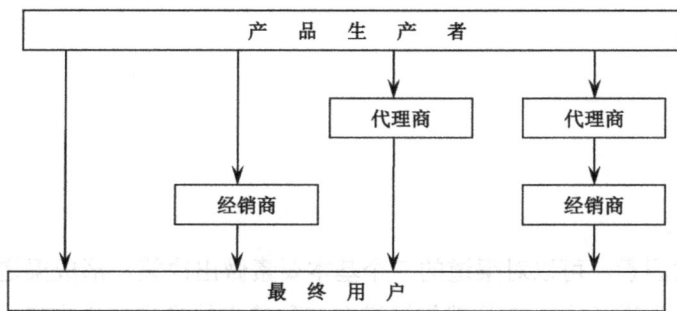

图6-3　产品销售渠道模式

（1）生产者→最终用户。这种销售渠道是工业品生产企业产品销售的主要选择，尤其是生产大型机器设备的企业，大都直接将产品销售给最终用户。

（2）生产者→经销商→最终用户。通过工业品经销商将产品出售给最终用户的生产者，往往是那些生产普通机器设备及附属设备的企业。

（3）生产者→代理商→最终用户。如果生产企业要开发情况不够熟悉的新市场，设置销售机构的费用太高或缺乏销售经验，也许先在当地寻找一个代理商为企业销售产品更为合适。

（4）生产者→代理商→经销商→最终用户。选择这种销售渠道与上一种有相同的前提，如果再加上市场不够均衡，有的地区用户多，有的地区用户少，就有必要利用经销商分散存货。

案例 6-5

刘老板是广东中山某著名家居照明企业在北方某市的经销商，2017年国际连锁超卖巨头——百安居进驻该市，这使他受到了前所未有的冲击：首先，他原有的下级零售客户生意萎缩，传统终端的销售量越来越少；其次，零售价格在百安居的影响下不断降低，经销商的利润空间被压缩；最后，厂家应百安居要求开始直供，但是这部分销量不能记入他的返利销量中。刘老板跟厂家进行洽谈，要求厂家停止直供，并管控价格，增加返利幅度。但厂家的回答是：传统的灯具市场萎缩，百安居销量越来越大，并有继续扩大的势头，如果不重视百安居这个分销渠道，竞争对手就会抢先进入，可能整个市场丢了，而且供给经销商的价格已经比直供百安居的价格低了许多，不能再降价了。

案例思考

1. 批发商面临哪些挑战？应如何应对挑战，获得生存与发展？
2. 在生产厂家的角度而言，应如何进行渠道的设计和管理？

课堂随笔

综合考虑各项因素，可以对渠道的三个基本要素做出决策，形成渠道模式选择方案。

第一个要素是渠道长度。产品销售渠道有三种基本的类型：生产者—产品用户；生产者—代理商或者经销商—产品用户；生产者—代理商—经销商—产品用户。首先应决定是采用直销还是分销。

直销是企业采用产销合一的经营方式，即生产者—产品用户，商品从生产领域转移到消费领域时不经过任何中间环节，企业通过自己的销售人员来完成销售的全过程。直营销售的主要方式可以是企业销售人员直接面对终端客户推销，也可以是电子商务、客户推介、行业推介等。

分销是指商品从生产领域转移到用户手中要经过若干中间商的销售渠道。渠道中可能有一个或多个中间商，这些中间商主要有代理商、经销商、零售商等。企业通过中间商为终端客户提供产品或服务。

直营销售具有及时、中间费用少、便于控制价格、及时了解市场、有利于提供服务等优点，但是此渠道模式会使生产者投入较大的物力、人力、精力和财力，所以消费范围广、市场规模大的商品，不宜采用直营销售。分销由于有中间商加入，企业可以利用中间商的知识、经验、关系和营销网络，从而起到简化交易，缩短买卖时间，降低渠道建设开支，企业可以集中人力、财力和物力发展生产，以增强产品的竞争力。

适合采取直营销售渠道策略：市场集中，销售范围小；技术性高或者制造成本大的产品，以及易变质或者易破损的产品、定制品等；企业自身有市场营销技术，管理能力较强，经验丰富，财力雄厚，或者需要高度控制产品的营销情况。

反之，在以下情况中适合采取分销策略：市场分散，销售范围广；非技术性或者制造成本小的商品，以及不易变质及非易碎商品等；企业自身缺乏市场营销的技术和经验，管理能力较差，财力薄弱，对其商品和市场营销的控制要求不高。

如果选择采用分销模式还需要权衡是选取长渠道还是短渠道。

适合采取短渠道销售策略的情况：从产品的特点来看，易腐、易损、价格贵、不便储运，高度时尚、新潮，售后服务要求高而且技术性强；零售市场相对集中，需求数量大；企业的销售能力强，推销人员素质好，资产雄厚，或者增加的收益能够补偿花费的销售费用。

反之，在以下情况下适合采取长渠道策略：从产品特点来看，非易腐、易损、价格低、储运方便、选择性不强、技术要求不高；零售市场较为分散，各市场需求量较小；企业的销售能力弱，推销人员素质较差，缺乏资金，或者增加的收入不能补偿多花费的销售费用。

总体来说，长渠道难以管理且渠道成本较高，但市场覆盖面大；短渠道则刚好相反，市场覆盖面有限，但是易于控制，渠道成本相对较低。

第二个要素是渠道宽度。营销渠道的宽窄，就是企业确定横向由多少中间商来经营某种商品，即决定营销渠道的每个层次（环节）适用同种类型的中间商的数目是多少。一般情况下，有独家分销、密集分销和选择性分销三种。

独家分销是生产企业只选择一家中间商，实行独家代理，全权销售公司产品。在一般情况下，生产企业在特定的市场范围内，不能再通过其他中间商来推销这种商品；但选定的经销商还可以经营其他同类的产品。生产企业和中间商双方通过签订协议做出明确的规定，这种策略主要适合某些特殊的工业品，以及具有独特风格的某些商品，例如需要进行售后服务的电器商品以及需要进行现场操作表演并介绍使用方法的产品，或者企业无能力去销售的产品。采用这种策略，有利于调动中间商更积极地去推销商品，同时，生产企业可以集中精力做好生产和产品的更新换代等。

密集分销是由于企业的商品数量很大而市场面又广，为了能够使商品得到广泛的推销，使用户随时都可以买到这种商品，才需要采用这种策略。例如，广泛通用的工业原材料、零配件及半成品等可以采取这种策略。采用这种策略，生产企业应该负担较多的广告费和促销费，以调动中间商的积极性，扩大企业品牌的知名度和影响力。

选择性分销是生产企业有选择地精心挑选一部分代理商或经销商来经营自己的产品，采用这种策略，由于中间商数目较少，有利于厂商之间相互紧密协作，同时，也能够使生产企业降低销售费用、提高控制能力，这种策略适用面较广，例如主要设备、辅助设备、企业服务等。而中间商的具体数目，应该根据具体情况而定，一般来说，应该既要使中间商有足够的市场面，又要保证企业的产品能够及时地销售出去。

独家分销的特点是竞争程度低，市场覆盖程度低。如采用密集分销，则渠道成员之间的竞争程度和产品市场覆盖率都很高，密集分销适用于大众化产品。选择性分销比密集分销更能争取得到渠道成员的支持，比起独家分销来又能给消费者带来更大的方便，并且能有适度的市场覆盖和竞争。

第三个要素是渠道广度。对于渠道广度的决策，往往要求渠道设计人员在渠道的单一性和多元性之间做出选择。目前，许多大型工业品厂商尤其是产品差别较大的厂商，基本都采用了多种渠道的组合，也就是采取了混合渠道。

案例 6-6

丰田公司的销售网

丰田公司曾经一度债台高筑，濒临破产，公司接受了日本中央银行建议，将汽车生产公司与销售公司分开。石田退三主管生产公司，神谷正太郎一心一意管理销售公司。由于公司分开，各行其职，销售公司可以自行决定推销方式，表现出了高度的灵活性和强大的活力。

销售公司为了促进销售，建立了"推销责任区域制度"。这种制度就是在全丰田系统成立特约经销点，并根据汽车的类型，将经销店分为"丰田店""小丰田店""奥特牌店""花冠牌店"。共有经销店252个，下属营业所2 850个，共有推销员28 000多名，形成了庞大的销售网络和推销员队伍。在此基础上，明确划分出每一个经销店所属营业所的现有区域和每个推销员所负责的经销地段，使公司的流通网点星罗棋布。

为了牢牢控制住现有区域，公司制定了《责任区访问法》。访问法的主要内容是挨区访问，挨户访问，争取不漏一家一户，按行业一个一个访问，收集各行业购买汽车的情报资料；针对购买汽车的大主顾，进行重点访问，此外，还根据季节、汽车种类而进行访问。

为了保证责任区最大限度地销售汽车，销售公司给推销员制定了销售额。公司根据每个推销员的具体情况以及他们所在地段，按月下达销售数额。经销店要求每个推销员必须完成自己的销售数额。这种科学的分工、严格的管理、合理的网点布局，为丰田公司数以百万计的汽车能源源不断的出售创造了条件。

课堂随笔

案例思考

丰田公司建立了什么制度扭转了其被动的局面？

3. 渠道成员的选择

如图6-4所示为选择渠道成员的主要评估指标。

由于生产品的技术含量和专业性等特点，厂商选择渠道成员在关注其基本条件和市场能力的同时，更注重渠道成员的专业背景、从业人员的专业素养、行业行销经验等技术素质。

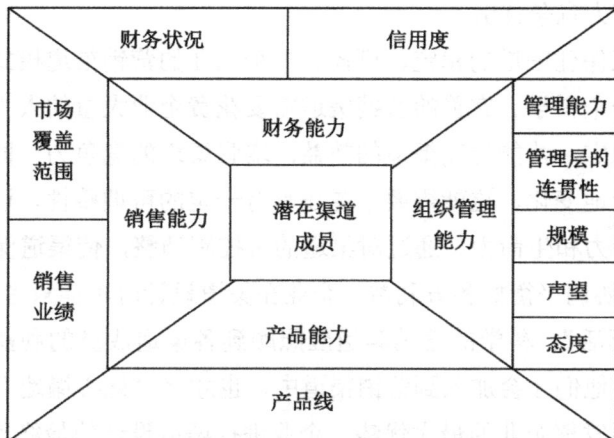

图6-4 选择渠道成员的主要评估指标

（1）对基本条件的要求。

作为最基本的要求，在选择渠道成员时，产品厂商与普通产品厂商相似，其中包括信誉好坏、财务实力、获利能力、经营管理水平、业务人员素质以及经营范围等。

（2）对技术素质的要求。

以前，产品厂商选择渠道成员时最关心的是其有没有资金，能不能提货，但现在厂商则越来越多地规定在技术上的最低进入门槛。产品渠道成员的技术素质包括增值服务能力、培训能力和行业从业经验，这是它们取得产品厂商的授权资格并成功销售的关键。

对渠道成员的选择是实施渠道策划与管理的基础。如果没有合适的、合格的渠道成员，一切渠道策划与管理措施都将成为空谈。

二、产品营销渠道的管理

产品渠道成员的管理操作如图6-5所示。

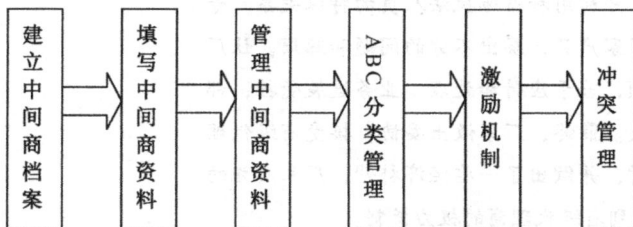

图6-5 渠道成员的管理操作图

1. 渠道策划与管理应注意的几个问题

（1）渠道策划应保持渠道的畅通、高效。畅通、高效是渠道策划的首要考虑因素，只有畅通、高效的营销渠道才能将产品尽快、尽好、尽早地以最短的流通路线，花费最低的营销费用，送达消费者方便购买的地方。以此提高渠道流通效率，降低营销费用，获取更大经济效益，赢得有力竞争优势。

（2）渠道策划应保证渠道的稳定、可控。一个企业的营销渠道模式一旦确定就不会轻易改变，因为建立一个科学、完善的营销渠道需要花费企业大量的人力、物力和财力，只有保证渠道的相对稳定，才能提高渠道的效益，增强渠道的竞争力。同时，由于影响渠道的各种因素都在不断地变化，这就需要渠道还具有一定的可调整性，以适应市场环境的变化，保持渠道的适应力和生命力。通过对渠道的可控制调整，使渠道保持相对的稳定。

（3）渠道策划要协调平衡好各方利益。企业在渠道设计时不能只考虑企业自身的利益，而不顾中间商的"死活"。科学的营销渠道应照顾到各渠道成员的利益，只有渠道成员有利可图，有钱可赚，他们才会加入到营销渠道中，也才会"死心塌地"地为企业服务。

（4）渠道策划要发挥企业的最大优势。企业进行渠道设计的最终目的就是要通过渠道优势，获得企业整体竞争优势。所以在渠道设计时要充分利用企业优势资源，整合产品策略、价值策略、服务策略、关系策略、风险策略等企业资源。

案 例 6-7

农药厂家的渠道改革

2008 年年底，某农药厂家决定在公司所在省份实施厂家直供模式，即和零售商直接合作，不再保留省级代理商，公司营销负责人和省级代理商有过几次简单沟通和安抚，但没有做具体的市场交接工作，因该代理商库存产品数量较多，且部分产品已经过期，尽管代理商一再要求全部退货，厂家营销负责人在含糊其辞中未给予明确答复，厂家业务员尽管有顾虑，但最终未采取任何预防措施，迫于新模式和销售的压力，很快就投入到市场工作中。然而不到一个月的时间，就发生了一些让厂家始料未及的事情：合作的零售商意见很大，部分零售商甚至全部退货，不愿意继续合作，表示厂家供货的价格太高，有执法人员专门来抽查厂家的产品，经过厂家业务员的询问和调查才了解到，省级代理商低价抛货给厂家合作的零售商，要求其核心零售商不要和该厂家合作，诋毁该厂家的产品，并利用和当地执法人员的特殊关系，专门到基层抽查该厂家产品，层出不穷的问题和麻烦，让厂家业务员焦头烂额，苦于应付和处理，业务进展受挫，部分业务员开始流失。最终，厂家做出妥协，接受省级代理商的全部库存退货，并做出了一些经济补偿，厂家实施的直供模式才没有受到省级代理商的极力抵制。

课堂随笔

案例思考

该农药厂在渠道改进中的做法出现了什么问题？

2. 渠道冲突管理

除了对渠道成员的选择外，渠道策划中还需要注重对渠道的有效管理，以此来提高渠道的绩效，增强渠道的活力。因为不管对渠道进行多好的策划，渠道之间的竞争和冲突都始终存在。一般来说，渠道冲突分为三种类型。

（1）垂直渠道冲突——同一渠道中不同层次渠道成员之间的冲突。

（2）水平渠道冲突——存在于渠道中同一层次的渠道成员之间的冲突。

（3）多渠道冲突——一个生产厂商建立了两条或两条以上的渠道，并向同一市场出售其产品而发生的冲突。

在产品业内，渠道冲突又集中表现在价格冲突和地域冲突方面。

如何解决渠道冲突呢？对于生产厂商来说，第一，在渠道成员的选择上要进行严格的评估和审核，尤其是要对渠道成员的经营理念等进行重点考察。第二，生产厂商不要同渠道成员"抢生意"。第三，合理地规定渠道成员和生产厂商的权、责、利，建立相应的渠道激励机制和监督机制。第四，最重要的解决方法是采用超级目标法，即建立共同目标，消除追求短期效益的行为，共同建设渠道、维护渠道。第五，建立冲突预警机制。第六，建立协商机制，采用这种方法解决垂直渠道冲突最为有效。

3. 渠道培训

生产厂商对渠道的支持包括技术支持、资金支持和营销支持，而在业内，渠道成员对厂商技术支持方面尤其是培训支持的要求更为突出。渠道策划中还需要考虑到渠道培训。

由于产品技术的复杂性，产品渠道培训就成为渠道建设、推动渠道销售的一个非常关键的环节，这也是相对于传统渠道来说，生产品渠道所必备的一项职能。通过渠道培训，厂商可以提高渠道成员的销售和服务能力，提高渠道成员的忠诚度，正确引导用户需求，提高整体运作能力等。构建渠道培训体系主要就是规定培训内容，并确定培训形式。

目前，厂商培训的主要内容包括产品、技术、商务及物流、销售、服务、管理和企业文化等。其中产品、技术、销售、商务及物流、服务技能是培训的主要内容，因为这些内容都直接服务于厂商的销售活动。而诸如管理及企业文化等方面的培训也是形成渠道价值链核心能力所必不可少的因素。

作为生产品厂商关键性的战略资源，渠道策划和管理对于生产品厂商的发展壮大和提高竞争力具有十分重要的意义。通过对生产品渠道的现状进行分析，可以看出"渠道无形"，每种渠道模式都有其独特的优势、劣势和一定的适用条件，只有综合考虑了环境、市场、产品和厂商自身的各种因素，才能选择适合自身的渠道模式。

实战演练

任务实践1

随着钢铁行业的发展，整体技术水平的提高，产品趋于同质化，国内钢铁市场的竞争主要体现在用户对产品质量、销售价格、过程控制、售后服务等方面更高、更具体的要求，销售

渠道作为供应链中最为重要的一环，承担着提供差异化的产品和服务，满足用户个性化需求的重任。

钢材产品的销售特点是 _____ 批量、_____ 批次、_____ 环节（大 / 小；多 / 少）。

你为钢铁公司策划的渠道模式是 _____

_____

任务实践2

随着工业安全理念的日益深入人心以及安全产品和技术的飞速发展，国内的工业安全市场正在日趋成熟和完善。2010年中国设备安全市场规模达到6亿元，同比增长了36.4%。市场研究发现：分销商是设备安全渠道的中坚力量，分销商销售占厂商总体销售的36%。设备安全市场的主流供应商大部分仍然采用分销作为自己设备安全主要的销售渠道。尽管不少国外品牌正在探索直销分销并存的"两条腿走路"的新模式，但由于中国市场的特殊性以及国外品牌还未真正实现生产的本土化，因此在短期内，分销商将仍然是国外品牌最重要的合作伙伴。与2009年相比，2010年的直销比例增长了7%。主要是由于随着国外厂商对中国市场了解加深，越来越多的厂商正在逐步实现本土化，并选择加大直销在其销售中的比例，以增强价格优势并更好地为最终用户服务。在渐趋成熟的市场中，直销也将成为众多供应商推崇的销售模式。

直销模式 _____（是 / 不是）安全设备供应商的主要销售渠道，

原因是：_____。

工业生产品渠道一般都选择_____（长 / 短）渠道，

原因是：_____。

任务实践3

在渠道策划和管理中，制造商不仅要制定规则来促使渠道成员遵守游戏规则，而且要对渠道成员进行激励，以促进渠道成员达成制造商分销目标，增强并维系双方良好合作关系。

请你为某汽车制造商制定省级分销商汽车销售激励措施。

项目·小结

分销渠道策划是指为实现营销目标，对企业的营销渠道结构进行评估和选择，从而改进原有的营销渠道或开发出新型的营销渠道。本项目分为两个任务：消费品分销渠道策划和生产品分销渠道策划。

消费品分销渠道策划的程序：①确定营销目标；②选择渠道模式；③选择渠道成员。常见的消费品分销渠道模式：厂家直供模式、多家代理模式、独家经销模式、平台销售模式。

产品分销渠道策划类似于消费品分销渠道的策划，但因为少了零售商的参与，产品的渠道相对简单一些。一般有四种销售渠道，生产者→最终用户、生产者→经销商→最终用户、生产者→代理商→最终用户、生产者→代理商→经销商→最终用户。

实践与练习

1. 选择题

（1）分销渠道的每个层次使用同种类型中间商数目的多少，被称为分销渠道的（　　）。

    A. 宽度　　　　　　B. 长度　　　　　　C. 深度　　　　　　D. 关联度

（2）中间商处在（　　）。

    A. 生产者与生产者之间　　　　　　B. 消费者与消费者之间

    C. 生产者与消费者之间　　　　　　D. 批发商与零售商之间

（3）长渠道的优点是（　　）。

    A. 信息通畅　　　　　　　　　　　B. 企业能集中精力组织生产

    C. 价格加成小　　　　　　　　　　D. 以上都是

（4）短渠道的优点是（　　）。

    A. 信息通畅　　　　　　　　　　　B. 企业能集中精力组织生产

    C. 与中间商关系密切　　　　　　　D. 以上都是

2. 思考题

（1）如何确定销售产品的渠道长度？

（2）如何实施对分销渠道的有效控制？

3. 案例分析题

欧莱雅在中国

世界 500 强、全球最大化妆品集团欧莱雅在 2015 年发布的财报中指出，中国已上升为欧莱雅的第二大市场，超过法国，仅次于美国。

眼下的中国已不再是欧莱雅 1997 年最初进入的那个中国，互联网尤其是移动互联网的崛起，让中国消费者可以通过网络海淘世界各地的物品，商场专柜不再是购买化妆品的唯一渠道。欧莱雅开始大力发展线上渠道，在天猫、京东、唯品会等电商平台开设官方旗舰店，覆盖了更多的消费人群，并大大提升了销售额。

同时，欧莱雅正试图以渠道改革来释放品牌，重新激活线下渠道的销售动力。原有划分的线下销售团队被整合为百货渠道、现代渠道、化妆品专营店三大分销渠道团队，具体业务范围如下：

- 百货渠道：主要针对百货商超。
- 现代渠道：负责 KA 货架与专柜两大业务。
- 化妆品专营店团队：主要负责专营店渠道。

线上线下相结合的多渠道推广，使得 2015 年欧莱雅在中国取得了 149.6 亿元的销售总额，较 2014 年增长了 4.6%。

案例思考：

欧莱雅是靠哪些方面使得 2015 年的销售额增长了 4.6%？

项目实训

1. 能力训练

主题：渠道策划

课时：2课时

地点：不限

过程设计：

（1）把学生分成 5～7 人的小组。

（2）每个小组从以下产品中任选一个，为它设计分销渠道：a. 价值 120 元的无线电飞机遥控模型；b. 小皮球；c. 用于生产线的充电型螺栓加固器；d. 玻璃纤维瓦；e. 可口可乐；f. 卡通口罩；g. 高档化妆品。

（3）让学生自己从中评出最实用和最具创意的渠道设计。

实训目的：

（1）让学生感受自己的应用能力。

（2）创造性的解决问题。

（3）能灵活运用所学知识，调动学生学习积极性。

讨论题：

（1）产品分销渠道和产品特性是否相关？

（2）出人意料的渠道设计是否可行？

（3）企业是否可以通过与众不同的渠道制胜？

2. 思维训练

（1）为什么中间商希望成为一种产品的独家分销商？为什么制造商喜欢独家分销渠道？是否无论销售什么商品，中间商都想取得独家代理？为什么？联系下列产品进行解释：棒棒糖、电池、高尔夫球棒、手套、电视机、木工机器。

（2）如果小天鹅洗衣机公司建立一个网站，对消费者直接销售并从它的分销中心直接运货给消费者，你认为小天鹅的零售商会做什么样的反应？解释你的想法。

项目七

促销策划

项 目 导 读

知 识 点

几种基本促销方式的概念、形式、特点。

技 能 点

掌握不同促销方式的选择方法；
掌握不同促销方式下的促销策划方法。

思 维 导 图

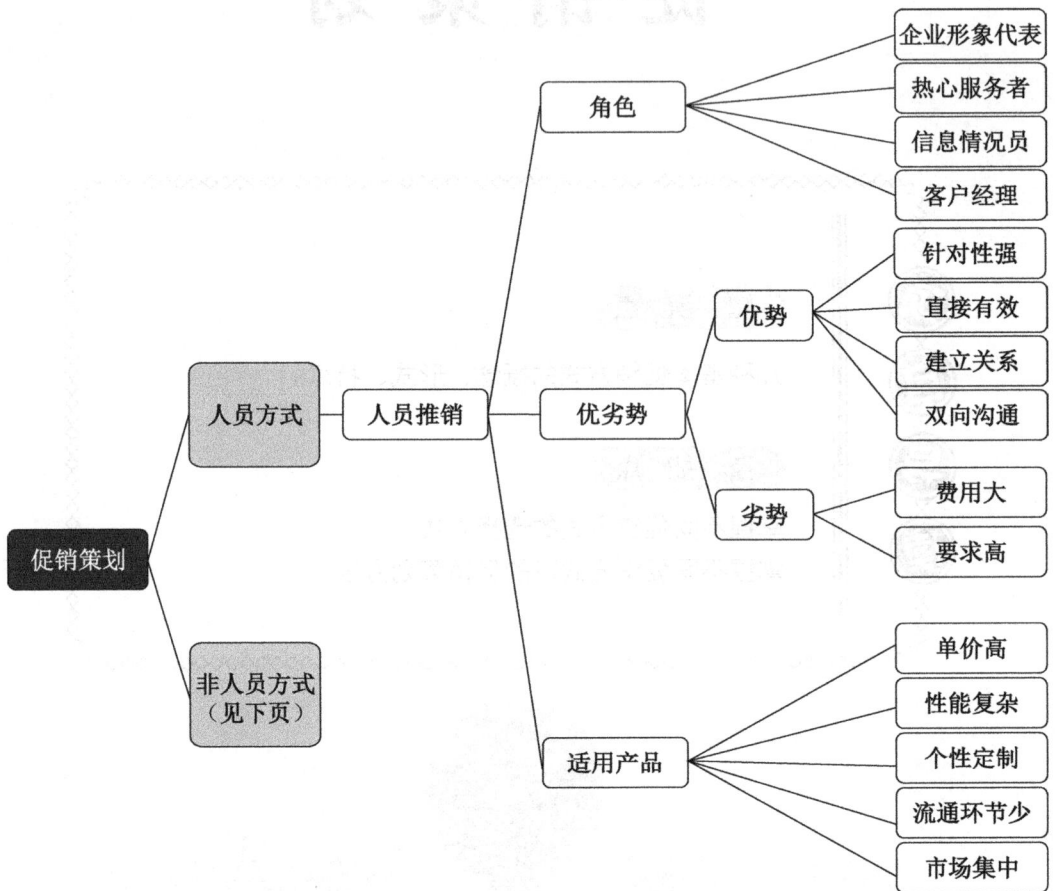

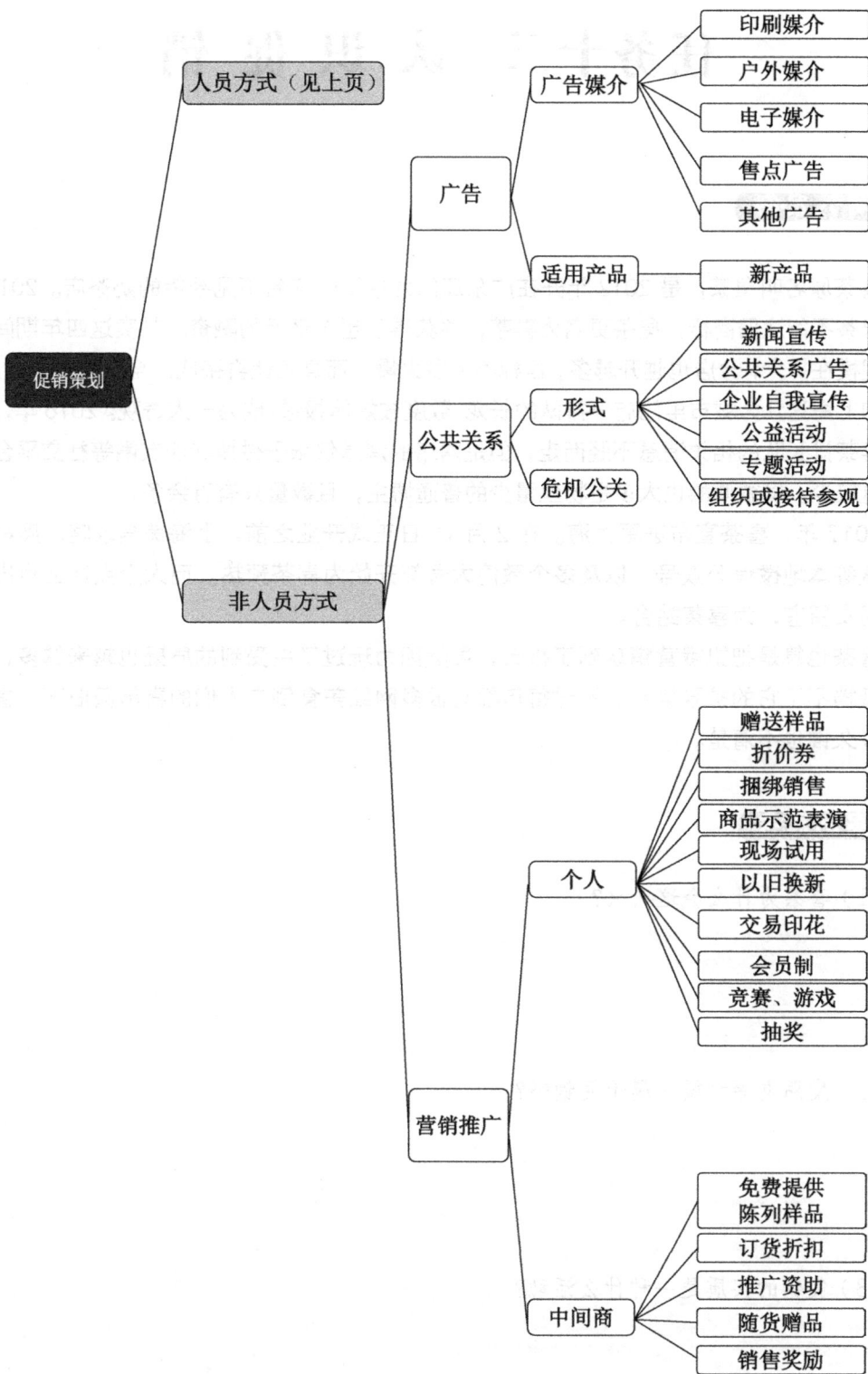

促销策划
├─ 人员方式（见上页）
└─ 非人员方式
   ├─ 广告
   │ ├─ 广告媒介
   │ │ ├─ 印刷媒介
   │ │ ├─ 户外媒介
   │ │ ├─ 电子媒介
   │ │ ├─ 售点广告
   │ │ └─ 其他广告
   │ └─ 适用产品
   │   └─ 新产品
   ├─ 公共关系
   │ ├─ 形式
   │ │ ├─ 新闻宣传
   │ │ ├─ 公共关系广告
   │ │ ├─ 企业自我宣传
   │ │ ├─ 公益活动
   │ │ ├─ 专题活动
   │ │ └─ 组织或接待参观
   │ └─ 危机公关
   └─ 营销推广
      ├─ 个人
      │ ├─ 赠送样品
      │ ├─ 折价券
      │ ├─ 捆绑销售
      │ ├─ 商品示范表演
      │ ├─ 现场试用
      │ ├─ 以旧换新
      │ ├─ 交易印花
      │ ├─ 会员制
      │ ├─ 竞赛、游戏
      │ └─ 抽奖
      └─ 中间商
         ├─ 免费提供陈列样品
         ├─ 订货折扣
         ├─ 推广资助
         ├─ 随货赠品
         └─ 销售奖励

任务十三　认识促销

　　喜茶原名叫皇茶，是 2012 年开在广东江门九中街一家名不见经传的奶茶店。2016 年，由于皇茶不能注册商标，皇茶更名为喜茶，并获得了超 1 亿元的融资。其实这四年期间喜茶虽然规模在扩大，分店也越开越多，但称不上多火爆。而真正让喜茶成为全民奶茶的是广州、深圳和上海这几大城市里门店外排队的长龙，数度被媒体报道，成为一大奇观。2016 年，广东、深圳喜茶排长队的相关消息不胫而走，但是网络的消息仅限于微博和朋友圈等社交平台，媒体报道较少。发微博的也大多是粉丝量少的普通博主，且数量只有百余条。

　　2017 年，喜茶宣布进军上海。在 2 月 11 日正式开业之前，上海美食攻略、魔都吃货小分队等本地微信公众号，以及多个微博大号都开始为喜茶预热。而大众点评上也出现了众多网友留言，为喜茶站台。

　　喜茶也算是把饥饿营销玩到了极致，虽然因为玩过了头受到的质疑也越来越多，但是依旧抵挡不了它的扩张势头。不过每年都有很多网红美食倒在人们的喜新厌旧下，喜茶能够红多久谁也不清楚。

案例思考

（1）喜茶为什么会这么火？

（2）发朋友圈和微博属于促销吗？

（3）促销的实质是一种什么活动？

物质丰富的今天，市场竞争越发充分、激烈，促销无处不在。上到机票打折，下到地铁里程积分，大到国家招商引资，小到个人穿衣吃饭，优惠、抽奖、赠送，各种促销活动充斥于人们消费购物的各个场合。

一、什么是促销

1. 促销的定义

促销，就是营销者向消费者传递有关本企业及其产品的各种信息，说服或吸引消费者购买其产品，以达到扩大销售量目的的营销活动。

促销是企业市场营销组合中的基本策略之一，成为衔接、沟通厂家、商家与顾客之间的一座重要桥梁，其目的是影响目标对象的态度和行为，引发、刺激消费者产生购买行为。

促销分为人员促销和非人员促销两大类，其中非人员促销包括广告、公共关系和营业推广等方式。

促销实质上是一种企业与消费者之间的沟通活动。为了有效地与消费者沟通信息，企业可以通过广告来传递有关企业及产品的信息；可以通过各种营业推广的方式来增加消费者对产品的兴趣，进而促使其购买；可以通过公共关系的方式来改善企业在公众心目中的形象；还可以通过促销人员，面对面地说服消费者购买产品。另一方面，在促销的过程中，消费者又可以通过多种途径将企业和产品以及产品的信息反馈给企业，帮助企业更准确地掌握市场信息。由此可见，促销是信息的双向沟通过程，而且不断循环往复。

2. 促销的作用

企业该如何向消费者说明产品能带来的利益呢？如何说服消费者接受产品的价位呢？企业如何告知消费者到哪里可以买得到其产品？企业该如何方便地接触到潜在消费者呢？产品再好、价格再便宜、通路再方便，如果没有合适的方式向消费者说明，都是枉然。向消费者进行解说、说服的任务，就落在促销上。

具体来说，促销具有以下作用。

（1）缩短产品入市的进程。

使用促销手段，旨在对消费者或经销商提供短程激励。在一段时间内调动人们的购买热情，培养顾客的兴趣和使用爱好，使顾客尽快地了解产品。

（2）刺激消费者初次购买，达到鼓励尝试使用目的。

消费者一般对新产品具有抗拒心理，不愿冒风险对新产品进行尝试，促销可以让消费者降低初次消费成本，弱化这种风险意识，尝试接受新产品。

（3）激励使用者再次购买，建立消费习惯。

消费者试用产品后，如果基本满意，可能会产生重复使用的意愿。但这种消费意愿在初期是不强烈的，促销可以帮助消费者巩固这种意愿。一个持续的促销计划可以使消费群逐步稳固形成。

（4）提高销售业绩。

促销可以改变消费者的使用习惯及品牌忠诚。在促销期间，受利益驱动，经销商和消费者都可能大量进货与购买，因此常常会提高销售量。

（5）作为侵略与反侵略竞争的手段。

无论是市场后进者发动市场侵略，还是市场的先入者发动反侵略，促销都是有效的应用手段。市场的侵略者可以运用促销加强市场渗透，加速市场占有。市场的反侵略者也可以运用促销针锋相对，来达到阻击竞争者的目的。例如，麦当劳在这边上演"卡通玩具促销"抢占地盘，肯德基就在那边以举办"全国青少年三人篮球冠军挑战赛"进行反击。

（6）带动相关产品市场。

促销的第一目标是完成促销产品的销售。但是，在甲产品的促销过程中，却常常可以带动相关的乙产品的销售。比如，茶叶的促销也可以推动茶具的销售。而当卖出更多咖啡壶的时候，咖啡的销售就会增加。在20世纪30年代的上海，美国石油公司向消费者免费赠送煤油灯，结果其煤油的销量大增。

（7）节庆酬谢。

每当节日到来或是企业有重大喜庆活动的时候，开展促销可以表达企业对广大消费者的一种酬谢和联庆，巩固彼此的关系。

3. 促销的不足

需要注意的是，虽然促销无处不在，但并不等于无所不能。例如促销不能创造长期性的品牌忠诚度，也不能挽救产品的致命缺陷，更不能替代产品的研发和创新。低层次的促销更是饮鸩止渴、慢性自杀。过度使用促销手段会带来负效应。

二、促销的策略

1. 促销的时机

表7-1所示为产品不同时期的促销时机。

表7-1　不同时期产品的促销时机

时　期	促　销　时　机
导入期	新产品上市阶段，促销的重点是促进尝试性购买。如果没有一个恰当的促销时机，新产品很难跨过上市门槛，导致上市失败。根据经验，促销的最佳时机定在新产品上市一个月后，即铺货率能达到50%左右的时候进行促销最佳
成长期	在新产品成功上市后，企业需要把握时机，利用促销将消费者的尝试性购买转化为重复性购买。可以通过对顾客做访问和观察，看是否出现购买迟疑，询问原因并注意询问竞争产品动向，及时制订出相应的促销方案
成熟期	成熟期产品需要继续巩固既有的消费者群，同时，利用促销的附加利益，吸引随机性消费、边缘性消费，以保证产品能在较高的销售平台上稳定运行
衰退期	在产品衰退期，如果急速将商品下架，不仅不能为店铺赚取最后的利润，还会带来大量货品积压的损失。可以对衰退期产品进行一轮旨在消化库存、获取最后利润的促销活动

2. 基本促销方式与促销组合

促销方式主要有四种：人员推销、广告、公共关系和营业推广，如图7-1所示。

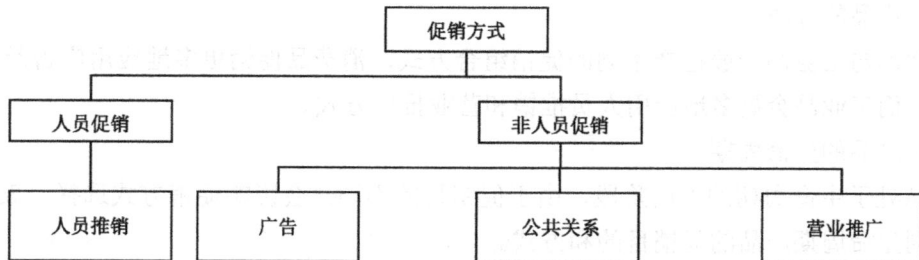

图7-1 促销方式及其分类

企业可根据实际情况及市场、产品等因素选择一种或多种促销方式的组合。各种不同的促销方式各具优缺点，如表 7-2 所示。

表7-2 各种不同促销方式的优缺点

促销方式	优　点	缺　点	适用范围
人员推销	双向互动，方法灵活，有利于选择性深谈，容易激发消费者的兴趣，促进当时成交，可以收集到较为详实的商业情报	费用大，影响面窄，难以有效管理，培养及寻找合适人才不易	需建立顾客偏好，促成购买时使用
广告	信息覆盖面广，易引起注意，可重复使用，信息艺术化	说服力小，单向传播，信息反馈慢，不易调整，难以迅速调整购买行为	向分散的众多目标顾客传递信息
公共关系	影响面大，容易得到信任，效果持久	企业难以控制传播过程，见效较慢	信息传递给避开推销和广告的客户
营业推广	灵活多样性；吸引力大，能及时改变传播对象的购买习惯；短期效益比较明显	容易引起怀疑，自贬身价	用于非规则性、非周期性、短期的特别促销

练一练

你能说一说身边接触到的促销活动吗？说说为什么要做促销？

3. 影响促销方式选择的因素

（1）促销目标。

每种促销方式都有各自的特性和成本，必须根据促销目标选择合适的促销方式。例如：促销目标是培育市场，那么适宜选择广告的方式；促销目标是建立渠道、提供服务，那么可以选择人员推销的方式。短期促销目标，宜采用广告促销和营业推广相结合的方式。长期促销目标，公关促销具有重要意义。

（2）产品的性质。

消费品与工业品一般选择不同的促销组合方式，消费品促销更多地应用广告及营业推广方式，而工业品会更多地应用人员推销和营业推广方式。

（3）产品的生命周期。

产品处于生命周期的不同阶段，由于促销目的不同，会影响促销方式选择。表 7-3 所示为不同生命周期产品的促销目的和方式。

表7-3　不同生命周期产品促销的主要目的和主要促销方式

产品生命周期	促销的主要目的	主要促销方式
导入期	使消费者认识商品、产生兴趣，使中间商愿意经营	以营业推广为主，广告或人员推销为辅（对中间商以人员推销为主）
成长期	扩大市场占有率，使商品成为消费者的"偏爱"和"消费习惯"	以广告为主，人员推销为辅
成熟期	保持市场占有率，留住老顾客	以广告为主
衰退期	减少库存	以营业推广为主

需要注意的是，在商品市场生命周期的各个阶段，都应不断改善公共关系，调整广告的内容。

（4）市场的特点。

市场的大小、分散程度、交通状况、文化水平等都会影响促销方式选择。例如，在目标市场地域范围大的情况下适宜采取广告方式，反之，则采用人员推销方式；若市场内的消费群体文化水平较高、经济状况较好适宜采用广告、公共关系方式，反之，则采用营业推广和公共关系方式；若交通不发达则可考虑人员推销、营业推广及电影广告等方式。

4. 促销策略分类

促销策略分为推式策略和拉式策略两种。

推式策略是针对中间商的促销策略。它是指利用推销人员对中间商进行促销，将产品推入渠道的策略。这一策略需利用大量的推销人员推销产品，它适用于生产者和中间商对产品前景看法一致的产品。

推式策略风险小、推销周期短、资金回收快，但其前提条件是须有中间商的配合。

常用的推式策略有示范推销法、走访销售法、网点销售法、服务推销法等。其策略实施过程如图 7-2 所示。

图7-2　推式策略实施示意图

拉式策略是针对消费者的促销策略。其做法是设法激发消费者对产品产生兴趣和需求，促使消费者向中间商购买，使中间商看到旺盛的市场需求，从而"拉引"中间商纷纷要求经销这种产品。常用的拉式策略是使用密集型的广告宣传、公关宣传、营业推广等活动方式。其策略实施过程如图7-3所示。

图7-3　拉式策略实施示意图

若你是某知名高档汽车的营销人员，请运用所学知识为该汽车品牌某一高档车型设计促销思路。

5. 促销策划误区

促销时机把握不准。之所以把握不准促销时机，是因为企业缺乏促销计划。许多企业都是在遇到销售困难时才会想起促销，一旦想起就盲目行动，很少关注时机的准确性。

赠品把握不准。一些企业做赠品促销时，过分强调赠品的价格要高，结果花了大成本，却未能迎合消费者的心理需求。赠品不是越贵越好，而是越能让消费者喜爱越好。促销赠品要因人而异，根据消费群的心态去确定他们最想要的赠品。

误以为促销就是打折降价。低价促销现在成了促销活动的主要内容，很多企业认为促销就是降价。高明的促销创意在于通过一些新颖的手段吸引消费者，而不仅仅是简单地降价，削减企业利润。

陷入单纯追求销量的误区。很多企业都认为，促销就是要提升销量。其实促销不仅仅是为了短期内提升销量，更要通过促销达到信息传播和沟通的目的，提高企业知名度，树立企业形象。

实战演练

任务实践1

K品牌饮品已经发展成为中国最大的饮料生产商之一。其茶饮料产品在国内茶饮料市场上可谓独领风骚，除T品牌紧随其后外，其他品牌的市场份额都还不大。

　　T企业一直紧随K企业之后，企图与K企业一争高低，这场争夺战已经持续很久。又一个夏天来临，正是饮料销售的好季节。K企业为了继续保持茶饮料市场的领先地位，策划了一场全方位的促销活动。

　　茶饮料目标消费者群的心理特征可以描述为追求个性化、炫耀自我；注重个人形象，时髦、现代；追求时尚、讲究品位；追求趣味、好玩。针对这些特征，K公司采取了以下方式进行促销。

　　首先，配合销售旺季的到来，制作了新的电视广告片，密集投放。

　　其次，在卖场内采用开放式陈列，配合试饮活动及买三赠一活动。

　　再次，赞助了包括登山、探险、山地自行车、空中滑板及跳伞在内的野外体育项目，通过大众活动，扩展品牌知名度。

　　最后，选择一些休闲区，安排太阳伞及休闲桌椅，提供特价K品牌茶饮料及小吃，在舞台上举办简单的小游戏。

　　这一系列的活动使得K品牌销量持续攀升，巩固了江湖老大的市场地位。

　　请思考：

　　（1）案例中K公司分别采取了哪些促销方式？

　　（2）为什么赞助项目会选择野外体育项目而不是其他项目？

任务实践2

　　一家国有饲料企业原本效益很好，没有做过促销，直至其他企业后来者居上。这家企业慌了，于是召开销售人员会议。销售人员纷纷抱怨：竞争企业做得多好，农民买一包饲料可以得到一件文化衫，经销商做大了还组织去国外旅游。企业想，这不难，我们也可以做！

　　江南每年6—8月是农忙时节，农户都忙着双抢，养殖业是淡季。企业想，饲料销售淡季一定要刺激农民，诱导农民购买。于是制作好了文化衫，而且很漂亮。到7月月底，销售人员又向企业抱怨：怎么这么晚才给市场发放促销品，别人早就做了。原来竞争企业在5月月底就将文化衫全部发放到位，那时你的文化衫还在加工企业做呢！而到了6月份以后，农民在双抢时节，根本就没有时间去购买饲料。

　　第二年，该企业很早就准备好了促销品，是质量很好的香皂。农忙时农民每天都要洗澡，香皂是他们的必需品。但结果和预料大相径庭：经销商拒绝大量进货。销售人员从市场前沿报告：经销商已经大量购进了竞争厂家的货，原因是该厂家开展了一个活动，在市场淡季完成旺季85%销售额的经销商可以参加企业的出国旅游，竞争厂家已经抢占了经销商的仓库和资金。

　　请思考：

　　（1）这家饲料企业促销失败的原因是什么？

　　（2）若你为这家企业策划下一年的促销活动，你将会怎样策划？

任务实践3

20世纪70年代，由于经济不景气，英国市场购买力普遍下降，降价促销成为众多厂家唯一的竞争手段，而高档服装行业受冲击尤显突出。当时已处于高档服装领导地位的品牌Becar也卷入价格战的大潮之中，零售价格平均下调35%，结果是销售上升了40%，但由于该品牌主要购买者(均是有身份的成功人士)普遍认为Becar不再是心中最适合的选择，因此纷纷转换购买其他品牌，使Becar的业绩成长只维持不到一年的时间，就开始直线下滑。两年后总体利润减少近60%，到80年代初不得不退出高档服装竞争行列沦为二流中低档品牌。

请思考：

（1）你认为Becar犯的促销错误主要在哪里？

（2）你认为正确的促销方式应该怎样操作？

任务十四　人员推销策划

导入案例

一个老太太上农贸市场买李子。碰到第一个商贩，她的李子又大又红又新鲜。老太太正向她走过去的时候，这个商贩赶紧吆喝一声"又大又红又甜的李子"。老太太正兴冲冲地走过来，一听到这个停下来摇摇头走了。

老太太又向第二个商贩走过去。第二个商贩首先很亲切地迎上来问老太太想买什么，老太太说我想买一点李子。她说那你可来对了地方，我这里什么李子都有，你要甜的还是酸的？老太太就说要酸的。有啊，可以酸得让您掉牙。老太太一咬真的好酸，牙都快掉了，行，买一斤吧。

老太太又走向第三个商贩。这第三个商贩也问老太太想买点什么。老太太说我想买一点李子。那您可来对地方了，我这里是水果批发店，水果又新鲜又便宜，那您想买什么样的李子呢？老太太说我想要酸一点的李子。她说我很好奇啊，一般人买李子都是买大的、红的、甜的，您怎么会买小的、酸的李子呢，吃酸李子对牙口不好。老太太说不是我要吃李子，是我儿媳妇最近闹喜怀孕了，爱吃酸的。这个小商贩马上说恭喜您啊老太太，酸儿辣女，您马上要抱孙子了。老太太一听要抱孙子了，哎呀，脸上笑开了花，然后说了一句：你可真会说话，买两斤李子。接着，这商贩跟老太太聊开了："怀孕期间的营养是非常关键的，不仅要多补充些高蛋白的食物，听说多吃些含维生素丰富的水果，生下的宝宝会更聪明！"老太太越听越舒心："是啊！那哪种水果含维生素更丰富呢？""很多书上说猕猴桃最好，您要不先买一斤回去给您儿媳妇尝尝！"这样，老太太不仅买了两斤李子，还买了一斤进口的猕猴桃，而且以后几乎每隔一两天就要来这家店里买各种水果。

案例思考

（1）商贩是如何阐述几种水果的卖点的？

_____

_____

（2）老太太的购买需求是什么？如何增加她的购买欲望？

_____

_____

（3）你从这个故事里能得到什么启发？

_____

_____

人员推销是一种传统的促销方式，可在现代企业市场营销活动中仍起着十分重要的作用。国内外许多企业在人员推销方面的费用支出要远远大于在其他促销方面的费用支出。实践表明，人员销售与其他促销手段相比具有不可替代的作用。

一、认识人员推销

人员推销是指通过推销人员深入中间商或消费者进行直接的宣传介绍活动，使中间商或消费者发生购买行为的促销方式。例如，经常可以在街头看见业务员在向顾客推销信用卡或英语补习班。

推销人员、推销对象和推销品构成了人员推销的三个基本要素，其中推销人员是推销活动的主体。

1. 推销人员要承担的角色

（1）企业形象代表。推销人员是企业派往目标市场的形象代表，他们的一言一行都代表了企业形象，是企业文化和经营理念的传播者。

（2）热心服务者。推销人员是目标顾客的服务人员，帮助顾客排忧解难，解答疑问，提供产品使用指导，通过其服务质量和热情态度赢得顾客的信任和偏爱。

（3）信息情报员。推销人员是企业信息情报的重要反馈渠道。推销人员的工作特点之一是广泛接触社会，因此，他们不仅可以收集目标顾客的需求信息，而且还能收集竞争者信息、宏观经济方面信息和科技发展状况信息，有助于营销决策者迅速把握外部环境的动态，及时做出反应。

（4）"客户经理"。当推销人员面对一群顾客做促销沟通工作时，他们所担任的就是"客户经理"角色。在企业营销策略的框架下，行使一定的决策权，如交易条款的磋商、交货时间的确认等。

2．人员推销的基本形式

（1）上门推销。上门推销是最常见的人员推销形式。它是由推销人员携带产品样品、说明书和订单等走访顾客，推销产品。这种推销形式可以针对顾客的需要提供有效的服务，方便顾客。

（2）柜台推销。柜台推销又称门市推销，是指企业在适当地点设置固定门市，由营业员接待进入门市的顾客，推销产品。柜台营业员是广义的推销员。柜台推销与上门推销正好相反，它是等客上门式的推销方式。由于门市柜台里的产品种类齐全，能满足顾客多方面的购买要求，为顾客提供较多的购买方便，并且可以保证产品完好无损。

（3）会议推销。会展推销是指利用各种会展场所向与会人员宣传和介绍产品，开展推销活动。例如，在订货会、交易会、展览会、物资交流会等会展上推销产品。这种推销形式接触面广、推销集中，可以同时向多个推销对象推销产品，成交额较大，推销效果较好。

3．人员推销的优点

（1）针对性强。

广告的传播范围很广泛，其中有相当部分的传播对象根本不可能成为企业的顾客。而与顾客直接沟通是人员推销的主要特征。由于是双方直接接触，相互间在态度、气氛、情感等方面都能捕捉和把握，有利于推销人员有针对性地做好沟通工作，解除消费者的各种疑虑，引导他们的购买欲望。

（2）销售的有效性。

推销人员通过展示产品，解答质疑，指导产品使用方法，使目标顾客能当面接触产品，从而确信产品的性能和特点，易于消费者引发购买行为。

（3）密切买卖双方关系。

推销人员与顾客直接打交道，交往中会逐渐产生信任和理解，加深双方感情，建立起良好的关系，容易培育出忠诚顾客，稳定企业销售业务。

（4）信息传递的双向性。

在推销过程中，推销人员一方面把企业信息及时、准确地传递给目标顾客，另一方面把市场信息、顾客的要求、意见、建议反馈给企业，为企业调整营销方针和政策提供依据。

两辆装满土豆的马车停在自由市场上。一位女顾客走到第一辆马车前，问："土豆多少钱一袋？"坐在车上的女老板不屑一顾地说"55元一袋。""太贵了！我上周买时才45元。"女顾客不满地说。女老板懒懒地说："那是上周的事，现在就这个价。"女顾客扭头走了。

她来到第二辆马车前，询问价格。女老板闻听，立刻从车上下来，热情地说"大姐，您还真有眼力，这是优选品种的土豆，是我们种的土豆中最好的一种。您看，这种土豆的芽眼很小，削皮时不会造成什么浪费；您看，这编织袋里的土豆，个个又大又圆，是经过我们挑选过的；另外，您再看这土豆，多干净，这是我们在装袋前处理过的，保证您不仅放得住，而且不会弄脏干净的厨房。我想您不会花钱买一堆土吧？您说，60元一袋还贵吗？"女顾客仔细地看了看，点了点头。女老板又不失时机地问："您要两袋还是三袋？我给您搬到车上。"最后女顾客买了两袋土豆。

4．人员推销的缺点

（1）费用支出较大。由于人员推销直接接触顾客人数有限，销售面窄，人员推销的开支较多，增大了产品销售成本。

（2）对推销人员要求较高。人员推销的成效直接决定于推销人员素质的高低。尤其随着科技的发展，新产品层出不穷，对推销人员的要求越来越高，这就增加了培训的难度。

二、人员推销策划的实施

1．人员推销方式的适用范围

（1）单位价值较高的产品。

消费者在购买单位价值较高的产品时，由于感觉承担的风险较大，往往在做出购买决定时比较犹豫，这时候推销人员针对性的解答往往能起到积极的作用。例如楼盘的销售往往需要导购人员。

（2）性能复杂，需要做演示或解说的产品或新产品。

由于性能复杂，推销人员的现场演示给了消费者直观学习的机会，常常能够引起其兴趣，坚定消费者的购买信心。而一般标准化产品则不必利用人员销售，以免增加不必要的支出。例如保险服务产品品种多，条款复杂，往往需要保险推销员进行解说；榨汁机和拖把干水器刚刚上市的时候企业一般都很重视，并通过推销人员现场演示来打动消费者。

（3）根据用户需求设计的产品。

根据用户需求设计的产品往往在销售时需要销售人员进行针对性解说。

例如，根据企业工作流程的具体情况而提供内部办公管理软件系统设计的软件公司为了获取订单，常常需要派出软件销售师进行针对性的解说和沟通。

（4）流通环节较少的产品。

若在流通环节较多的情况下采用人员促销的方式，会增加需要的人员数量，而人员推销这一促销方式本身成本又比较高，所以并不适宜。但在流通环节少、渠道短的情况下，就可以抓住主要销售环节，采取人员推销的方式有针对性地促销。

（5）市场需求集中的产品。

因为人员推销成本费用较高，在市场范围广，而买主又较分散的状态下，显然不宜采用此方法；相反，在市场密集度高，买主集中的市场下，人员销售则可扮演重要角色。例如，有些生产资料市场重点采用人员推销的方式进行促销就属于这种情况。

2．人员推销的组织形式

企业组织人员推销可以采取三种形式。

（1）自建销售队伍。建立自己的销售队伍，使用本企业的销售人员来推销产品。推销队伍中的成员常常又称推销员、销售代表、业务经理、销售工程师。他们又可分为两类：一类是内部销售人员，另一类是外部推销人员。

（2）使用合同推销员。签约的合同推销员，通常只需按销售额付给佣金，可降低成本。除了与个人签约，还可以将业务直接外包给专业的电话营销公司。

（3）雇用兼职推销员。例如，很多保险公司都雇用兼职推销员。

3．人员推销活动策划要点

（1）确定活动目的。

根据市场现状，明确开展本次活动的目的，例如，是处理库存，提升销量，还是打击竞争对手，是新品上市促销，还是提升品牌认知度及美誉度。只有目的明确，才能使推销活动有的放矢。

（2）确定活动的时间、地点。

（3）确定所需的销售人员数量及组织形式。

根据活动内容确定内销与外销人员数量，确定是采用本企业的销售人员还是雇用推销员。

（4）进行销售人员培训。

人员推销活动取得成功的关键点在于拥有优秀的销售人员。所以销售人员培训尤为重要。

培训的内容通常包括企业情况、产品知识、推销技巧、市场情况、推销制度。

推销人员的培训方式可以是以下几种之一。

课堂教学：由推销专家或经验丰富的推销人员进行讲授。

模拟实验：由受训人员亲身参与具有一定真实感的实验，模拟实际销售过程。

案例分析：向推销员提供具体推销实例，通过对实例的分析、思考、比较来进行培训。

会议讨论：通过开会讨论的方式对推销员进行培训。

现场训练：在实际工作岗位上进行指导、培训。

（5）其他注意事项。

练一练

学校附近新开了一家蛋糕店，为了迅速打开销路请你简单谈谈如何进行人员推销。

实战演练

任务实践1

绿色保健品连锁经营有限公司是以连锁形式专门卖保健品的全国大型特许连锁机构。它采取加盟、合作经营和直营三种模式，五年内就将连锁店铺发展到大约 3000 家。

在目标顾客群上，它牢牢锁定中老年顾客群，抓住了人口老龄化的市场环境变化特点。在进店产品的挑选上，实施精品战略，精选出国内外拳头保健产品，并根据消费者个人健康情况制定出产品套餐，通过个性化、贴心的服务让消费者获得健康和快乐。在定价上，采取优质高价的策略。而在促销方式上，它曾经联合中国的多家知名网站，在中国保健协会的支持下，开展了大型健康生活方式知识竞赛与保健品消费调查活动，通过活动向更多的消费者传授健康知识，教给消费者购买保健品的判断标准，把健康理念植入人们的心中。此外，它尤其重视通过人员推销方式，在为消费者提供一对一的健康咨询服务的同时推介本公司的产品。

请思考：若你为该公司策划一次人员推销活动，可以怎么去做？

任务实践2

以下为万科云米酷的人员推销策划书。

一、活动目的

万科云米酷1期公寓销售火爆，现即将推出2期公寓、商铺及写字楼。开盘之际，特举办房多多3万抵10万促销活动。活动目的：第一，扩大品牌知名度和影响力，吸引更多的市场目光；第二，吸引团体认购，为项目加快口碑传播速度，争取更多关注，促进销售。

二、活动的时间、地点

时间：2017年10月1日全天。

地点：万科云米酷地处广州市天河区和萝岗区交界处，新楼盘人流量不够多，周边企业集中，适宜做现场展示，设点咨询，以扩大品牌知名度，积累客户资源，为万科云米酷开盘奠定基础。

三、推销人员数量及组织形式

要求推销人员一定要了解公寓出售现行政策及周边环境未来规划，具有灵敏的反应能力和吃苦耐劳的精神。

采用万科新招聘的推销人员，相比外聘推销员，他们对万科地产公司有一个更加全面的了解。

根据推销人员的特点把他们分为内部和外部两部分推销人员，各需30人。

四、进行推销人员培训

考虑到推销人员是新招聘的，必须进行适当的培训。

1. 内部推销人员（柜台推销人员）的培训重点

（1）销售人员应仪表端庄，态度亲切。

（2）接待客户或一人，或一主一副，以两人为限。

（3）倒茶寒暄，引导客户在销售桌前入座。

（4）在客户未主动表示时，应该立刻主动地选择一户做试探性介绍。

（5）根据客户所喜欢的单元，在肯定的基础上，做更详细的说明。

（6）针对客户的疑惑点，进行相关解释，帮助其逐一克服购买障碍。

（7）适时制造现场气氛，强化其购买欲望。

（8）个人的销售资料和销售工具应准备齐全，随时应对客户的需求。

（9）了解客户的真正需求，以及客户的主要问题点。

（10）注意与现场同人的交流与配合，让现场经理知道客户在看哪一户。

（11）注意判断客户的诚意、购买能力和成交概率。

（12）现场气氛营造应该自然亲切，掌握火候。

（13）在客户对产品有七成的认可度的基础上，设法说服他下定金购买。

（14）若不是真正的客户，也应照样提供一份资料，做简洁而又热情的介绍。

（15）未有客户时，也应注意现场整洁和个人仪表，随时给客户以良好印象。

2．外部推销人员（带看现场人员）的培训重点

（1）结合工地现状和周边特征，边走边介绍。

（2）按照房型参观，让客户切实感受自己所选的户型。

（3）按照销售现场已经规划好的销售动态，配合灯箱、模型、样板房等销售工具，自然而有重点地介绍产品。着重于地段、环境、交通、生活机能、产品功能、主要建材等的说明。

（4）尽量多说，让客户始终为你所吸引。

3．可以采用模拟实验方式进行培训。

五、活动准备

1．"咨询处"横幅一条，海报30张。

2．面包车一辆。

3．《认购须知》，户型单张、折页、DM单张等若干。

4．置业顾问相关必备资料两套以上，客户登记本一册，公司账户若干。

5．园林设计方案一套，彩色打印稿，图钉一盒。

6．音响一套，专业录音光盘一张，折叠式咨询桌两张，太阳伞两把。

7．各子单位主要负责联系人一名。

请思考：上述策划方案主要考虑了哪些问题？请提出进一步完善这个方案的建议。

任务实践3

假设图书《狼图腾》新品上市，请策划一个人员推销活动进行促销。

请考虑以下因素：

（1）活动地点在哪里比较好？

（2）促销的时间选择需要考虑什么因素？

（3）推销人员如何组织起来（是每一位推销员面向所有顾客，还是推销员分组针对不同年龄层的读者进行推销）？

（4）为聚集本次活动的人气，可在活动的前几天做些什么举动？活动当天又可以做些什么举动？

（5）该如何向读者宣传《狼图腾》的文学价值和阅读价值，以使潜在购买者产生兴趣？

（2）此广告采用的是何种广告媒体？

_____

_____

_____

（3）广告创意在广告中起着什么作用？

_____

_____

_____

在市场经济的浪潮下，广告已经深入日常生活的每个角落。清晨，当人们还在熟睡中，就会被广播中的广告叫醒；当你在早餐桌旁打开报纸，第一个映入眼帘的常常是广告；当你在上班途中坐进公共汽车、地铁，当你在大街小巷穿行时，当你晚上回到家打开电视，各种各样的广告扑面而来。广告无所不在、无孔不入，已经成为人们日常生活中的一部分。

一、认识广告策划

广告分为非营利组织的广告和营利组织的广告（商业广告）两种，本书所研究的是后一种广告，即商业广告。商业广告是广告主体有目的地通过各种可控制的有效大众传播媒体，促进商品和劳务销售的付费宣传。

广告在我国由来已久。西周时，卖糖食的小贩就已经懂得以吹箫管之声招徕生意。而春秋末期孔子的周游列国也可以说是一种个人广告的形式。除了口头广告，中国古代最常出现的是悬挂式广告。北宋时期的名画《清明上河图》中，描写了北宋东京繁华的街市景象，里面的悬挂式广告随处可见。

广告与人员推销活动不一样，人员推销是卖主直接向买主展示商品，与消费者发生面对面的交流，而广告则是通过媒体向消费者做说服工作。它说服的目的，自然是使商品能最终销售出去。广告提供的信息，要能起到传播信息、引导消费、满足消费者需求的作用。

1. 广告的分类

按广告媒介不同可以对广告分成以下几类。

（1）印刷媒介广告，也称为平面媒体广告，即刊登于报纸、杂志、招贴、海报、宣传单、包装等媒介上的广告。

（2）电子媒介广告，是以电子媒介如广播、电视、电影等为传播载体的广告。

（3）户外媒介广告，主要是利用路牌、交通工具、霓虹灯等户外媒介所作的广告；也包括利用气球、飞艇、球伞吊篮、激光等空

中飞行器为传播媒介的新兴空中广告形式。

例如，百事可乐在广州推出了面积达 7000 平方米的霓虹灯广告。这个称为"七喜临门"的灯饰安装在广州中信广场最高的建筑物上，以庆祝农历新年。

（4）售点广告，又称销售现场广告或 POP 广告（Point of Purchase），就是在商场或展销会等场所，通过实物展示、演示等方式进行广告信息的传播。有橱窗展示、商品陈列、模特表演、彩旗、条幅、展板等形式。

（5）其他媒介广告，利用新闻发布会、体育活动、各种文娱活动等形式而开展的广告。

2. 广告的目标

广告的目标一般有告知、劝说、提示、强化四种。

告知性广告的目标通过对消费者如实报告和介绍商品的性质、用途和价格，以及商品生产厂家、品牌、商标等，促使消费者对商品产生初级需求。

例如，士力架把产品定位用广告语"士力架，横扫饥饿，做回自己""士力架，真来劲"直接表现出来，加深了消费者对士力架这个产品功能的深刻认知。

劝说性广告的目标是说服消费者，通过突出商品的特优品质，使消费者对某种品牌的商品加深印象，刺激其产生选择性需求和"指牌购买"。

例如，小米的广告词是"为发烧而生"。喜欢玩软件的朋友叫做软件发烧友，小米手机可以满足软件发烧友的需求，可以根据自己的喜好制作系统和程序。

提示性广告的目标是在消费者已习惯于使用和购买某种广告商品后，为了保持消费者的购买习惯，提醒他们不要忘记这个商品，刺激重复购买，以防止消费者发生偏好转移。

例如，大宝 SOD 广告语：要想皮肤好，早晚用大宝。

强化性广告的目的是使购买企业产品的顾客产生这样的观念——他们做出了正确的购买选择。

例如，iPhone 的各代产品广告。iPhone 4：再一次，改变了世界；iPhone 4S：再次改变了一切；iPhone 5：这一次一切皆有可能；iPhone 5S：超前空前；iPhone 6：岂止于大；iPhone 5C：生来多彩；iPhone 6S：唯一的不同，是处处不同；iPhone SE：一小部的一大步，iPhone 7：7, 在此 iPhone 8：新一代 iPhone。

练一练

请观看"iPad 中国广告"，说一说：这属于什么目的的广告。其创意之妙在于哪里（建议网址：http://www.tudou.com/programs/view/rAoUINRcv8U）？

3. 几种常见广告媒体的特点

广告媒体也称广告媒介，是广告信息发布者与接受者之间的沟通桥梁。不同的广告媒体各有优缺点，如表 7-4 所示。

表7-4 各种广告媒体的特点

分类	媒体	特 点
视觉媒体	报纸媒体	（1）发行方面：发行普遍及时。发行地点明显，便于选择。读者广泛，分层面，适应性强，时效性强。 （2）编排方面：广告和新闻在一起，提高效力。广告改稿与截稿方便。 （3）内容方面：新闻准确，受到读者信任。没有阅读时间限制。政府社团利用报纸刊登公告，提高广告的地位与价值。 （4）印刷方面：印刷优良逼真。可以保存
	杂志媒体	视觉中第二。功能：有效时间长；印刷精美；广告编排紧凑整齐；篇幅无限制；可以保存
	户外媒体	包括销售现场、霓虹灯、车厢、包装、路牌、灯箱、气球等。功能：增强企业印象，老少易懂；设计独特新颖；地点广泛。 缺点：受所在现场的限制
	其他	小册子、函件等印刷媒体
听觉媒体	广播媒体	技术上突破，采取"市场导向"式的商业化经营方式，及时地把所有地点的变动播出。最突出的一点是音色优美，再现"原音"。功能：最快；最广；设备简单，文化程度低的地区，效果特佳；信息用悦耳的音乐展现；播出和收听不受时间、空间限制；还可通过电话直播，直接与观众交流
	录音带媒体	特点是详细说明商品。不受时间限制，可以保存。音乐与广告间隔播出，广告有音乐性
	电话媒体	向消费者直接诉求或提供某些服务。功能（与函件相似）：以特定人物为对象，减少浪费；亲切感；不受空间限制，制作简单。对预期消费者作反复诉求，并及时了解反映。对象范围和人数可掌握
视听两用媒体	电视媒体	最受欢迎的。功能：形声兼备，深入家庭；高度娱乐性；强制性广告效力。平均购买力高；声像并茂，情理兼备，吸引力强
其他媒体	电影院媒体	早期广告幻灯，后期广告影片。功能：同时同地一次性掌握多数观众；注意力集中；强迫诉求，强制性说服力；广告费用低
	表演性媒体	实地操作表演
	网络媒体	成本低，打破时间地域的局限性，精准性强。功能：形声兼备，深入个人生活；高度娱乐性；强制性广告效力。平均购买力高；声像并茂，情理兼备，吸引力强

练一练

小活动：寻找广告媒体之最。

要求：在表 7-5 中，找出"吸引力""传播速度"、"成本费用"指标最优的媒体，打上"√"。

表7-5 选出你认为的最优媒体

媒体形式	吸引力	传播速度	成本费用
报刊			
杂志			
广播			
电视			
网络			

4. 影响广告媒体选择的因素

（1）目标市场的范围。若以全国顾客作为目标市场，媒体选择就应寻求覆盖面大、影响面广的传播媒体。若以特定细分市场为目标市场，则要考虑传播媒体能够覆盖并影响这一特定的目标市场。例如，产品在全国市场分销，则应该在中央电视台上做广告，如果只是在广东市场销售，则只需在广东电视台等地方电视台做广告即可，两者的费用相差较远。

（2）产品的性质。一般来说，印刷类媒体适合于规格繁多、结构复杂的产品；色彩鲜艳并需要进行产品性能演示的产品应考虑电视媒体。工业产品多属于理智型购买产品，技术性较强，宜选择专业杂志、专业报纸等媒体，若技术性一般，可选择电视和一般报刊。生活消费品多属于情感型购买品，适宜选择广播、电视、报纸、杂志等大众媒体。

（3）目标消费者群接触媒体的习惯。广告媒体应该根据目标消费者群喜欢接触的媒体种类进行选择。例如，一种新型的美容系列化妆品广告，就要考虑其使用对象是女性，主要购买者是青年女性这一情况选择年轻女性喜欢的传播媒体来发布该产品广告。

（4）媒体的费用。一般来说，在选择媒体时应坚持选择投资少而效果好的广告媒体。例如，在发行量为 75 万份的报纸上做广告，价格为 15000 元，广告主在每张报纸上只花 2 分钱。若有 10% 的人对广告做出反应，则广告主在每位顾客身上花费的广告成本就是 2 角钱。这样一算，就比邮寄信件要便宜得多了。

练一练

三只松鼠股份有限公司成立于 2012 年，是一家以坚果、干果、茶叶等森林食品的研发、分装及网络自有 B2C 品牌销售的现代化新型企业。以下是广告文案岗位针对"90后"的招聘广告。

职位描述：

1. "字"恋情结必须有，信手拈来各种文体；琼瑶体、知音体、咆哮体、凡客体，当然还有最最重要的淘！宝！体！

2. 无沟通障碍，热爱太阳底下的所有事物，上能 hold 住 boss，下能唬得住松鼠同事；

3. 文字功底好、思维活跃、眼睛一闭创意就来，洞察力、逻辑思维、团队精神、品牌理解力、美术鉴赏力……兼容并蓄；

4. 当然，这些集于一身不太现实，但至少，你要愿意化身松鼠，带主人一起飞。

假设你去参加面试，请选一个让你印象深刻的广告文案，用 100 字做以下陈述：

（1）你认为其针对对象是谁？

_____

_____

（2）你认为其目的是什么？

_____

_____

（3）它让你印象深刻的原因是什么？

_____

二、广告策划的实施

1. 广告促销创意

目前广告市场中，争取消费者注意力的竞争越来越激烈。消费者每天都要面对成百上千条广告的冲击。如果想要在众多商品品牌中为你所宣传的商品在消费者心目中争取一个位置，那么广告就要有创意。

广告创意，简单来说就是通过大胆新奇的手法来制造与众不同的视听效果，最大限度地吸引消费者，从而达到品牌传播与产品营销的目的。广告创意必须具有自己独特的个性与特点，才能够独树一帜。广告创意必须依赖创造性的思维活动，创造适合广告主题的意境，确立表达广告主题的艺术形象，以强大的艺术感染力，去冲击、震撼消费者的心灵，激起消费者的购买欲望。

练一练

巧手联珠：看来毫不相关的两类事物，可以经由文案的巧思将它们入情入理地联系起来，在上一个练习中根据你对三只松鼠品牌的了解，完成下列练习。（写一句话，字数不超过 50 个）

（1）皮鞋 + 咖啡

（2）碧根果 + 小米手机

（3）三只松鼠 + 忧郁的黑眼圈

---

2. 广告促销方案的策划

广告促销方案策划简称广告策划，是根据营销计划和广告目标，在市场调查的基础上，制定出一个与市场状况、产品特点、消费者群体相适应的广告方案，以实现营销目的的活动。

广告促销方案的策划主要考虑以下五个问题，简称"5M"模式。

第一，确定广告目标是什么（Mission）。如前所述，广告的目标可分为告知、劝说、提示、强化。

第二，确定要花多少钱（Money）。资金预算决定了能够选择什么代言人，选择什么媒体等一系列的问题。

第三，确定要传送什么信息（Message）。广告信息主要是来自产品的信息，它表明产品提供的主要利益。例如，"21金维他"强调健康幸福的家庭生活；"奥妙"洗衣粉广告，请权威人士、权威机构证明这种产品的功能属实，或以普通用户的"现身说法"表明他们如何喜欢这种产品；"佳洁士"牙膏广告，则显示调查证明或科学实验，表明产品完全合乎科学要求或国家标准。广告信息的确定与广告定位息息相关。

第四，确定使用什么媒体（Media）。如前所述，媒体选择需考虑多种因素。

第五，确定如何评价结果（Measurement）。

实战演练

任务实践1

请赏析以下广告语。

海尔："海尔，中国造；海尔，真诚到永远"。

格力："好空调，格力造"。

美的："生活原来可以更美的"。

雪碧："透心凉，透心亮"。

三精葡萄糖酸锌口服液："聪明的妈妈会用锌"。

鲁花花生油："滴滴鲁花，香飘万家"。

六味地黄丸："药材好，药才好"。

农夫山泉："农夫山泉有点甜"。

雀巢咖啡："味道好极了"。

五谷道场："非油炸，更健康"。

脑白金："今年过节不收礼，收礼只收脑白金"。

请思考：以上广告语你最欣赏的是哪一个？它妙在哪里？为什么？

任务实践2

火山熔岩燃烧 iPad

加利福尼亚州的 iPad 配件厂商及销售商 ZooGue 做了一件很酷的事情：CEO 亲自将一台 iPad 送入了正在喷发中的 Lava 火山熔岩，这台可怜的 iPad 在显示"过热"警告后起火燃烧并熔毁，整个广告视频过程中完全没有出现 ZooGue 的产品，但这一视频却在网上疯狂流转，公司达到了推广的目的。

iPad 2 says "Temperature is too high"

请思考：这个广告为什么能够成功达到推广的目的？广告创意的作用是什么？

任务实践3

"白加黑"的经典广告

1995 年，"白加黑"上市仅 180 天销售额就突破 1.6 亿元，在拥挤的感冒药市场上分割了 15% 的份额，登上了行业第二品牌的地位，在中国营销传播史上，堪称奇迹，这一现象被称为"白加黑"震撼，在营销界产生了强烈的冲击。

一般而言，在同质化市场中，很难发掘出"独特的销售主张"。感冒药市场同类药品甚多，层出不穷，市场已呈高度同质化状态，而且无论中、西成药，都难以做出实质性的突破。康泰克、丽珠、三九等"大腕"凭借着强大的广告攻势，才各自占领一块地盘，而盖天力这家实力并不十分雄厚的药厂，竟在短短半年里就后来居上，关键在于其崭新的产品概念。

"白加黑"是个了不起的创意。它看似简单，只是把感冒药分成白片和黑片，并把感冒药中的镇静剂"扑尔敏"放在黑片中，其他什么也没做；实则不简单，它不仅在品牌的外观上与竞争品牌形成很大的差别，更重要的是它与消费者的生活形态相符合，达到了引发联想的强烈传播效果。

在广告公司的协助下，"白加黑"确定了干脆简练的广告口号："治疗感冒，黑白分明"，所有的广告传播的核心信息是"白天服白片，不瞌睡；晚上服黑片，睡得香。"产品名称和广告信息都在清晰地传达产品概念。

请思考："白加黑"广告的成功之处在哪里？

任务实践4

iPhone X 产品上市发布会

2017 年 9 月，苹果公司在美国库比蒂诺的乔布斯剧院举行秋季新品发布会，正式发布了 iPhone 8、iPhone 8 Plus 和为 iPhone 十周年献礼的 iPhone X，这也是苹果史上首次让三款新 iPhone 同时亮相的发布会。

苹果将 iPhone X 作为此次发布会的压轴产品，库克在台上表示，iPhone 8 是一个巨大的里程碑，但并不是重点，因为还有"one more thing"，那就是 iPhone X。库克认为，初代 iPhone 的发布彻底更新了过去十几年的科技，也改变了整个世界，而 iPhone X 的到来将更新未来十年的技术。

新一代 iPhone X 的发音是"10"，而不是"ex"，它拥有的 5.8 英寸 OLED 屏幕不仅更大，还是第一个完全废除 home 键的 iPhone，是第一个提供 Face ID 作为安全解锁和付款新方法的手机。机身采用 7 层的颜料涂层，令颜色更牢固，可长久保持而不脱色。

库克还展示了新机身防水防尘的能力提升。无论是 4.7 寸的 iPhone 8 或 5.5 寸的 iPhone 8 Plus，两者均达到了 IP68 的防水防尘标准。除此之外，新产品还采用 True Tone 的 Retina 显示屏。现在这个 Retina 显示屏再升级为 Retina HD 显示器，配备 True Tone、宽广色域和 3D Touch。True Tone 技术可根据你身处的环境，自动调节白平衡，让你在不同环境中，都可享受到更佳的观看体验。

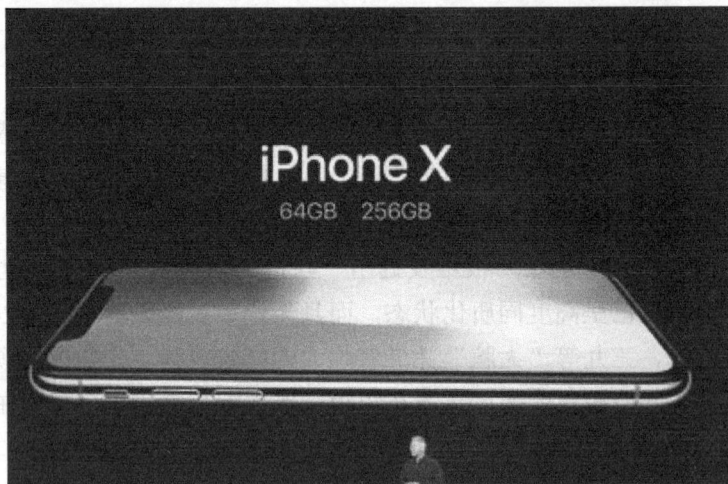

请在网络上搜索发布会，看看苹果公司是如何展示新产品的新功能的？发布会能否打动你？

任务十六　公共关系策划

导入案例

　　近年来，随着生活节奏的加快以及互联网＋产业的飞速发展，越来越多的消费者可以足不出户享受到各色美食，只需要一部手机，一个订餐软件 app 即可统统搞定，如此方便快捷。但 2016 年 3·15 晚会打出食品安全第一枪，让消费者们触目惊心。

　　据央视潜伏记者介绍，他应聘为"饿了么"送餐员，一天他接到一份订单，手机上的店铺图片显示为高大上的某店，餐厅的食物照片及后厨环境都相当干净卫生。但当记者电话联系该餐馆时却被告知地址在另外一个七拐八绕的小区门口，餐厅的后厨卫生更叫人大吃一惊，甚至令人作呕。

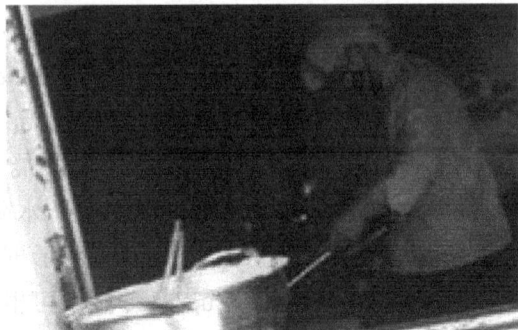

　　"饿了么"的黑店还不止这一家，据这位记者介绍，他潜伏期间起码遇到了 10 余家这

种网络店面和实体店面大相径庭的黑心作坊。"灶台上布满黑黑的油渍，就摆在露天门口；所谓的厨师用脏得看不清原色的抹布，将锅里、锅底擦了几遍，然后又将抹布垫在炒勺上；漏勺就放在脚边的脏水桶上，用时拿起来不加清洗直接使用；菜品出锅时，厨师将手指伸进锅里蘸出汤汁，伸进嘴里尝味道，感觉滋味不够好，又将菜品倒回锅里再次翻炒。"

曝光后，"饿了么"市场的一个负责大区的加 V 员工有意无意地第一个通过微博放出话，"对不起，饿了么今天忘记给央视续费了"。瞬间引起了全国网民的轩然大波，很多人惊异有之，嘲讽有之，当然更多的人选择看热闹。

"饿了么"在晚上 11 点才做出官方回应，从发布时间来看，"饿了么"虽然抓住了危机公关的黄金时间，但这次的危机公关明显不到位，因而被消费者诟病。

案例思考

（1）这一案例中"饿了么"遭遇了什么样的危机？

（2）请上网查阅资料，了解危机处理的结果如何？

（3）从该案例中你得到了什么启发？

当今市场竞争是一种注意力的竞争、人心的竞争、传播的竞争、关系的竞争。公共关系是提高企业形象竞争力的法宝，它运用各种沟通的策略、传播的手段、协调的方法，使企业营销进入一种艺术化的境界。

一、认识公共关系

公共关系是指某一组织为改善与社会公众的关系，促进公众对组织的认识、理解及支持，达到树立良好组织形象、促进商品销售的目的的一系列促销活动。

以一个马戏团要在某小镇表演而做的市场活动为例，如果你在街上立一个牌子，写上"×××马戏团将于×月×日在本镇上演大戏"，这就是在做"广告"。如果你在马戏团里找一头大象，把这个牌子放在大象的背上，在大街上来回走动，这是在做"促销推广"。如果你让背着牌子的大象踏进镇政府大门前的花园，这就是在做"炒作"。如果你能让镇长对"大象踏进镇政府大门前的花园"这件事发表意见，这就是在做"公关"。

公关活动的目标就是营造企业的内外部良好的经营生态环境，其对象是那些掌握资源的特定人群，并通过对目标人群进行宣传、沟通和协调，以争取目标人群对自身的认可和支持。

1. 公关活动的形式

新闻宣传，是通过某项与众不同的公关活动，吸引新闻媒介的报道，以达到广告宣传的目的。这种形式的公关活动，要求企业善于制造新闻。

案 例 7-1

众所周知，在企业突发事件中，危机公关如果出色往往有化腐朽为神奇的"功效"，被央视点名批评的淘宝网，在得知被曝光淘宝网上的刷单行为后，一个小时内就做出了官方回应。在这份回应里，淘宝还特别提到刷手是通过 QQ 群、QT 语音群、微信群、空包网、YY 语音聊天室、黑快递而完成隐蔽而庞大的刷单产业链。

在 3·15 晚会之前，媒体就有报道，马云率先发声"阿里打假投入不封顶，要做打假中国队""消灭阿里巴巴容易，消灭假货难"等。阿里的高明之处在于紧踩时间点，无论是马云本人还是阿里公司都是在 3·15 这天放出消息供媒体报道。

淘宝公关危机处理第一招：不否认，不盲目承担错误。

淘宝公关危机处理第二招：投诉网监司司长，把握主动地位，拒绝被动。

淘宝公关危机处理第三招：全社会招募，让消费者参与进入，确保自己的承诺并非一纸空谈。

课堂随笔

案例思考

淘宝网在处理危机的时候有什么积极主动的做法？你有更好的建议吗？

公共关系广告，是以建立商业信誉为目的的广告，它不直接介绍商品和宣传商品的优点，而是宣传企业的宗旨和信誉、企业的历史与成就、经营与管理情况，其目的是加强企业自身的形象，沟通企业与消费者的公共关系，从而达到推销商品的目的。

企业自我宣传，企业通过印发各种宣传材料，如介绍企业的小册子、业务通信、图片画册、音像资料等，或举办形式多样的展览会、报告会、纪念会及有奖竞赛等，通过这些活动使社会公众了解企业的历史、业绩、名优产品、优秀人物、发展的前景，而达到树立企业形象的目的。

参加公益活动，即企业在从事生产经营活动的同时，积极参与社会活动。在社会活动中体现自己的社会责任，赢得社会公众的理解和信任。充分表现企业作为社会的一个成员应尽的责任和义务。例如赞助社会文化、体育、教育、社会福利事业。

举办专题活动，企业通过举办专题活动的方式，向社会传播自己的文化，让社会了解自己，建立良好的社会形象，结交社会各界朋友，搭建组织间的关系。例如与新闻单位合办大奖赛、文艺演出、专题节目等活动。

组织或接待社会公众参观本企业，通过组织或接待社会公众参观本企业起到宣传企业和产品的作用。日资企业在这方面做得尤其好。

益力多建立了长期接待来访消费者和社会公众的机制，通过企业历史解说、企业文化宣讲、赠送供品尝的产品、到车间参观生产流程等方式，参观者对其干净卫生的食品生产环境、比其他同类产品更优的品质无不留下深刻印象。

2. 公共关系的特点

（1）公关是一定社会组织和与其相关的社会公众之间的相互关系。公关活动的主体是一定的组织，而不是个人。公关活动的对象既包括企业外部有关部门及其他社会公众，又包括企业内部职工及股东。

练一练

美国 IBM 公司每年都要举行一次规模隆重的庆功会，对那些在一年中做出过突出贡献的销售人员进行表彰。这种活动常常是在风光绮旎的地方进行，被称作"金环庆典"。在庆典中，IBM 公司的最高层管理人员始终在场，并主持盛大、庄重的颁奖酒宴，然后放映由公司自己制作的有突出贡献销售人员的工作情况、家庭生活，乃至业余爱好的影片。在被邀请参加庆典的人中，不仅有股东代表、工人代表、社会名流，还有做出了突出贡献的销售人员的家属和亲友。整个庆典活动也被录制成电视（或电影），然后拿到 IBM 公司的每一个单位去放映。

试分析：IBM 公司的庆功会在公司内部都有哪些重大意义？这种活动对其他公司有何借鉴？

（2）公共关系的目标是为企业广结良缘，在社会公众中创造良好的企业形象和社会声誉。

（3）公关新闻宣传往往站在第三者的角度进行活动报道，比广告更具有可信度，使消费者感到客观和真实。公共关系活动传播的促销信息，或借助于事实本身，让人耳闻目睹；或通过他人之口，公之于天下。公共关系可以巧妙地避开人员促销、广告等手段"自卖自夸"之嫌，能够突破公众及顾客的防范、戒备心理，易于深入人心，效果持久。

（4）公共关系是一种信息沟通，是创造"人和"的艺术。

（5）公共关系是一种长期活动。

案例 7-2

2017年，阿斯塔纳世博会中国馆主题为"未来能源、绿色丝路"，将全面展示中国能源发展主张及对未来能源发展的思考。"未来能源"倡导解决能源课题，促进未来能源可持续发展。中国围绕开发、利用新能源所做的实践与思考，正是本届世博会中国馆所要展示的重点和亮点；"绿色丝路"深刻诠释了"一带一路"倡议中我国的绿色发展理念。"未来能源，绿色丝路"主题框架下搭建的平台，将成为中国与世界各国分享能源利用、保护与开发经验的新途径，也将为中国人民与世界各国人民欢聚、共融、合作，共筑通往幸福之路提供新设想。其中，国家电网公司和中国华信能源有限公司被授予世博会中国馆"官方合作伙伴"称号，中国石油天然气集团公司、兴业银行和中航工业上海航空电器有限公司被授予"金牌赞助商"称号，协鑫（集团）控股有限公司被授予"指定用品（服务）供应商"称号。国家电网公司的特高压技术，中国华信的"淤泥燃料化系统"及"AO干法脱硫脱硝系统"，中石油的"二氧化碳捕集埋存与提高石油采收率（CCS-EOR）"技术，兴业银行的"绿色金融"，上海航空电器的"国画"系列投影仪，协鑫集团的光伏发电技术将在本届世博会精彩亮相。

课堂随笔

3. 危机公关

危机公关具体是指机构或企业为避免或者减轻危机所带来的负面影响，从而制定和实施一系列措施和应对策略，包括危机的规避、控制、解决以及危机解决后的复兴等系列活动在内的管理过程。从危机公关的角度看，公共关系是一项管理功能，通过制定政策及程序来获得公众的谅解和接纳。

案例 7-3

2016年4月，NIKE篮球官方微博发布了一条消息，NBA球星科比·布莱恩特，2008年北京奥运会夺冠时所穿的一双NIKE篮球鞋复刻版，将限量发售。南京的郎先生成为了这次销售中幸运的中签者，以每双1499元的价格，抢到了两双。

NIKE在中文官网上宣称，这款鞋后跟带有NIKE拥有专利的zoom air气垫。然而，郎先生穿上这双鞋，上了球场，就觉得有点不对劲。

郎先生上网搜索，发现有很多消费者也发现了同样的问题。有人甚至把刚买的这款鞋和此前同款的复刻鞋切开，进行了对比，之前的复刻鞋的后跟带有zoom air气垫，而新买的这双鞋后跟只有实心橡胶底。

60多个消费者，自发组建了维权微信群，推举郎先生作为代表，与NIKE进行协商。随后，朗先生拨打了官网上的NIKE售后服务电话。客服说需要与生产部门进行核实。十天后，NIKE的客服人员承认，这款鞋后跟确实没有气垫。

至此，耐克这款号称"最好的篮球鞋"被曝光：气垫消失只有实心橡胶底。NIKE该如何通过公关手段解决这一危机呢？

课堂随笔

4. 危机公关的策略

（1）把危机公关上升到一个战略的高度。

很多企业危机公关失利的主要原因就是没有把看起来并不大的事件当回事，但"千里之堤，溃于蚁穴"，这样的态度将导致事件影响与危害不断蔓延，直至不可收拾。正确的做法是当企业发生公关危机时不论事件大小都要高度重视，站在战略的高度，谨慎对待，尤其是最高领导更要非常重视。

（2）正确分析问题的本质与根源。

很多企业危机公关处理不利的原因大多是只看到了表面现象，哪儿出了问题就抓哪儿，而本质性的根源问题却没有解决，导致只治标不治本，无法快速彻底解决危机。应该先客观全面地了解整个事件，而后冷静地分析问题的核心及根源，或聘请专业公司把脉支招，切不可急着拿一支扫帚就去救火：哪儿着火哪儿拍一下。

（3）展现勇于承担的气魄。

事件发生后，要在第一时间把所有质疑的声音与责任都承担下来，不能含糊其词，不能态度暧昧，而后以负责任的事实行动迅速对事件做出处理。其实很多危机事件发生后媒体与消费者甚至是受害者并不十分关心事件本身，更在意的是责任人的态度。冷漠、傲慢、推诿等态度会增加公众的愤怒，把事件本身的严重性放大。

（4）积极沟通的做法。

当企业发生公关危机时沟通就是最必要的工作之一。首先要与企业全体员工进行沟通，让大家了解事件，以便配合进行危机公关活动，比如保持一致的口径、一致的行动等。而后要马上与受害者进行沟通，以平息其不满的情绪，比如开通专线电话接听相关投诉，负责人亲自慰问与会见受害人等。接下来就是与媒体进行沟通，必须第一时间向媒体提供真实的事件情况及随时提供事件发展情况，因为如果你不主动公布消息，媒体和公众就会去猜测，而猜测推断出的结论往往是负面的。

（5）让第三方为自己说话。

企业发生危机时若自身没有问题，通常都会急于跳出来反驳，与媒体、消费者打口水仗，这样的结果往往是即使弄清楚了事实的真相也失去了公众对其的好感，拓展到企业诚信问题、社会责任问题等方面，导致有理反倒变成了没理。应该以一个积极的态度配合调查，对媒体及公众的质问不做过多的言辞，而后马上请第三方权威部门介入，让权威部门为自己说话，有了证据之后再主动联系媒体，让媒体为自己说话，必要的时候再让消费者为自己说话，但自己尽量不要在事件还未明朗、大众存在误解的时候去说话。

> **案 例 7-4**
>
> 2017年3·15被曝光的品牌中有无印良品和部分跨境电商，这次栽在了日本进口商品上，理由是违规出售日本福岛核电站泄漏事件中禁售产地的商品。
>
> 3月16日中午，无印良品终于针对被央视3·15点名一事发布了声明。纵观这则声明，不得不说，还是延续了无印良品一贯的性冷淡风。通篇理性，几乎毫无感性的成分。

无印良品指出，此次引起误解的原因是本公司所销售的进口食品日文标识上所标示的"贩壳者·株式会社良品计画RD01东京都丰岛区东池袋4-26-3"，而该信息为本公司母公司名称及其法定注册地址，并非本司所售进口食品的产地。也就是说，央视记者把公司注册地和食品产地搞混了。无印良品还在声明最后附上了每批次食品报关报验单等一系列证明复印件。可以说是有理有据，不卑不亢。

声明函

针对2017年中央电视台3·15晚会中所曝光的"无印良品部分进口食品产自日本核污染区"事件，本公司对此声明如下：

1. 此次引起误解的原因是本公司所销售的进口食品日文标识上所标示的"贩壳者·株式会社良品计画RD01东京都丰岛区东池袋4-26-3"，而该信息为本公司母公司名称及其法定注册地址，并非本司所售进口食品的产地。

2. 3·15晚会所曝光的两款进口食品的原产地如下：

无印良品无咖啡因香茅薏仁茶（谷物饮料）　原产地：日本福井县
无印良品鸡蛋圆松饼（热加工糕点）　原产地：日本大阪府

3. 本公司向全国消费者声明，本公司进口及销售的来自于日本国的食品，均严格遵守2011年4月8日国家质量监督检验检疫总局（总局2011年第44号公告）《关于进一步加强从日本进口食品农产品检验检疫监管的公告》及2011年6月13日国家质量监督检验检疫总局颁布的国质检食函【2011】411号《关于调整日本输华食品农产品检验检疫措施的通知》的规定，未进口及销售任何中国政府明令禁止的日本核污染影响区域的食品。本公司进口及销售的进口食品均有【原产地证明书】，且证明书正本已提交上海出入境检验检疫局，并取得【中华人民共和国入境货物检验检疫证明】。每批次进口食品的报关报检单证齐全合规。

声明人：无印良品（上海）商业有限公司
2017年3月16日

附：
1.《对中国出口产品原产地证明书》—无印良品无咖啡因香茅薏仁茶（谷物饮料）
2.《对中国出口产品原产地证明书》—无印良品鸡蛋圆松饼（热加工糕点）

如此冷静的危机公关，却让舆论迅速反转，网友的情感值迅速回升，危机公关成功帮助品牌转危为安。

二、公关活动策划

公共关系策划就是公共关系人员根据组织形象的现状和目标要求，分析现有条件，谋划、设计最佳公关活动方案的过程。

1. 程序

（1）确定公关策划目标。

公关目标就是组织单位希望通过公关活动的实施所能达到的形象状态和理想标准。按组织目标的功能定位来划分，可分为传递信息、增进感情、转变态度、引起行为等目标。

目标策划的注意事项与具体要求：公关目标应具体明确，可直接操作；公关目标应具有可行性和可控性。

精工表为了改变人们原来对日本表的质量偏见，决定展开一场公关活动，争取在1964年的东京第十八届奥运会上被采用为大会的正式计时器。它将奥运公关目标确定为让全世界的人都了解精工的计时是世界一流的技术与产品，目标具体明确、具有可行性和可操作性。

（2）分析公关的对象公众。

任何组织与公众之间都是在需求与满足中形成互利互惠的关系。因此，就组织而言，每一类公众都对组织产生一定的需求。公共关系人员必须了解公众对组织的权利要求，才能有针对性地进行公关活动策划。

例如：顾客的需求在于"优良的服务态度，公平合理的价格，产品质量保证及适当的保质期，准确解释各种疑难或投诉，提供产品的售后维修服务，使用产品的技术资料服务，产品备用零配件的供应，产品改进的研究与开发，增进消费者信任的各项服务。"而社区的需求点通常在于"在当地社会提供生产性的、健康的就业机会，正规雇用，公平竞争，就地采购当地社会产品的合理份额，保护社区环境，关心和支持当地政府，支持文化和慈善事业，赞助地方公益活动，公司负责人关心和参加社区事务。"

（3）公共关系方案策划。

方案的策划内容通常包括确定公关活动主题、选择时机、选择媒体、确定经费预算。

（4）撰写公共关系策划书。

公关策划书是一份完整的公关策划方案的书面报告，是公关策划工作的最后一项程序。公关策划书的主体内容一般由背景概述、公关目标、公关活动项目、传播方式、时间地点、费用估算、实施程序等项内容构成。

2. 公共关系工具

讨论表 7-6 中哪些公司采用了下列工具，哪些公司适合使用这个工具。

表7-6　确认公共关系工具的选用

分　类	工　具	适 用 公 司
新闻	由新闻工作者撰写的有关企业的宣传材料	
特殊事件	记者招待会，隆重开幕典礼和鸣放礼花、激光炮，演唱会，热气球升空，多种媒体介绍，比赛等	
编辑出版物	企业报刊、情况简报、内部通信、新品介绍、专题文章、企业介绍、生产过程的展现等	
公益赞助	支持所在社区的活动，向希望工程、受灾地区灾民、失业人员等捐赠，为改善生活环境等向有关部门捐赠	
互联网网站	建立官网、博客	
宴请与参观游览	参观日活动	

3. 公共关系专题活动

公共关系专题活动主要有开业庆典、展销会、新闻发布会、赞助活动、参观活动。具体活动内容如表7-7所示。

表7-7 各种公关活动基本步骤

类　型	基本步骤
开业庆典	精心拟出邀请宾客的名单→拟定程序表→布置场地→安排接待工作→安排礼仪小姐→准备贵宾留言册→安排接待服务人员→准备馈赠礼品→提前调试音响→签到→接待→剪彩→致辞→节目→参观、座谈或聚会→赠送纪念品
展销会	确定时间、地点→确定展销会的内容→确定展销会工作人员及责任→确定展销会的费用预算→公关活动安排→做好展销会的效果测定
发布会	确定举办新闻发布会的"由头"和时机→新闻发布会的准备工作和注意事项→对待记者的态度→发布会结束后的工作
赞助活动	明确赞助的目的→赞助活动的类型→赞助的前期研究→制订计划→审核评定→具体实施→效果测定
参观活动	准备宣传小册子→放映视听材料→观看模型→可引导观看实物→中途休息→分发纪念品→征求意见

实战演练

任务实践1

"外遇"风波

一次，一名英国中年妇女和丈夫闹离婚，理由是丈夫有外遇，在法庭上她边哭边诉道："我20岁嫁给他。可是结婚不到一星期，他就偷偷地到运动场幽会去了。如今，他已经50岁了，照例迷恋那个可恶的妖精，无论白天黑夜，他都要去运动场与那'第三者'见面"。法官问："'第三者'是谁？"她爽快地说："就是那臭名昭著、家喻户晓的足球。"法官只得劝道："足球不是人，你只能控告生产足球的厂家。"谁知那妇女果真向法院控告一年生产20万只足球的英国"宇宙"足球厂。出人意料的是，该厂老板居然表示：同意赔偿这位太太10万英镑孤独费。这一意外官司，很快新闻界大肆宣扬。事后，老板对记者说："这位太太的控告词，为我厂做了一次绝妙的广告。"

请思考：

（1）"宇宙"足球厂在这次事件中损失10万英镑，是否值得？

（2）足球厂的这次公关活动属于哪一类公关活动？

任务实践2

10万美元寻找主人

某公司宣传其新型保险柜的卓越功能，登出一则这样的广告：

"10万美元寻找主人！本公司展厅保险柜里存放有10万美元，在不弄响警报器的前提下，各路豪杰可用任何手段拿出享用！"

广告一出，轰动全城。前往一试身手的人形形色色：有工人、学生、工程师、警察和侦探，甚至还有不露声色的小偷，但都没有人能够得手。各大报纸连续几天都为此事作免费报道，影响极大。这家公司的保险柜的声誉随之大增。

请思考：该公司此次公关活动策划为什么取得了巨大的成功？

任务实践3
家乐福价格欺诈事件

2011年1月中旬，经济之声《天天315》节目连续报道家乐福大玩价签戏法，价签上标低价，结账时却收高价；明明是标注打折，促销价却和原价相同。

1月26日，国家发展改革委披露，多地消费者举报"家乐福等部分超市价签标低价结账收高价"，恶意坑害消费者。经查实，确有一些城市的部分超市存在价格欺诈行为。紧随其后，央视、新华社、新浪网等国内最重要的媒体连续、大篇幅、显著位置谴责家乐福，各种媒体报道铺天盖地，一时间引起了巨大的社会反响。

针对这一事件，家乐福就价签问题发表声明称："相关问题是由于我公司价签系统不完善而造成的，我们正着手进行升级改造。针对目前出现的问题，公司特别加强了内部监督检查工作及检查频率，并将积极与各地的物价等监管部门进行沟通，邀请各地物价检查部门的专业人员对我公司相关负责人及员工加强培训。"

然而，媒体调查显示，公众对以上补救措施并不买账。这一外资零售业巨头挽救诚信问题绝非易事。

请思考：

（1）事件中家乐福的危机公关表现如何？其最大的失误在哪里？

（2）本次事件折射出家乐福的企业管理存在什么问题？

任务十七　营业推广策划

导入案例

2016年是直播平台爆发元年。一种新的娱乐社交方式——"直播"开始颠覆市场和大众社交方式。其中，映客、花椒、来疯等人气颇高的平台逐渐成为市场主流，后起之秀优酷、土豆、美拍、秒拍、小米、陌陌、Bilibili、芒果TV等不甘示弱也相继迎风破浪，而不甘寂寞的阿里、腾讯、百度、网易等互联网巨头也一并跻身其中，抢滩占地，意图分一杯羹。一时间，整个行业呈齐头并进、百花绽放之势。

从直播兴起的那一天起，企业们好像迅速发现了这块价值洼地，直播一时间成为了品牌营业推广的新武器、新战地。从效果上来看，似乎非常让人满意。不仅是雷军的小米这样走在潮流前沿的互联网企业，很多其他品牌也已经陆续开始试水直播营销。首先相比于传统式的电视在线购物平台，在线直播促销则更具有传播和感染效果；其次无论从视觉感官还是情感交互上，在线直播较电视购物更加接地气，能更快地聚起人流，成为焦点。比如，以在线促销衣服或者化妆品等为例，通过店主在线亲身一个一个地示范和试穿，并配以诙谐幽默的解说等无PS真人体验等方式，引起观众视觉、情感上的共鸣和交互，再以更优惠的体验价最终达成促销目的。

案例思考

（1）你看过什么产品的直播节目？节目里面有做促销活动吗？

（2）在直播间做促销活动的好处是什么？

（3）从案例中你得到什么启发？

近年来，营业推广在企业促销预算中所占的比例越来越高，特别是消费品行业，营业推广费用已经超过了广告费用，显现了营业推广的重要性。

一、认识营业推广

营业推广也称销售促进，是一种适宜于短期推销的促销方法，是企业为鼓励购买、销售商品和劳务而采取的除广告、公关和人员推销之外的所有企业营销活动的总称。

1. 营业推广的作用

（1）可以吸引消费者购买。

这是营业推广的首要目的，尤其是在推出新产品或吸引新顾客方面，由于营业推广的刺激比较强，较易吸引顾客的注意力，使顾客在了解产品的基础上采取购买行为，也可能使顾客追求某些方面的优惠而购买产品。

在小家电柜台前，两名推销员在做榨汁器的示范表演。一名推销员面前摆满了橘子、苹果、西瓜等水果及玻璃器皿。只见他左一下、右一下地扭动着榨汁器，新鲜的水果原汁流入杯中。另一名推销员说，这种榨汁器是超级玻璃制成的，防酸、防碱、防裂、防碎。说着拿起大铁锤猛砸了几下，又把榨汁器狠狠地摔在地上，丝毫无损。他向围观的顾客说，谁发现有裂纹，就赠送谁榨汁器一个。一位阿姨不大放心，推销员请她上来实际操作，也使用锤子又敲又砸，围观的人真的信服了，这位阿姨一下就买了4个，一会儿工夫，该柜台就卖出榨汁器达上百个。

（2）可以奖励品牌忠实者。

因为营业推广的很多手段，譬如会员优惠价格、赠券等通常都附带价格上的让步，其直接受惠者大多是经常使用本品牌产品的顾客，从而使他们更乐于购买和使用本企业产品，以巩固企业的市场占有率。

（3）可以实现企业营销目标。

这是企业的最终目的。营业推广实际上是企业让利于购买者，它可以使广告宣传的效果得到有力的增强，破坏消费者对其他企业产品的品牌忠实度，从而达到本企业产品销售的目的。

2. 营业推广的不足

影响面较小。它只是广告和人员销售的一种推销的促销方式。

刺激强烈，但时效较短。它是企业为创造声势获取快速反应的一种短暂促销方式。

顾客容易产生疑虑。过分渲染或长期频繁使用，容易使顾客对卖者产生疑虑，反而对产品或价格的真实性产生怀疑。

二、营业推广活动策划

1. 常见的营业推广方式

营业推广的方式很多，主要可分为三类：针对个人消费者的营业推广、针对中间商的营业推广和针对推销人员的营业推广。具体方式如表7-8所示。

表7-8 营业推广的具体方式

针对个人消费者的营业推广	赠送样品；折价券；捆绑销售；商品示范表演；现场试用试尝；以旧换新（适用于耐用、高档消费品）；交易印花；会员制；竞赛、游戏和抽奖等
针对中间商的营业推广	免费提供陈列样品；订货折扣；推广资助；随货赠品；销售奖励等
针对推销人员的营业推广	推销竞赛、推销津贴；销售集会；红利；培训与协助等

2. 针对个人消费者的营业推广

（1）赠送样品。

在顾客购买商品之前，免费赠送少部分商品，让消费者在使用商品中，认识商品、产生兴趣，以此打开商品销路。它一般适用于价值不大的商品，是推广新产品最有效的方法，缺点是费用高。样品可以选择在商店或闹市区散发，或在其他产品中附送，也可以公开广告赠送，或入户派送。

（2）折价券。

在购买某种商品时，持券可以免付一定金额的钱。折价券可以通过广告或直邮的方式发送。

（3）捆绑销售。

以较优惠的价格提供组合包装和搭配包装的产品。

（4）商品示范表演。

企业派促销员在销售现场演示本企业的产品，向消费者介绍产品的特点、用途和使用方法等。

（5）现场试用试尝。

消费者在促销现场进行试用或试品尝，打动消费者产生购买行为。例如方便面、奶茶饮料等产品常常用现场试尝的方式。

（6）以旧换新。

将旧商品折成一定的价格，退给销售商，以便以较优惠的价格购买新产品。例如京东商城、国美家电等卖场常常以旧家电换购新家电。

（7）交易印花。

例如每购买100元商品，商家就发给一个印花，印花累积到一定的数额，就可以换取一定的礼品。

（8）会员制。

实行会员制的商家通常对部分商品确定会员价，以便吸引老会员形成来本店购买的习惯。

（9）竞赛、游戏。

通过消费者参与各种促销竞赛或游戏活动，如技能竞赛、知识比赛等活动，获取企业的奖励。

（10）抽奖。

顾客购买一定的产品之后可获得抽奖券，凭券进行抽奖获得奖品或奖金，抽奖可以有各种形式。

练一练

20世纪90年代是碳酸饮料风靡之时，汇美果汁公司却只专注于果蔬汁饮料市场，很快成为中国饮料企业的十强之一。但当统一、康师傅、娃哈哈、可口可乐加入果汁市场的战团以后，汇美在竞争中常常显得力不从心。为了巩固市场地位，最近汇美打算在若干超市展开营业推广促销活动，请你帮它策划营业推广方式。

3. 针对中间商的营业推广

（1）免费提供陈列样品。免费提供陈列样品的作用在于减少中间商的经营成本，减少中间商的资金周转压力。

（2）订货折扣。为了鼓励中间商增加一次订货量或提前订货而给予的价格折扣。

（3）推广资助。例如与中间商合作广告，帮助中间商扩大终端销售额。

（4）随货赠品。随正品销售，配送关联赠品，使得中间商能够更好地吸引终端顾客购买。例如卖手机的中间商常常希望能够拿到配送的免费电池、屏幕保护膜。

（5）销售奖励。企业通常给予销售业绩好的中间商一定的奖励，例如年末返点、免费出国旅游等。

4. 营业推广策划程序

（1）确定推广目标。

营业推广目标的确定，就是要明确推广的对象是谁，要达到的目的是什么。只有知道推广的对象是谁，才能有针对性地制定具体的推广方案，例如，是为达到培育忠诚度的目的，还是以鼓励大批量购买为目的。

（2）选择推广方式。

营业推广的方式很多，但如果使用不当，则适得其反。因此，选择合适的推广方式是取得营业推广效果的关键因素。企业一般要根据目标对象的接受习惯和产品特点、目标市场状况等来综合分析选择营业推广的方式。

（3）推广的配合措施。

营业推广要与营销沟通的其他方式如广告、人员推销等整合起来，相互配合，共同使用，从而形成营销推广期间的更大声势，取得单项推广活动达不到的效果。

（4）确定推广时机。

营业推广的市场时机选择很重要，如季节性产品、节日、礼仪产品，必须在季前、节前做营业推广，否则就会错过时机。

（5）确定推广期限。

确定推广期限即营业推广活动持续时间的长短。推广期限要恰当。时间过长，消费者新鲜感丧失，产生不信任感；时间过短，一些消费者还来不及接受营业推广的实惠，造成推广活动影响力不大。

实战演练

任务实践1

"寻宝"促销

英国人基特·威廉姆创作出版了一本名为《化装舞会》的儿童读物，要小读者根据书中的文字和图画猜出一件"宝物"的埋藏地点，并宣布，谁找到埋藏地点，"宝物"就归谁。"宝物"是一只制作精巧、价格昂贵的金质小兔。

该书出版后，恰似刮起了一阵旋风，难以计数的青少年，以及各阶层的成年人，都怀着极浓厚的兴趣，按照自己在书中得到的启示，在英国各地到处寻宝。历时两年多，在英国土地上留下了无数被挖掘的洞穴。最后，读书寻宝活动以一位48岁的工程师在伦敦西北的一个小村子发现这只金质小兔而告终。而此时，这本书已销出了200多万册。

请思考：

（1）本案例中究竟是谁寻到了宝？

（2）本案例采用了哪一种促销方式？为什么能取得巨大成功？

（3）本案例还可以结合哪些促销方式来开展促销活动？请简要说明。

任务实践2

喝咖啡赠高级法国咖啡杯

日本东京 Tomson 咖啡屋推出了一种 5000 日元一杯的高级咖啡。活动刚刚推出时，的确让许多人大吃一惊。因为在当时的东京，一杯普通的咖啡只需花 100 日元左右，5000 日元一杯的咖啡相对而言太昂贵了。

但这种昂贵的咖啡并非无人问津。事实上，咖啡店却忙得不亦乐乎。因为高价位引起了人们的特别注意，反而刺激了非要尝尝这昂贵咖啡的顾客。或者你会以为这间咖啡店推出 5000 日元一杯的咖啡，一定有厚利可图，但其实该店出售这种咖啡几乎是不赚钱的。原因是什么呢？

Tomson 的咖啡是用世界最高级、最豪华的法国杯子盛装，这种杯子一个价值 4000 日元，等你喝完咖啡回去时，店员就把这个杯子包装好，送给你。当然，咖啡本身也是货真价实，味道非常得好。

那么既然无利可图，为什么还要推出这种高级咖啡呢？店主森元二郎说："卖 5000 日元一杯的咖啡，我们是不赚钱的。我们要靠卖其他便宜的饮料来维持。然而这 5000 日元一杯的咖啡比任何宣传都有效，它能吸引成千上万的好奇顾客前来光临。"的确，该咖啡店用好的产品和优良的服务，为消费者提供了一次完美的享受。虽然，这种价格高于市场一般价格，但咖啡店的价格与品质、服务是平衡的。该店老板别出心裁地用高价位和赠品相结合的方式吸引顾客，给顾客留下好的印象，达到了一般宣传所达不到的效果．

请思考：

（1）本案例中的 Tomson 咖啡屋采用了哪种营业推广方式？

（2）Tomson 咖啡屋为什么要采用这种营业推广方式？

（3）你认为还可以采取哪些营业推广方式？请简要说明。

任务实践3

百事之经典——免费试饮

百事可乐早先只处在不显眼的地位，很少有人问津。为了树立品牌形象，百事可乐开始对可口可乐进行公开挑战，百事公司提出了一项大胆的销售促进计划。

百事决定让达拉斯的市民同时品尝可口可乐和百事可乐，并公正地说出到底哪个味道好。这种免费试饮品尝可能失败，其结果可能是可口可乐超过百事可乐，但百事可乐本处于二等饮料的位置，不存在失败的负担。

于是百事在报纸上大肆宣传，在大街上打出横幅，欢迎参与品评。一排桌上放满了装着百事可乐和可口可乐的瓶子，由过往行人自愿品尝，指出孰优孰劣。由于试饮者眼睛给蒙上了，他们根本不知道先饮的是可口可乐还是百事可乐。当场有公证人进行登记，还有电视新闻记者的镜头跟踪，结果是出人意料的，认为百事可乐味道略胜一筹的人数竟高过可口可乐。

通过这次成功的免费试饮销售促进活动，百事可乐的声誉在达拉斯鹊起，在当地的市场占有率很快升达 17%，销量也跟着扶摇直上。几年后，百事可乐在国内超级市场的销售已超过可口可乐，可口可乐靠海外市场和贩卖机等才维持了霸主地位。

由于这次活动成果卓越，于是一场声势浩大的"百事可乐的挑战"——可口可乐与百事可乐品尝评定活动在全美 80% 的地区开展起来，参与品尝的人越来越多。百事可乐还将整个活动拍成影片在电视上插播，更加稳固了百事可乐的竞争地位。

请思考：

（1）百事可乐采用了哪种促销方式？

（2）百事可乐通过这种促销方式达到了什么目的？

（3）假如你是百事可乐的营销人员，请你为百事可乐设计一次促销活动。

任务实践4
宝洁公司通过互联网派送样品

当宝洁公司决定再一次投放别致洗发水的时候，扩大了价值 2000 万美元的广告促销活动，建设了新网址（www.pertplus.com）。公司建立网站有三个目标：增强对新配方洗发水的认知、让顾客使用产品和收集网络使用者信息。网站的首页请访问者"把头顶在屏幕上"，测量头发的清洁程度。列出结果后，网站告诉访问者需要立即得到帮助，解决方案是"试一下新的别致洗发水"。访问者填好一张简短的个人信息表格，就可以得到样品。网站还有其他有趣的特点，例如，点击"赶快告诉朋友"可以出现一个窗口，给朋友发信让他们参观网站并得到样品。样品促销的效果如何呢？宝洁公司对结果很惊讶，网址运行两个月，有 170000 人访问，83000 人索要样品。更让人惊奇的是，网站虽然只有 10 个网页，但每人平均访问网址 1.9 次，每次访问用时 7.5 分钟。

请思考：

（1）宝洁公司采用了哪种营业推广方式？有什么特别之处？

（2）宝洁公司为什么要采用这种营业推广方式？

（3）假如你是宝洁公司的营销人员，你会采用什么样的促销方式？为什么？

项目小结

促销，就是营销者向消费者传递有关本企业及产品的各种信息，说服或吸引消费者购买其产品，以达到扩大销售量目的的营销活动。

促销方式主要有人员推销、广告、公共关系和营业推广四种。应用策略分为推式策略和拉式策略两种。影响促销方式选择的因素主要是促销目标、产品的性质、产品的生命周期、市场的特点等。

人员推销是指通过推销人员深入中间商或消费者进行直接的宣传介绍活动，使中间商或消费者发生购买行为的促销方式。人员推销的基本形式有上门推销、柜台推销、会议推销。人员推销具有以下特点：针对性强、销售的有效性、密切买卖双方关系、信息传递的双向性。人员推销促销方式的适用范围：单位价值较高的产品，性能复杂、需要做演示或解说的产品或新产品，根据用户需求设计的产品，流通环节较少的产品，市场需求集中的产品。

商业广告是广告主体有目的地通过各种可控制的有效大众传播媒体，促进商品和劳务销售的付费宣传。广告的目标一般有告知、劝说、提示、强化几种。根据广告媒体的不同，可分为报纸广告、杂志广告、广播广告、电视广告、户外广告、售点广告、网络广告等，影响广告媒体选择的因素主要有：目标市场的范围、产品的性质、目标消费者群接触媒体的习惯、媒体的费用。

公共关系是指某一组织为改善与社会公众的关系，促进公众对组织的认识，理解及支持，达到树立良好组织形象、促进商品销售的目的的一系列促销活动。公关活动的形式包括：新闻宣传、公共关系广告、企业自我宣传、参加公益活动、举办专题活动、组织或接待参观本企业等多种形式。

危机公关具体是指机构或企业为避免或者减轻危机所带来的负面影响，从而制定和实施一系列措施和应对策略，包括危机的规避、控制、解决以及危机解决后的复兴等系列活动在内的管理过程。危机公关的原则是信息及时性原则、有效沟通原则、尊重公众原则、保持坦诚原则、信息一致性原则、整体策划原则。

营业推广也称销售促进，是一种适宜于短期推销的促销方法，是企业为鼓励购买、销售商品和劳务而采取的除广告、公关和人员推销之外的所有促销活动的总称。营业推广的方式很多，例如针对个人消费者的营业推广方式主要有赠送样品，折价券，捆绑销售，商品示范表演，现场试用试尝，以旧换新（适用于耐用、高档消费品），交易印花，会员制，竞赛、游戏和抽奖等。在营业推广策划中可以灵活选择推广方式。

实践与练习

1. 选择题

（1）促销的实质是（　　）。

　　A. 营销　　　　　　　　B. 销售　　　C. 推销　　　　　　D. 沟通

（2）以下属于拉式策略下常常应用的促销方式的是（　　）。

　　A. 人员推销　　　　　B. 广告　　　C. 公共关系　　　D. 营业推广

（3）广告的印刷媒介包括（　　）。

　　A. 报纸　　　　　　　B. 杂志　　　　　　　C. 宣传单张

　　D. 路牌　　　　　　　E. 条幅　　　　　　　F. 海报

（4）广告的目标可以是（　　）。

　　A. 告知　　　　　　　B. 劝说　　　C. 提示　　　　　D. 强化

（5）公关活动的形式有（ 　　 ）。

　　A．新闻宣传　　　　　　　　B．公关广告

　　C．商品广告　　　　　　　　D．举办公益或专题活动

（6）以下属于针对消费者的营业推广手段的是（ 　　 ）。

　　A．赠送样品　　　B．折价券　　　　C．商品示范表演

　　D．现场试用试尝　　E．会员制　　　　F．抽奖

2. 思考题

（1）四种促销方式的优缺点是什么？在促销活动策划时该如何选择？

（2）什么是人员推销？什么情况下可以选择这种促销方式？

（3）常见的几种广告媒体优缺点如何？该怎样进行选择？

（4）公共关系的特点是什么？危机公关该把握住什么？

（5）营业推广有什么作用？请列举几个常见的营业推广方式。

3. 案例分析题

瑞士雀巢咖啡准备进入中国市场时所做的促销举措堪称经典。当时雀巢公司促销策略如下：第一，雀巢选择京、津、沪三大城市作为其进军中国内地的突破口，在三个城市的地方电视台和中央电视台同时播出广告，通过集中、统一、有特色的密集性广告，传播了雀巢咖啡"味道好极了"的良好品牌形象；第二，雀巢在京、津、沪三市多次举办名流品尝会，并为人民大会堂和一些重要会议免费提供咖啡，形成了名流只喝"雀巢"的时尚；第三，采用较为中国内地消费者欢迎的买一赠一、买咖啡送伴侣等形式进行促销。

请思考：

（1）雀巢咖啡应用的促销组合方式有哪几种？

（2）雀巢咖啡的促销策略成功之处在哪里？

项目实训

1. 课堂训练

主题：应用各种促销方式策划促销活动

课时：2学时

地点：教室

过程设计：教师指定主题，由学生进行促销项目策划。

实训目的：

（1）巩固所学的知识。

（2）培养学生灵活运用所学知识分析解决问题的能力。

（3）培养学生的促销策划文案撰写能力。

（4）培养学生养成收集资料、自主学习的习惯。

选择几种熟悉的产品，全班分为若干个小组，每组选择一种产品，参照下述促销策划书的格式，应用几种促销方式设计出具体的促销方案。

提示：

促销策划书的基本格式如下。

（1）封面。

① 策划方案名称。要求清楚、明确、具体。

② 策划者资料的介绍。包括姓名、单位、职务等。

③ 完成方案的时间。按实际完成方案的日期，填写年、月、日。

（2）前言。

简述策划背景、策划目标、策划指导思想与策划思路等内容。

（3）目录。

（4）正文。

① 市场分析。包括：从竞争强度、促销方式及竞争对手的促销策略及促销方案等方面进行分析；从同类产品、价格、促销手段等相关信息及产品的市场经营状况进行分析。

② 目标顾客分析。是指对目标顾客特征与消费行为进行分析。包括：目标顾客对本产品的敏感点，目标顾客的兴趣，以及目标顾客获取本产品的相关信息途径。

③ 产品分析。包括：卖点（比较优势）分析，诉求点分析，产品市场生命周期分析，以及其他相关因素分析。

④ 促销分析。包括：促销重点分析，促销时机分析，促销活动主题，具体促销目标。

⑤ 促销传播信息。包括：促销内容、促销主题描述，实现主题的促销手段设计。

⑥ 促销方案。包括：促销活动宣传口号或广告词，促销活动的时间、地点，促销活动的内容、促销活动执行人员，促销活动的进度，促销活动准备物资清单以及相关的制度、文件、表格等。

⑦ 促销活动方案的效果预测与促销经费预算。

⑧ 促销活动的注意事项。包括：应急预案，预防措施。

2．实战演习

分组走访多个超市或百货公司，将调研了解到的促销活动在班级里进行汇报，从策划创意、实施细节等方面分析各促销活动策划的优与劣。

实战目的：通过实战场景走访与分析，引导学生学会思考，培养学生的促销策划实战能力。

项目八

营销策划成文

知 识 点

策划书的写作顺序；
营销策划书的格式；
营销策划书的写作技巧。

技 能 点

掌握营销策划书的格式；
掌握营销策划书的撰写技巧。

思 维 导 图

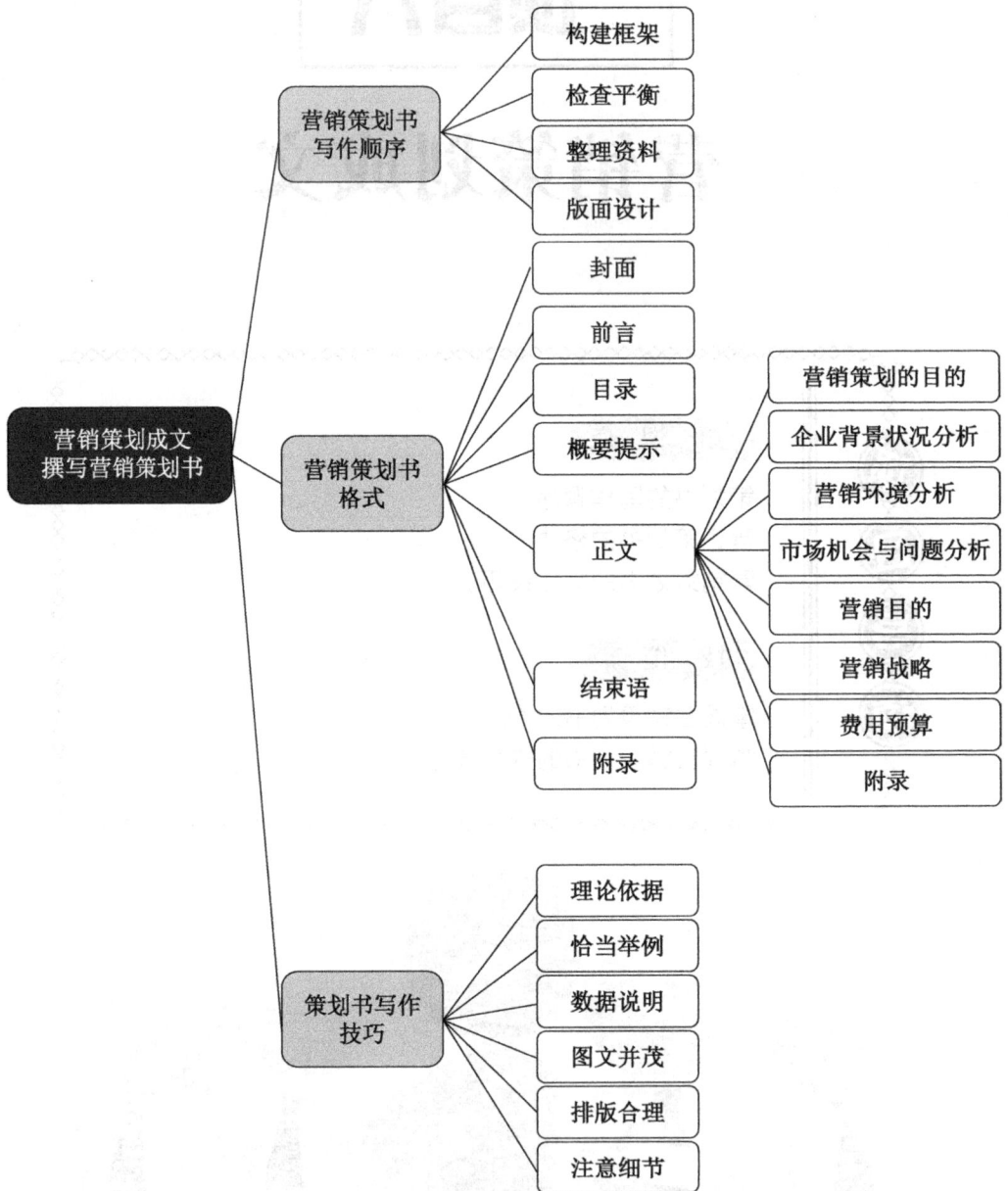

任务十八 撰写营销策划书

导入案例

某餐饮集团"三八妇女节"营销策划方案

一、目标市场分析

本餐饮集团的顾客主要是中上层人士和白领小资顾客，这要求本餐饮集团在提高档次的基础上必须兼顾那些对生活品质有要求的顾客。

二、定价策略

（1）饭菜基本上可以保持原来的定价，但要考虑和节日相关的一些饭菜的价格，可采用打折的办法。

（2）针对价格高的饭菜，建议采用减量和减价相结合的办法。

（3）妇女节的套餐价格不要太高，人均消费控制在 100～200 元。

（4）其他的酒水价格和服务的价格可根据酒楼的实际情况灵活变动，在妇女节的前后达到最低价（但要针对酒楼的纯利润来制定）。

三、营销策略

（一）活动时间：3 月 8 日

（二）活动内容：

（1）3 月 8 日，当天在餐饮总店消费的女性顾客每桌均可免费赠送一壶美容养颜饮料。（核桃花生汁、玉米汁）

（2）3 月 8 日，当天过生日的女性顾客，凭有效身份证，在餐饮总店消费均可获得酒店准备的生日礼物。（精美小礼品）

（3）3 月 8 日，当天在餐饮总店消费的女士团体，消费满 500 元以上，可享受 8 折优惠。

（4）3 月 8 日，当天在餐饮总店消费满 1000 元以上的顾客，可吃多少送多少！

（5）凡当日消费的女性客户可享受抽奖活动一次，中奖率 100%。（小礼品类）

（6）凡当日消费的女性客人可在餐厅享受 9 折，并免费赠送精品水果盘一份。

（7）3 月 8 日出生的女性，可凭证件享受全单 8 折的惊爆特价。

（8）自 3 月 3 日起至 3 月 8 日，凡来某餐饮总店消费的女性顾客，皆赠送特制"木瓜汤"、"芦荟养颜粥"一份。注：每桌客人内只要有女性即可参加此活动，所赠送的"木瓜汤""芦荟养颜粥"是以每桌为单位，而非以人数为单位赠送。男同胞的美容也非常重要哦！

以上策略酌情选择组合运用。

（三）联盟合作商家赞助

- 做女人真好——进店有机会享受以下商家提供的各项免费服务哦！
- 波波美容·女子会所——送微乐能量养生房——健康美丽新主张！
- 艾美舍 SPA 女子会所——送 SPA 体验——相信专业、决心美丽！
- 菲力斯特健身俱乐部——送健身全免次卡——第一家综合性健身俱乐部！

（四）推广策略

通过利用微信、微博、贴吧等新兴媒体平台工具进行节日的宣传、推广和运营：某餐饮总店庆"三八妇女节"推出"品健康美食、做魅力女人"主题活动，特邀联盟商家共同打造魅力女人，包厢、SPA、红酒惊喜不断。

四、其他相关的策略

保安必须要保证酒店的安全；对服务员和相关的工作人员采取一些激励政策，调动他们工作的积极性；上菜的速度必须要快；在大厅里放高雅音乐；大厅的布置不需要太豪华，但要美观大方，表现出节日的味道。

五、效果预测

如果推广和相关的服务到位，收入最少是平时收入的 1.5 倍以上。

案例思考

以上是一份完整的营销策划书还是一个营销推广方案？你认为从撰写营销策划书的格式和内容上要做哪些补充？

策划方案是策划内容的文字表现形式，市场营销策划方案是为开展市场营销活动所做出的事先安排。营销策划书是全部营销策划成果的结构化呈现，是未来企业营销操作的全部依据。有了良好的策划方案，就要把它撰写成一流的策划书，否则再优秀的策划都无法完整地反映，策划内容都难以得到理解和认可。一般来说，营销策划书不是一成不变的，但它也有基本的格式和相通的内容。

1. 营销策划书的写作顺序

营销策划书的写作顺序如表 8-1 所示。

表8-1 营销策划书的写作顺序

STEP1：构建框架	在撰写策划书之前，先用因果关系图（也称树状图）将有关概念和框架汇集出来，描述策划整体构想，将核心问题、内外环境因素、解决问题的思路展示出来
STEP2：检查平衡	检查框架中各要点是否平衡，根据策划重点确定写作重点、各章节内容分配，突出写作重点，将非重点的部分予以调整

STEP3： 整理资料	对资料加以整理、分类，再按照营销策划书的框架顺序一一列入，无关紧要的资料不要放进策划书中。在资料整理前要进行充分的市场调研，把握好市场最新消息，以保证资料的真实性
STEP4： 版面设计	确定版面的大小，每页标题的位置，文本、图片位置的确定，页码的位置与设计，目录的设计。为防止呆板老套，多运用图表、图片、插图、曲线图及统计图表等，配合文字说明，增加可读性。版面设计尽量做到形象具体，有所创新

练一练

新生入学时，班里计划组织一批台灯（或鼠标等）向新生销售，请用因果关系图将有关概念和框架汇集在下面，并标注出重点：

2. 营销策划书的格式

营销策划书没有一成不变的格式，根据不同产品或营销活动的不同要求，在策划书的格式上会有些变化。一般情况下，公认比较合理的营销策划书的结构框架应由以下部分组成。

（1）封面。

阅读者首先看到的是封面，因而封面能起到第一印象的强烈视觉效果，从而对策划内容的形象定位起到帮助作用。封面设计宜醒目、整洁，忌花哨。

① 策划书的名称——简洁、明了，合理设置副标题。

② 被策划的客户（委托方）——×× 公司 ×× 策划书，绝不能出现错误。

③ 策划机构或策划人的名称——策划机构全称。

④ 策划完成日期及本策划适用时间段——正式提交日，日期用完整的年月日表示。

案 例 8-1

对比以上策划书封面，说说各自的优缺点。

课堂随笔

（2）前言。

简单介绍委托情况、策划目的的意义，以及策划的概略情况。前言的文字不要过长，一般不要超过一页，字数控制在 1000 字以内。重点叙述为什么要进行这个策划，即把此策划的重要性和必要性表达清楚，吸引读者进一步去阅读正文。

案 例 8-2

近几年来，日本佳能公司觉察到，中国网民数量与日俱增，电子商务在中国日益发展壮大，网络营销应该作为公司今后市场开拓的重要新方向之一，所以为了比竞争者占有更多的市场份额，占领市场的先机，佳能公司特别在此次新产品发布之际制定一套详尽的网络营销策划方案，推广佳能公司的产品，以赢得更多的市场，进行了以下策划：

① 让更多的消费者了解佳能公司的数码相机，并引起他们的购买兴趣。

② 开拓和建立新的网络销售渠道，扩大消费群体，增加销售量。

③ 降低销售成本，节约一些不必要的、浪费的传统销售模式所需的销售费用。

④ 利用电子商务提高产品质量和售后服务水平。

课堂随笔

案例思考

以上是一份营销策划书的前言部分，你认为这个前言部分交代了进行策划的原因目的及大概的策划过程了吗？

（3）目录。

目录的作用是使营销策划书的结构一目了然，同时也方便阅读者阅读。尽管目录位于策划书的前列，但却是最后完成的部分，等营销策划书全部完成后，再根据策划书的内容与页码来编写目录，注意检查目录中所标的页码不能与正文页码有出入。

为已完成的某策划书编制一个目录，写入下面的空白处：

_____

_____

_____

_____

_____

_____

（4）概要提示。

阅读者通过概要提示，可以大致理解策划内容的要点。概要的撰写同样要求简明扼要，对写作者的意图有一个大体的呈现，但又不是策划内容的简单列举，而是独立的一个系统，因此，概要的写作要能以小见大。

（5）正文。

① 营销策划的目的：如国庆节即将到来，企业在某市针对节日策划出一系列的营业推广活动，力图提高该企业品牌在该市的知名度。

② 企业背景状况分析：企业自身的各种资源、渠道等方面的情况。

③ 营销环境分析（见表 8-2）。

表8-2 营销环境分析

当前市场状况及市场前景分析	产品的市场性、现实市场及潜在市场状况； 市场成长状况，产品目前处于市场生命周期的阶段； 消费者的接受性
对产品市场影响因素进行分析	对影响产品的不可控因素进行分析，包括宏观环境、政治环境、居民经济条件，如消费者收入水平、消费结构的变化、消费心理等； 受科技发展影响较大的产品需要考虑技术发展趋势方向的影响，如计算机、家用电器等产品的营销策划

④ 市场机会与问题分析。

● 针对产品目前营销现状进行问题分析。

一般营销中存在的具体问题，表现为多方面：企业知名度不高，形象不佳影响产品销售；产品质量不过关，功能不全；产品包装太差，提不起消费者的购买兴趣，产品价格定位不当；销售渠道不畅，促销方式有误，消费者不了解企业产品；服务质量太差，令消费者不满；售后保证缺乏，消费者购后顾虑多；等等。

● 针对产品特点分析优、劣势。

从问题中找劣势予以克服，从优势中找机会，发掘其市场潜力。

⑤ 营销目标。

营销目标是在前面目的任务基础上公司所要实现的具体目标，即营销策划方案执行期间，经济效益目标达到：总销售额为 ×××万元，市场占有率实现 ××。

⑥ 营销战略。

● 营销宗旨。一般企业可以注重这样几方面：以强有力的广告宣传攻势顺利拓展市场；为产品准确定位，突出产品特色，采取差异化营销策略；以产品主要消费群体为产品的营销重点；建立起点广面宽的销售渠道，不断拓宽销售区域等。

● 产品策略。通过前面产品市场机会与问题分析，提出合理的产品策略建议，形成有效的组合，达到最佳效果，如表 8-3 所示。

表8-3　产品策略

产品定位	在顾客心目中寻找一个空位，使产品迅速启动市场
产品质量功能	企业对产品应有完善的质量保证体系
产品品牌	形成一定知名度、美誉度，树立消费者心目中的知名品牌
产品包装	需要能迎合消费者，制定使其满意的包装策略
产品服务	策划中要注意产品服务方式、服务质量的改善和提高

● 价格策略。一般而言从以下几个方面入手：拉大批零差价，调动批发商、中间商积极性；给予适当数量折扣，鼓励多购；以成本为基础，以同类产品价格为参考。

● 销售渠道。根据产品选择恰当的渠道长度和宽度，根据产品目前销售渠道状况进行销售渠道的拓展，采取一些实惠政策鼓励中间商、代理商的销售积极性或制定适当的奖励政策。

● 促销策略。为具体的营销目标策划相应的人员推销、营业推广、公共关系和广告策略的组合。

练一练

某移动通信公司策划"新生入学"促销活动，请你根据学校的开学时间完成促销时间及策略的组合。

时　　间	促销策略

⑦ 策划方案各项费用预算。包括营销过程中的总费用、阶段费用、项目费用等整个营销方案推进过程中的费用投入，其原则是以较少投入获得最优效果。

⑧ 方案控制。这一部分是作为策划方案的补充部分。在方案执行中都可能出现与现实情况不相适应的地方，因此方案贯彻必须随时根据市场的反馈对方案进行调整。

（6）结束语。

结束语主要起到与前言的呼应作用，使策划书有一个圆满的结束，大多数策划书会在结束语部分重复一下主要观点或者突出要点。

（7）附录。

为营销策划提供客观证明的资料都可以放入附录中，如调查问卷的样本、相关图片等，附录较多时应标明顺序，便于阅读者查找。

练一练

请将以上内容填入表 8-4，你就能清晰地了解营销策划书是由哪些基本要素构成的。

表8-4　营销策划书的基本构成

策划书构成	要素与作用	策划书构成	要素与作用
	策划书的门面	正文	
	前景交代		
	一目了然		
	要点提示		
正文			前后呼应
			相关资料

---

3. 策划书的写作技巧

如果一台戏的故事情节不错，但剧本却写得平淡呆板，那么这台戏在演出时也会索然无味，如果一个故事本身跌宕起伏，讲述者也能很好地利用口才技巧吸引听众，那么听起来一定非常有趣。策划书的写作也是如此，唯有形象、生动地将策划方案叙述出来，才能吸引更多的人参与，才能获得相关人员的支持。策划书的写作主要有以下技巧。

（1）恰当的理论依据。提高策划内容的可信性，使阅读者接受，应当为策划的观点提供相应的理论依据。但是理论依据要有对应关系，不能变成理论的堆砌，泛滥的理论不仅不能提高可信性，反而会降低阅读者对策划书的信心。

（2）适当举例说明。在策划书中，适当地加入例子既能调节结构，又可以增强策划书的说服力。通过引入一些国外先进经验的例子，列举一些成功案例来印证策划者的观点能起到事半功倍的作用。

（3）数据说明问题。策划书是指导企业进行营销实践的文件，可靠程度是决策者最为关注的问题，报告书内容的每一个论点均应有依据，而数据就是最好的依据。在策划书中利用各种数据来对比和说明问题是必不可少的。

（4）运用图表表达。图表不仅有助于阅读者理解策划的内容，还能提高页面的可读性、美观性。图表的优点在于有着强烈的直观效果，在进行比较分析、概况归纳、辅助说明的时候效果尤为突出。

（5）合理安排版面。版面安排包括打印的字体、字号、字距、行距以及插图和颜色等。如果整篇策划书的字体、字号完全一样，就会使策划书显得呆板，缺少生气。适当地运用不同字体、字号或者加粗等方式，使策划书突出重点，层次分明不仅便于阅读者读懂策划书，也有利于阅读者接受策划内容。

练一练

对比图 8-1 所示的两个图表，说说哪个更有利于阅读者理解，请改用纯文字的方式表达。

学生来源分布	
二中应元	91
广雅实验	50
中大附中	46
育才实验	44
省实天河	26
六中珠江	25
广大附中	18
二中苏元	16
白云广雅	15
华附番禺	14

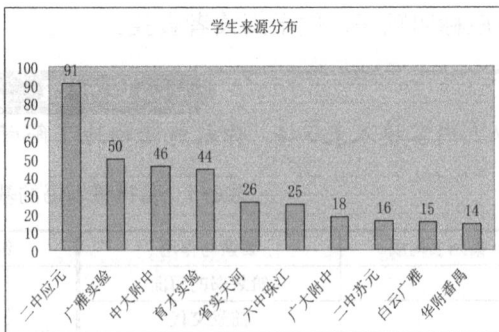

图8-1　图和表对同一信息的不同传达

（6）注意小细节。人们通常都会注意大的方面，小细节总是在不经意间被忽视了。对于一份营销策划书而言，细节确实是非常重要的。如果一个写作者连错别字、分段、页码、漏字的错误都经常出现，如何让阅读者相信他能策划出一个完美的营销方案呢？对于打印好的策划书要反复仔细地检查，决不能掉以轻心。

实战演练

任务实践1

新学期开学在即，某移动通信公司计划针对新生市场进行营销策划，现将策划活动进行招标。现将班级学生自由组合营销团队，通过市场调研，设计适合新生特点的产品或服务项目；运用市场营销策略进行产品推广并撰写营销策划书；在校园内根据策划选址进行场地布置和营销实战。

任务实践2

如果你是学校营销协会策划部的负责人，根据调查，大部分学生对即将到来的圣诞节充满期待，有赠送礼物需求和收到礼物的愿望。协会据此计划购进一批应季商品销售，请为此撰写一份营销策划书。

项目小结

营销策划书的写作顺序为：构建框架、检查平衡、整理资料、版面设计。

营销策划书的格式包括：封面、前言、目录、概要提示、正文、结束语和附录。其中正文包括：营销策划的目的、企业背景状况分析、营销环境分析、市场机会与问题分析、营销目标、营销战略、策划方案各项费用预算、方案控制。

策划书的写作技巧：恰当的理论依据、适当举例说明、数据说明问题、运用图表表达、合理安排版面、注意小细节。

实践与练习

1. 选择题

（1）营销策划书的写作顺序为（　　　）。

    A．构建框架   B．检查平衡   C．整理资料   D．版面设计

（2）下列属于营销策划正文内容的是（　　　）。

    A．策划的目的   B．背景分析   C．环境分析   D．机会与问题

2. 思考题

（1）完整的营销策划书的格式包括哪些方面？

（2）营销策划书的写作技巧有哪些？

项目实训

1. 课堂训练

主题：如何写好营销策划书。

课时：2学时。

地点：教室。

过程设计：教师指定策划项目，由学生进行策划并撰写营销策划书。

实训目的：

（1）巩固所学的知识。

（2）培养学生运用所学知识分析相关问题的能力。

（3）培养学生根据具体情况分析、策划营销方案并撰写策划书的能力，拓展学生的思维。

（4）最大限度地调动学生的主体地位，体会共同学习的重要性。